W0174771

Ayse Önal

Warum tötet ihr?

Ayse Önal

Warum tötet ihr?

Ehrenmorde in der Türkei

Aus dem Englischen übersetzt
von Elisabeth Liebl

Droemer

el: *Honour killing. Stories of men who killed*
riginalverlag: Saqi Books, London

Besuchen Sie uns im Internet:
www.droemer.de

Die Folie des Schutzumschlags sowie die Einschweißfolie sind PE-Folien
und biologisch abbaubar.
Dieses Buch wurde auf chlor- und säurefreiem Papier gedruckt.

Copyright © 2008 by Ayse Önal.
Copyright © 2008 der deutschsprachigen Ausgabe by Droemer Verlag.
Ein Unternehmen der Droemerschen Verlagsanstalt
Th. Knaur Nachf. GmbH & Co. KG, München
Alle Rechte vorbehalten. Das Werk darf – auch teilweise – nur mit
Genehmigung des Verlages wiedergegeben werden.
Umschlaggestaltung: ZERO Werbeagentur, München
Umschlagfoto: getty images
Satz: Adobe InDesign im Verlag
Druck und Bindung: CPI – Ebner & Spiegel, Ulm
Printed in Germany
ISBN 978-3-426-27473-6

2 4 5 3 1

Inhalt

Vorwort 7

Remziye 15

Murat 53

Cavit Bey und Mehmet Sait Bozkurt 87

Nuran 119

Aysel 153

Naile 183

Nigar 209

Fadime und Yeter 229

Ulviye 255

Papatya 299

Nachwort 323

Vorwort

Seit Juni 2008 gibt es in Berlin ein Denkmal für eine junge Frau, die sterben musste, nur weil sie leben wollte; leben wie andere junge Frauen in Deutschland, dem Land ihrer Geburt. Hatun Sürücü war die Tochter des Gärtnergehilfen Kerem Sürücü, der Anfang der siebziger Jahre aus dem Osten der Türkei in die Bundesrepublik kam. Hatun ging auf ein Gymnasium in Berlin-Kreuzberg, und sie rebellierte gegen ihr konservatives Elternhaus. Da entschied die Familie, die 16-Jährige in die Türkei zu schicken und sie dort mit einem Vetter zu verheiraten. Hatun floh auch aus dieser Zwangsehe und kehrte nach Berlin zurück. Am 7. Februar 2005 lauerte einer ihrer Brüder der jungen Frau an einer Bushaltestelle auf. Er tötete sie mit mehreren Kopfschüssen. Die Ermittler hielten als Motiv fest: »gekränkte Familienehre«.

Auf dem Friedhof von Diyarbakir, im Südosten der Türkei, gibt es Gräber ohne Namen. Reihenweise. Selbstmörder werden hier bestattet und Frauen, die getötet wurden, weil sie angeblich die »Ehre« ihrer Brüder, Vettern oder Väter befleckten. Nachdem sie tot sind, wollen die Familien sie nicht mehr anfassen, nicht einmal als Leichnam. Semsiye Allak war so eine Frau. Sie hatte nie eine Schule besucht, und nie hatte ein Mann um ihre Hand angehalten. Dann wurde Semsiye vergewaltigt. Dafür wurde sie gesteinigt. Fremde Frauen haben sie dann zu Grabe getragen, einhundert Kilometer von ihrem Dorf entfernt. Eine namenlose Tote mehr in der Lehmerde von Diyarbakir.

Was ist das für eine archaische Tradition, die Frauen zu Opfern ihrer eigenen Verwandten macht? Verurteilt von Familienräten, in denen die Mütter schweigen oder auch selbst zum Mord ermuntern? Ayse Önal lässt das Wort »Tradition« für diese mörderische Praxis nicht gelten. Weil Tradition ein viel zu positives Wort ist für Taten, die fast immer nicht nur ein einziges Leben zerstören, sondern eine ganze Familie. Die türkische Journalistin Ayse Önal hat deshalb etwas fast Unerhörtes getan, aber es war auch nur konsequent, weil sie wissen wollte, warum diese Morde geschehen: Sie hat mit den Mördern gesprochen, sie hat die Täter aufgesucht in türkischen Gefängnissen. Zum Erstaunlichsten, was sie dabei erfuhr, gehört, dass viele der zu jahrzehntelanger Haft Verurteilten mit ihr sprechen wollten, ja sie geradezu baten, ihre Geschichten anzuhören.

Einige wollten damit ihr Gewissen erleichtern, andere prahlten erst einmal mit ihren Taten, bis die Selbstgerechtigkeit offener Verzweiflung wich. Murat, der junge Mörder, der seine Mutter tötete, wollte es am liebsten hinausschreien, zu allen anderen, die versucht sein könnten, »aus

Ehre« zu morden: »Sie sterben mit dem Menschen, den sie töten. Dieser Mensch wird jeden Abend, wenn sie zu Bett gehen, vor ihrem inneren Auge erscheinen. Dies ist die ewige Strafe. Sie legen sich selbst die Schlinge um den Hals.«

Es sind todtraurige Geschichten von verwirrten, meist jungen Männern und ihren Opfern, die Ayse Önal zusammengetragen hat. Sie erzählen von Familien, die in anatolischen Dörfern, aber auch in den armseligeren Quartieren der Metropolen leben, in Istanbul wie in Berlin. Sie leben, eingewoben in soziale Netze, die gestrickt sind aus zu viel konservativer Religiosität und zu wenig schulischer Bildung, wo die soziale Kontrolle den Einzelnen zu ersticken droht, inmitten der Verlockungen einer weitgehend tabufreien Gesellschaft im 21. Jahrhundert.

In diesen Gemeinschaften erhalten die Söhne von den Vätern den Auftrag, die »Ehre« der Töchter, ja der eigenen Mütter zu schützen und sie zu diesem Zweck zu kontrollieren; und nicht selten empfinden sie diese von der Gesellschaft übertragene Verantwortung, aus der es scheinbar kein Entrinnen gibt, selbst als Bürde. »Eine Tochter ist eine Last auf den Schultern ihres Vaters«, sagt Nevzat, der Mörder im Gefängnis der Schwarzmeer-Stadt Giresun, der seine Frau und seine Tochter tötete, nachdem er herausgefunden hatte, dass die 15-Jährige sich in einen 32-jährigen Nachbarn verliebt hatte. Dass er eigentlich drei Menschen getötet hatte, weil die Tochter bereits schwanger war, erfuhr der Vater-Täter erst im Gerichtssaal, wo er ebenfalls anhören musste, wie der kaltherzige Nachbar die eigene Vaterschaft leugnete.

Die Kehrseite der strikten Kontrolle der Töchter ist eine krude Doppelmoral. Auch davon erzählen diese Geschichten. Da beschließt ein verheirateter Mann, alle Schwestern seiner Frau der Reihe nach zu vergewaltigen; da verführt ein ebenfalls verheirateter junger Mann eine verliebte Fünfzehnjährige, obwohl er weiß, dass er sie in der engen, konservativen dörflichen Gemeinschaft damit dem Tod ausliefert. Wenn die Täter erzählen, dann hört es sich an, als würden sie zu den Opfern sprechen. Die Autorin gibt zu, dass sie Mitleid mit diesen meist reuigen Mördern spürte. Aber das trübt keineswegs ihren Blick für die Verantwortung des Einzelnen, der tötet, und genauso wenig für die Gesellschaft, die dies zulässt und mit dazu beiträgt, dass diese Männer zu Mördern werden.

Folgt man den von Ayse Önal wiedergegebenen Familientragödien, dann ist es das Milieu, das tötet. Anders gesagt, es gibt ein soziales Umfeld, das die Gefahr für junge Frauen, Opfer von tödlicher Familiengewalt zu werden, deutlich erhöht. Es sind eng begrenzte Gemeinschaften, in denen Männer offenbar ständig fürchten müssen, ihre Männlichkeit sei in Gefahr wegen des Benehmens ihrer Frauen, Schwestern und Töchter. So entsteht eine Welt voller Misstrauen und Angst. Da kann schon zu viel Geraune in der Nachbarschaft genügen, und ein Mädchen, das sich ein Liebeslied in einem Radiosender wünscht, wird zum Opfer. Basis solch extremer Vorstellungen von Moral muss nicht der Islam sein. Es gibt Morde wegen »verletzter Ehre« in Familien indischer Sikhs, und die Tragödien in der Türkei sind keineswegs nur ein »kurdisches Problem«, wie viele im Westen des Landes nur zu gerne glauben möchten.

Die türkische Elite würde überwiegend am liebsten ignorieren, was mit den Töchtern in den konservativen Dörfern geschieht. Das Land lebt längst mit unterschiedlichen Geschwindigkeiten: In den TV-Programmen Dutzender Privatkanäle tragen Frauen tief ausgeschnittene, ärmellose Glitzertops, knappe Jeans und natürlich kein Kopftuch. Die Satellitenantennen für den Empfang solcher Programme aber schmücken auch die ärmsten Quartiere, in denen schon als Hure gelten mag, wer mit kurzem Rock und barhäuptig durch die Gassen geht. Es ist derselbe Zwiespalt zwischen aufbruchbereiter Moderne und Althergebrachtem, in dem auch türkische, palästinensische oder pakistanische Zuwandererfamilien in Köln oder Kopenhagen, in Berlin oder Paris leben.

Morsal Obeidis, Tochter einer afghanischen Familie in Hamburg, hatte einen deutschen Pass, wie ihr Bruder, der sie tötete. Der Bruder war schon seit einiger Zeit in die Kriminalität abgerutscht, ein Verlierer, der auf »Ehre« achtete. Wenigstens die 16-jährige Schwester Morsal sollte seine rigorosen Moralvorstellungen noch erfüllen. Morsal aber wollte leben wie ihre deutschen Altersgenossen auch, sich nachmittags mit Freunden treffen, Alkohol trinken, Musik hören. Bevor der Bruder sie mit über 20 Messerstichen tötete, hatten er und der Vater sie bereits mehrfach verprügelt. Morsal flüchtete immer wieder zum Jugendnotdienst. Zur tödlichen Verabredung mit dem Bruder führte sie ein Cousin.

Staatliche Gesetze haben bislang nicht die Oberhand gewonnen über die mörderische Meinung, dass »namus«, wie die Ehre der Frauen im Türkischen genannt wird, etwas sei, das mit Blut gereinigt werden müsse. In der Türkei wurde im Rahmen der Reformen für einen späteren EU-Beitritt 2004 das Strafrecht geändert. Seitdem gibt es keinen Strafnachlass mehr für »Ehrenmörder«. Mord ist Mord, auch wenn der Vater die Tochter tötet, ob in Izmir oder Ingolstadt. Das hat dazu geführt, dass die Polizei in der Türkei in solchen Fällen genauer ermittelt und die Gerichte höhere Strafen verhängen. Aber das neue Strafrecht hat noch nicht bewirkt, dass es keine Morde aus falsch verstandener Ehre mehr gibt.

Doch das Tabu ist gefallen, familiäre Gewalt, einschließlich Mord, ist Thema für Tageszeitungen und sogar für Kinofilme geworden. »Mutluluk« (»Glück«) ist so ein Spielfilm aus jüngster Zeit: Ein junger Mann soll ein Mädchen töten, das von einem der angesehenen Dorfältesten vergewaltigt wurde. Nicht zu Hause soll er sie ermorden, sondern fernab in der Großstadt Istanbul, weil die Behörden nun genauer als früher nachforschen, wenn ein junges Mädchen verschwindet. So reist der Junge mit dem tödlichen Auftrag und dem Mädchen durch das ganze Land, von Ost nach West. Aber in der Metropole angekommen, kann er sie nicht von der Bosporus-Brücke stoßen. Er schafft es einfach nicht, sie zu töten. Nun müssen die beiden gemeinsam fliehen, und die Männer aus dem Dorf jagen sie. So beginnt die Geschichte einer Liebe und die Geschichte der Gegenwehr gegen die Macht der Verhältnisse.

Nach dem Mord an Hatun Sürücü in Berlin gründete sich die Hilfsorganisation »Hatun und Can e.V.«. »Can« ist das türkische Wort für Seele und Leben, es ist auch der Name des Sohnes von Hatun Sürücü. Die Vereinigung in Berlin bietet Zuflucht und Hilfe, und sie ist nicht die einzige, die dies tut. In Diyarbakir gibt es die Organisation »Ka-mer«, die ständig Notruftelefone für Frauen besetzt hält. Die Psychologinnen und freiwilligen Helferinnen von »Ka-mer« (Kadin Merkezi-Frauenzentrum) sagen, es sei auch wichtig, in einer patriarchalischen Gesellschaft die Männer zu erreichen und sie zu verändern. Es geht auch um die Erziehung der Söhne, um andere Bilder von Männlichkeit. Und es geht um Zwangshochzeiten und arrangierte Ehen. Denn auch wenn heutzutage die Brautwerber mit Videokameras durch die anatolischen Dörfer ziehen, und wenn sich die Mädchen in den Kleinstädten von der Hochzeit mit einem Mann in Brüssel oder Berlin die Befreiung aus engen Familienverhältnissen erhoffen, so bleiben diese meist viel zu früh geschlossenen Ehen häufig Verbindungen ohne Liebe und Respekt. Die Mädchen, sagt Ayse Önal, glauben, »sie würden den Himmel erreichen, und landen dann nur in einer neuen Hölle«. Zur Gewalt ist es da oft nicht weit und auch zum Ausbruch aus der Zwangsbeziehung. Und diese Befreiung kann immer noch tödlich sein.

Christiane Schlötzer
Türkei-Korrespondentin der SÜDDEUTSCHEN ZEITUNG

Remziye

Ich war gerade nach Hause gekommen, als das Telefon läutete. Ich war müde vom tagelangen Reisen und wütend, weil der Häftling, mit dem ich mich hatte treffen wollen, abgesagt hatte. Der junge Mann, der fünf Jahre zuvor seine vierzehnjährige Schwester getötet hatte, hatte sich zu dieser Tat nicht mit einem Wort geäußert, ja noch mehr: Er hatte sich über mich bei der Gefängnisleitung beschwert. Ich fühlte mich immer noch verletzt, als ich den Hörer abhob.

»Sie sind tot.«

Es war mein Kameramann.

»Wer ist tot?«, fragte ich.

»Ihre Schützlinge. Sie starben bei einem Autounfall in Österreich.«

Es schnürte mir die Kehle zusammen. »Sie meinen Remziye?«, fragte ich.

Stille am anderen Ende der Leitung. Dann: »Bis jetzt ist ungeklärt, ob kriminelle Absichten dahinterstecken. Der

Unfall liegt mittlerweile zwei Wochen zurück. Wir haben es gerade erst erfahren.«

»Was ist mit dem Kind?«, wollte ich wissen.

»Niemand weiß etwas darüber.«

Dann war die Verbindung unterbrochen.

Und da heißt es, schlimme Nachrichten erfahre man immer sofort. Meine Müdigkeit war wie weggeblasen. Der Schmerz in meiner Brust hatte mich wachgerüttelt. Ich ging hinaus, setzte mich ins Auto und fuhr ziellos durch die Gegend. Ich nahm Istanbul nicht wahr, während ich durch seine Straßen fuhr.

Zwischen den Menschen, die in den überfüllten Gebäuden der Stadt wohnen, die sich dichtgedrängt von den Außenbezirken bis ins Zentrum ziehen, liegen häufig Welten, getrennt von unüberwindbaren Abgründen. Kinder wühlen in Mülltonnen nach Abfall, während ihre wohlhabenderen Brüder und Schwestern in glänzend polierten Autos vom Chauffeur zur Schule gebracht werden. In Istanbul gibt es keine dicken schwarzen Linien, welche die sozialen Klassen voneinander trennen. So wie im nobelsten Bezirk auch ganz arme Leute wohnen, so gibt es in den ärmsten Gegenden die prachtvollen Häuser der Neureichen.

Während einige Mädchen um der Ehre willen sterben müssen, flanieren andere mit ihrem Liebhaber Arm in Arm durch die Straßen. Die Armen verbergen ihre Armut nicht, und die Reichen machen sich nicht die Mühe, ihren Besitz vor den Armen zu verstecken. Ohne auch nur einen Blick in die Richtung des anderen zu werfen, ohne die geringste gegenseitige Berührung leben, lieben, kämpfen, trinken und sterben Menschen, die den Schmutz vom Boden kratzen, neben solchen, die Dreck nur vom Hörensagen kennen. Das macht Istanbul einzigartig. Und so geschieht es, dass in Istanbul Menschen dasselbe Schicksal erleiden, ohne es je zu erfahren.

Ich lernte Remziye Öztürk kennen, als sie schon ein Teenager war. Als wir uns trafen, erzählte sie mir ihre ganze Lebensgeschichte, von Kindesbeinen an, und so habe ich sie hier aufgeschrieben, obwohl ich sie erst kurz vor ihrem Tod gehört habe.

Die Öztürks sind eine große, religiöse Kurdenfamilie aus Bitlis, die nach Istanbul geflohen war. Sie waren Sunniten und ließen sich in einer konservativen Gegend des Viertels Sultanbeyli, an der Grenze zu Ümraniye, nieder. Sie leben in dem großen *gecekondu*-Bezirk* auf der asiatischen Seite der Stadt, in dem so viele kurdische Immigranten wohnen. Sunniten und Aleviten aus Kurdistan haben meist denselben Migrationshintergrund, doch die beiden Glaubensgemeinschaften haben so wenig miteinander gemein, dass man die Bezirke, in denen sie nebeneinanderwohnen, geradezu mit einer schwarzen Linie abgrenzen könnte. Lokale Dienstleistungsnetze wie die Müllabfuhr oder die Stromzufuhr im Sunnitenviertel enden an der Grenze zum Alevitenviertel, als hätte man sie mit einem Messer abgetrennt. Und so müssen die Menschen im Alevitenviertel entweder ihre eigenen Dienstleistungsnetze einrichten oder zum anderen Glauben übertreten. Die sunnitischen Kurden betrachten die Aleviten als degenerierte Muslime, die ihren Glauben verraten haben. Die Aleviten hingegen fürchten die Sunniten, weil diese alle nach ihrer Fasson selig machen wollen.

Einige Häuser weiter nördlich leben die älteren Onkel der Familie Öztürk, einige Häuser weiter südlich die

*Ein *gecekondu* ist ein provisorischer, ohne Erlaubnis errichteter Bau.

älteren Tanten. Sie breiteten sich vom ersten Öztürk-Haus aus wie Motten, die um eine Glühbirne schwirren: fast ein ganzes Viertel, das nur von einer Familie bewohnt wurde.

Es war noch nicht einmal ein Vierteljahrhundert her, seit sie von Mutki, einem der konservativsten Verwaltungsbezirke von Bitlis, nach Istanbul kamen. Dem Vater machten damals die Kurdenaufstände Angst, die sich von der ersten bewaffneten Auseinandersetzung an, bei der zahlreiche Kinder getötet wurden, als sehr blutig erwiesen. Und so verlegte er seinen Hausstand nach Istanbul. Während die Frauen des Clans alles Mögliche für das neue Heim einpackten, erwarben die Männer illegal ein Grundstück für die Öztürks, auf dem sie sich ein Dach über dem Kopf errichten konnten. Auf diesem Fleckchen Land hatten sie ein *gecekondu* errichtet, das der Familie würdig war.

In Istanbul baut man *gecekondular* – wie der türkische Plural lautet –, um sie am Ende in legale Wohnungen umzuwandeln. Obwohl die politischen Parteien, was die Wählerstimmen anbelangt, hauptsächlich von der Mittelschicht abhängig sind, haben sie mit den Wählern in den *gecekondular* doch stets gerechnet. Etwa einer von vier *gecekondu*-Bewohnern geht zur Wahl. Außerdem sind stabile Vorhersagen für jede Partei schwierig. Und so gibt es nach jeder Wahl einen *gecekondu*-Straferlass, bei dem die Häuser, die gegen den städtischen Bebauungsplan verstoßen, nachträglich legalisiert werden. Jeder, der dort baut, wartet also sehnsüchtig auf die Gelegenheit, seinen Schwarzbau in ein legales Wohnhaus umzuwandeln. Wenn die Söhne heiraten, stockt man auf. Die Familie, die im *gecekondu*-Viertel baut, ist eine Generation später, wenn das Gebäude fünf Stockwerke zählt, reich.

Die Öztürks passten sich diesen Gepflogenheiten vollkommen an, obwohl sie es noch nicht bis zum Fünfstöcker geschafft hatten. Seit ihrem Zuzug hatten sie es immerhin auf ein Haus mit drei Stockwerken gebracht – und auf zwei Wohnungen pro Etage.

Remziye hat das Kapitel »Bitlis« in der Familiengeschichte nicht miterlebt. Sie kam zur Welt, als man in Sultanbeyli das zweite Stockwerk auf das eigene *gecekondu* setzte. Ihr Vater, der für jeden Sohn, der ihm bis dato geboren worden war, einen Baum im Hof gepflanzt hatte, fällte einen dieser Bäume, als Remziye zur Welt kam. Im Clanleben ist es eine Schande und mitunter recht problematisch, Vater von Töchtern zu sein. Da Mädchen nicht selten mit Männern weglaufen, die sie heiraten wollen, sind sie die häufigste Ursache für Blutfehden, gleich nach den Streitigkeiten um Grundbesitz. Aus diesem Grund ist es üblich, Töchter zu verheiraten, sobald sie zur Welt gekommen sind. Das erspart den männlichen Nachkommen der Familie weiteren Ärger. Um also potenzielle Probleme für die Familie von vornherein zu vermeiden, vor allem in Istanbul, wo der Lebensstil so voller verbotener Verlockungen ist, wurde Remziye im Moment ihrer Geburt mit dem jüngsten Sohn ihres Onkels verlobt. Eine sogenannte Kinderverlobung. Das nichtsahnende Baby war von nun an gegen die Einflüsterungen des Teufels gefeit. Die Familien versprachen sich auf Ehre und Leben, dass die beiden Kinder einander heiraten würden. Um die Vereinbarung zu besiegeln, flocht man in die Kleider des Jungen und die Zöpfe des Mädchens dieselben blauen Perlen, die den bösen Blick abhalten sollten.

Remziye wuchs im Schatten ihrer vier Brüder auf, von denen zwei bereits verheiratet waren. Im Alter von acht Jahren bedeckte sie auf Wunsch der Mutter ihr Haupt.

Sämtliche Mädchen in ihrem Viertel trugen das Kopftuch, doch Remziye war die Jüngste von allen.

Auf Betreiben ihrer Mutter schickte sie man erst einige Jahre später zur Schule als ihre Altersgenossinnen. Remziye trug in der Schule Uniform und draußen das Kopftuch. Und sie machte einen hervorragenden Abschluss. Als man ihr das Zeugnis in die Hand gab, flog sie geradezu nach Hause, weil sie glaubte, sie würde ihrer Familie damit eine Freude machen. Remziye hatte sich eine Belohnung ausgedacht: Sie wollte das Meer sehen. Doch ihre Flügel wurden beschnitten, noch bevor sie sie entfalten konnte.

Ihre Mutter fand dies einen zu kühnen Wunsch für ein Mädchen, ein armes Mädchen noch dazu, und wurde zornig. Schließlich hatte sie selbst das Meer noch nie gesehen. Ja, sie wusste nicht einmal, dass Istanbul am Meer lag. Ihre Tochter setzte sich Ideen in den Kopf, die ihrer Rolle nicht angemessen waren. Nicht einmal einer ihrer Söhne hatte eine höhere Schulbildung erhalten. Die Jungen hatten schon mit der Primarstufe Probleme gehabt. Remziyes Erfolge machten die schlechten Leistungen ihrer Brüder nur umso deutlicher. Daher verbrannte ihre Mutter das hervorragende Zeugnis der Tochter im Ofen, noch bevor die Männer des Hauses es zu sehen bekamen. Erst als Remziye im selben Jahr in der Mädchenklasse der Moschee als Erste den Koran auswendig hersagen konnte, legte sich der Zorn der Mutter wieder.

Die Familie zog einen Stacheldrahtzaun um ihr *gecekondu*. Zwischen den einzelnen Zaunabschnitten pflanzte man Bäume. So konnte der Rest des Grundstücks als Gemüsegarten genutzt werden. Im Hühnerstall hatte man über fünfzig Hühner, und neben der kleinen Scheune hielt die Familie ein paar Schafe und eine Kuh.

Als das letzte nach Remziye geborene Kind wieder ein Mädchen war, wandte der Vater sich von der Mutter ab und sah sie nie wieder an. Es spielte keine Rolle, dass sie ihm acht Söhne geschenkt hatte. Die Mutter aber richtete ihren Zorn nicht gegen den Ehemann, sondern gegen Remziye. Ihre Tochter sei so intelligent und scharfsinnig, dass sie die Männer abstoße. Und doch stand Remziye jeden Morgen früh auf und fütterte die Hühner, molk die Schafe und Kühe und führte die Tiere auf die Weide. Dann ging sie zum Korankurs in der Moschee.

Sobald der zweistündige Kurs vorüber war, lief sie nach Hause und lernte nochmals den Teil des Korans, der im Kurs besprochen worden war. Dann bereitete sie das Abendessen zu. Am Wochenende buk sie das waffeldünne Yufkabrot, das man mit Wasser besprenkelte und in ein Tuch gehüllt in der Speisekammer aufbewahrte. Sie war darin so gut, dass sie ihre Mutter in den Schatten stellte.

Den Sommer verbrachte die Familie in Bitlis, wo sie im Lauf dreier Monate alles verfertigte, was der Clan das ganze Jahr über brauchen würde: Tomatenpaste, Honig, Pfefferkonserven, Trockenfrüchte und -gemüse, getrocknete Nudeln, getrocknete Fruchtmasse in Scheiben, Walnüsse, Schmorfleisch in Öl, Butter und Weißkäse. Im Herbst dann packte man seine Siebensachen wieder und kehrte mit allen Vorräten nach Istanbul zurück, eine moderne Karawane.

Remziye hasste den Aufenthalt in Bitlis. Die Männer taten keinen Handschlag, während die Frauen die Felder bestellten, die Vorräte für den Winter anlegten und nebenher noch die Hausarbeit erledigten. Und doch waren es die Männer, welche die gebratenen Hühnerschenkel, das Beste vom Fruchtsalat und die knusprigsten Ecken der *börek*-Teigtaschen bekamen.

Ihre Mutter war Remziyes respektlose Proteste mittlerweile leid. Das Mädchen, das im Angesicht des Vaters kein Wort sagte, ergriff jede Gelegenheit, ihre Mutter auszufragen, sobald die Männer nicht anwesend waren. Wieso arbeitete ihr Vater nicht? Warum hatten ihre Brüder ihre Ausbildung nicht fortgesetzt? Warum durften Mädchen nicht fernsehen, wenn Männer dabei waren? Warum arbeiteten immer die Frauen? Einmal platzte Remziyes Mutter dabei der Kragen angesichts dieses Dauerbombardements an Fragen.

»Wenn die Frauen nicht all die harte Arbeit täten, warum sollten die Männer ihnen da Beachtung schenken? Eine Frau tut entweder das Werk des Teufels und bringt Unheil über das Haupt ihres Gemahls, oder sie arbeitet, was sie kann, und sorgt dafür, dass er es gut hat. Willst du wissen, was passiert, wenn ein Mädchen nicht hart arbeitet?« Und mit diesen Worten ließ Remziyes Mutter das Nudelholz auf ihre Tochter niedersausen.

Als ihre Brüder heirateten und sich in den Wohnungen in den oberen Stockwerken niederließen, wurde Remziyes Arbeitslast noch drückender. Als ob die Sorge um ihre jüngere Schwester nicht genug gewesen wäre, musste sie sich auch noch um die Kinder der Brüder kümmern. Doch sie klagte nicht. Denn ihre Mutter hatte gesagt, dass sie die Erlaubnis, auf die Sekundarstufe zu gehen, nur erhalten würde, wenn sie sehr hart arbeitete. In diesem Sommer in Bitlis versuchte sie mit allen Tricks, ihren Vater davon zu überzeugen, ihr die weiterführende Schule zu erlauben. Doch ihr Vater gab ihr nie eine klare Antwort, sondern sagte nur: »Lass uns erst einmal wieder in Istanbul sein.«

Doch auch die Rückkehr nach Istanbul brachte Remziye nicht weiter. Außerdem war die Schule schon im September losgegangen, während die Familie erst Anfang Oktober zurückkam. Bei nächster Gelegenheit suchte Remziye ihren alten Lehrer aus der Primarstufe auf und bat ihn, ihr doch zu helfen, ihren Vater zu überzeugen.

Als der Lehrer eines Abends Remziyes Vater aufsuchte, wurde er wärmer willkommen geheißen, als er dies vielleicht erwartet hatte. Man tischte ihm nicht nur frischgemachtes, mit Butter und Honig bestrichenes Yufkabrot auf, sondern gab ihm sogar noch ein Päckchen mit nach Hause. Es sah so aus, als habe der Lehrer die Familie überzeugen können, denn der Vater hatte auf die Frage nach Remziyes weiterer Erziehung gesagt: »Wir werden sehen. Wir tun, was das Beste ist.«

Doch kaum hatte der Gast das Haus verlassen, griffen sich die älteren Brüder Remziye und schlugen sie. Remziye war entsetzt. Die nette, tolerante und gastfreundliche Familie, die gerade noch mit dem Gast im Wohnzimmer gesessen hatte, war auf einen Schlag verschwunden. Übrig blieb nur eine wilde Horde mit Schaum vor dem Mund. Remziye waren die Temperamentsausbrüche ihres Vaters vertraut, doch nun war es ihre Mutter, die nicht mehr wiederzuerkennen war. Mit einem Hass, der den ihres Vaters weit in den Schatten stellte, riss sie Remziyes Kopftuch herunter und zog sie an den Haaren. Wie hatte sie nur Fremde in Angelegenheiten der Familie hineinziehen können?

Remziye weinte die ganze Nacht. Am Morgen musste sie sich vor ihre Mutter hinstellen. Diese sagte ihr, was sie zu tun hatte. Sie würde zu ihrem Lehrer gehen und erklären, dass ihr Vater ihr zwar die Erlaubnis gegeben hätte, dass sie es sich jedoch anders überlegt hätte und nun nicht mehr weiter zur Schule gehen wolle. In Begleitung ihres älteren Bruders ging sie zur Schule. Remziye tat wie geheißen. Doch ihr Lehrer bemerkte das von den Schlägen geschwollene Auge und den purpurfarbenen Bluterguss an der Schläfe, der unter dem Kopftuch gerade noch sichtbar war, und glaubte ihr nicht. Weil aber ihr Bruder direkt hinter ihr stand, tat er zumindest so. Dann aber berichtete er seinen Vorgesetzten von dem Fall, um sicherzustellen, dass das Mädchen ihre Ausbildung fortsetzen konnte. Doch vergeblich. Die Familie war zu allen Gästen, die kamen, um für Remziyes Ausbildung einzutreten, unglaublich höflich, aber am Ende hieß es immer, Remziye habe keine Lust, weiter zur Schule zu gehen. Und bald war die Frage nach einer fortgesetzten Schulbildung für das Mädchen vom Tisch.

Obwohl die Zeit danach für Remziye die reine Hölle war, ließ sich das Mädchen nicht unterkriegen. Remziye weigerte sich, den *çarsaf,* den bodenlangen schwarzen Schleier, zu tragen. Irgendwann hatten es die Familienmitglieder satt, sie zu schlagen. So viel Dickköpfigkeit machte sie ratlos, und man beschloss, sie an den Mann zu bringen. Sollte der doch sehen, wie er mit ihr zurechtkam. Remziyes Mutter bereitete also einen großen Topf *perde pilav* (»Vorhang«-Pilaw) zu und lud all ihre Verwandten zum Essen ein. Den Männern wurde eine opulente Mahlzeit serviert, die Frauen sammelten sich in der Küche. Sie würden essen, was übrigblieb, sobald die Männer sich vom Essen erhoben hatten.

Remziye wusste, dass *perde pilav* immer dann auf den Tisch kam, wenn jemand durch Heirat in die Familie aufgenommen wurde. Dazu legt man einen ovalen Topf mit einer dicken Schicht, einem »Vorhang«, Yufkabrot aus. Dann bereitet man aus Huhn und Mandeln Pilaw, eine

Art Geschnetzeltes, füllt es in den Topf und stürzt diesen. Den ersten Bissen bekommt die künftige Braut. Das Pilaw selbst steht für Überfluss, die Mandeln für Söhne und die Yufkaschicht, der »Vorhang«, bedeutet, dass der neu in die Familie Aufgenommene den Mantel des Schweigens über alle Familienangelegenheiten breitet. Doch Remziye hatte keine Ahnung, wem bei dieser Einladung die Rolle der Braut zugedacht war.

Als ihr Vater ihrem ältesten Bruder respektvoll den ersten Bissen Pilaw hinhielt, erklärte er, dass man das Pilaw früher mit Rebhuhn zubereitet hätte. Dann grummelte er: »Aber wo kann man in einer Wüste wie Istanbul heute noch Rebhühner jagen?« Schließlich fügte er hinzu: »Wild ins Pilaw zu tun ist ein Zeichen für die Stärke einer Familie.«

Der zweite Bissen wurde dem jüngsten Sohn ihres Onkels gereicht. Remziye sah zu, wie die Männer unter sich die Zeremonie abhielten, und war keineswegs überrascht, als sie hörte, dass es dabei um ihre Verlobung mit ihrem Cousin Nizamettin ging, die vor sechzehn Jahren, am Tag ihrer Geburt, arrangiert worden war. Remziye wusste ja, dass alle neugeborenen Mädchen in der Familie bei der Geburt verlobt wurden.

Nizamettin war ein verdrießlicher, verschlossener junger Mann, der Remziyes Brüdern auffallend ähnlich sah. Remziye hatte ihn noch nie lachen sehen, und wenn er sprach, war sein Ton laut, aggressiv und streitsüchtig. Sie konnte sich nicht einmal ansatzweise vorstellen, mit ihm verheiratet zu sein. Genauer gesagt konnte sie das durchaus, doch der Gedanke allein ließ sie angst und bange werden. Allerdings behandelte Nizamettin sie nicht wie eine Verlobte. Er hielt sie möglichst fern von sich. Und so begann Remziye zu hoffen. Die Männer ihres Clans waren sehr auf Tradition bedacht, doch vielleicht würde sich ja doch noch alles zum Guten wenden.

Auf keinen Fall wollte sie wie ihre Mutter werden, eine verlorene Frau, die in jungen Jahren an einen Verwandten verheiratet worden war und nun ihren einzigen Daseinszweck darin sah, ihm inmitten einer Kinderschar zu Diensten zu sein. Sie wollte sein wie die Mädchen im Fernsehen. Sie wollte kein Kopftuch mehr tragen, zur Schule gehen, sich frei bewegen und einen Beruf lernen können. Dann wollte sie abends von der Arbeit nach Hause kommen und zusammen mit ihrem Mann das Abendessen zubereiten. Sie wollte in einem Appartementhaus leben, wo keiner den anderen kannte, so wie sie es im Fernsehen gesehen hatte. Sie wollte einfach tun können, was sie wollte, ohne dass sich alle in ihr Leben einmischten. Remziye war klar, dass der einzige Weg, dieses Leben zu verwirklichen, ihre weitere Ausbildung war. Doch als verlobte junge Frau stünde dies vollkommen außer Frage. Wenn sie Nizamettin heiratete, würde sie in ein Haus zwei Straßen weiter ziehen und ihr Leben mit genau denselben Arbeiten zubringen, die sie jetzt im Haus ihres Vaters erledigte. Sie würde sich durch ihre Tage schleppen, ohne auch nur einen Atemzug in Freiheit getan zu haben. Und sie wollte auch nicht allzu viele Kinder. Eigentlich wollte sie überhaupt keine, doch sie wusste, dass sie zumindest ein paar Kinder würde zur Welt bringen müssen, sonst würden ihre Verwandten meinen, sie sei unfruchtbar, was immer Anlass zu bösartigem Klatsch gab.

Da Remziye jetzt verlobt war, protestierte sie nicht, als ihre Mutter ihren Kopfschleier austauschte. Immer wenn sie den schwarzen *çarsaf* ihrer Mutter betrachtete, der alles bis auf das Gesicht verdeckte, wurde ihr klar, dass sie noch Glück hatte, nur einen Schal tragen zu müssen. Jetzt legte sie die durchsichtige Musselinyazma ab, die bisher ihr Haupt bis auf die Schultern bedeckt hatte. Sie würde ihr langes Haar auf dem Kopf zu einem Knoten drehen und es dort mit einer Haarnadel zusammenstecken. Dann hüllte sie es in einen dünnen Schleier aus schwarzem Kattun, über den sie ein geblümtes Seidentuch von der Größe einer Tischdecke band. Auch dieses reichte ihr bis zu den Schultern und wurde mit einer Nadel zusammengehalten.

Ihre rebellische Seele hatte sich in eine kummervolle Kapitulation ergeben. Ihre Wünsche brannten längst nicht mehr so heiß in ihrem Herzen. Von der Glut ihres stolzen Geistes waren nur noch ein paar Fünkchen vorhanden und selbst diese von Asche bedeckt. Remziye stickte und häkelte zur Vorbereitung auf die Hochzeit, die am Ende des Sommers stattfinden sollte.

An diesem Punkt trat Ismail in ihr Leben. Er baute für eine Familie, die gerade das Grundstück nebenan gekauft hatte, ein *gecekondu*. Wie es üblich war, schickte ihre Mutter Mittagessen und heißen Tee zu den Arbeitern, die das Haus des Nachbarn errichteten. Als Remziye Ismail durch die Zweige des Baumes sein Tablett nach oben reichte, spürte sie die Erregung des jungen Mannes. Einmal fühlte sie, wie er wiederholt ihre Finger streifte. Das machte sie verlegen und erregt zugleich. Zum ersten Mal in ihrem Leben hatte ein Fremder ihre Haut berührt. Das junge Paar stürzte sich Hals über Kopf in eine Liebesgeschichte, die mit gehetzten, heimlich gewechselten Worten begann, aus denen aber schnell mutigere, längere Zärtlichkeiten wurden, die nicht nur die Finger, sondern auch das Handgelenk mit einbezogen.

Ihre Mutter schimpfte sie aus, weil Remziye so lange brauchte, um das Mittagessen zu den Nachbarn zu bringen, doch sie vermutete nicht, dass sich zwischen ihrer Tochter und Ismail eine Romanze entspann. Wenn Remziye jetzt zu Bett ging, ging die Phantasie mit ihr durch. Sie stellte sich vor, endlich das Meer zu sehen – als Frau dieses dunkelhäutigen, gutaussehenden Maurers. Sie stellte sich vor, wie sie Tee tranken, Händchen hielten, einander küssten ... was ihr Herz zum Rasen brachte. Dabei bemühte sie sich verzweifelt, ihre älteren Brüder, deren Matratzen neben der ihren lagen, nicht merken zu lassen, wie ihr Herz klopfte. Plötzlich war die Welt wieder schön. Der Geruch der Hühnerställe störte sie nicht mehr, und es war ihr egal, dass ihre Hände vom Gemüseernten rauh wurden.

Sobald die Bauarbeiten auf ihr Ende zugingen, fragte Remziye sich, wie sie und Ismail sich weiterhin sehen sollten, wenn das Haus erst fertiggestellt sein würde. Als sie ihn fragte, meinte er, er täte sein Möglichstes, um die Fertigstellung hinauszuzögern, aber sie solle sich keine Sorgen machen. Er würde seine Familie bitten, um ihre Hand anzuhalten. Dann drückte er ihr einen Zettel mit einer Telefonnummer in die Hand. Remziye brachte es nicht übers Herz, ihm zu sagen, dass sie bereits verlobt war. Sie hatte Angst, er würde sie auf der Stelle verlassen.

An diesem Abend merkte Remziye, dass etwas anders war, als Ismails Schicht vorüber und er nach Hause gegangen war. Obwohl die Sonne noch nicht untergegangen war, hatte ihre gesamte Familie sich versammelt. Alle saßen still da und hielten den Kopf gesenkt. Die Frau ihres ältesten Bruders stand auf und gab ihr eine Ohrfeige, als sie den Raum betrat. Von ihrer Wohnung im Oberstock hatte sie beobachtet, wie das Mädchen mit dem *gecekon-*

du-Arbeiter gelacht und gescherzt hatte. Die Ohrfeige ihrer Schwägerin hatte weiter nicht wehgetan, doch Remziye hatte eine Todesangst, dass ihre Familie alles über sie und Ismail herausfinden würde. So kniete sie vor ihrem Vater nieder, berührte mit der Stirn den Boden wie beim Gebet und flehte ihn an.

»Wie kannst du denken, ich würde mit einem Fremden lachen und scherzen, Vater? Meine Schwägerin versucht, meinen guten Namen zu beflecken. Ich habe nur die Tabletts abgeholt, die Mutter mich rüberbringen ließ. Bitte glaube wenigstens du mir.«

Ihr älterer Bruder zog sie von den Füßen ihres Vaters weg und begann, auf sie einzuschlagen. »Ich prügle schon die Wahrheit aus dir heraus«, schrie er.

Ihre Mutter stachelte ihn noch zusätzlich an. »Bring sie um, wenn sie nicht die Wahrheit sagt, mein Sohn.«

Remziyes Vater sah eine Weile zu, dann befahl er, den Koran zu bringen. Er ließ Remziye die Hand auf das Buch legen. So sollte sie schwören, dass sie die Wahrheit sagte. Hatte je eines fremden Mannes Hand die ihre berührt? Remziye schwor auf den Koran, dass dies nicht der Fall war. In ihrem Herzen aber bat sie Gott, ihr zu vergeben.

Damit war ihr Vater überzeugt. Nichtsdestotrotz ließ er Nizamettin holen, um jeden Verdacht gleich im Keim zu ersticken. Er sagte ihm, die Hochzeit solle sofort stattfinden, jetzt noch, in Istanbul und nicht erst im Sommer in Bitlis. Nizamettin gehorchte dem Wunsch seines Onkels mit der üblichen eisigen Kälte. Er würde sofort mit den Hochzeitsvorbereitungen beginnen.

Remziye verachtete ihren künftigen Ehemann. Nicht einen Blick hatte er in ihr angeschwollenes Gesicht geworfen oder gar zu fragen gewagt, weshalb sie weinte.

Während die Familie schlief, starrte Remziye blicklos zur Decke und suchte nach einem Ausweg. Gewalt brach Remziyes Widerstand nicht. Ihre Neigung zur Rebellion, die das Mädchen selbst schon erloschen glaubte, kehrte ungebrochen zurück.

Am folgenden Morgen tat sie so, als ginge sie zu den Hühnerställen, und achtete darauf, dass ihre Schwägerinnen im Oberstock sie nicht sehen konnten. Ismail war bereits an der Arbeit. Sie flüsterte ihm zu, dass sie gemeinsam fliehen müssten. Der junge Mann sah sie entsetzt an. Damit hatte er nicht gerechnet. Keinesfalls wollte er diesen mächtigen Clan aus Bitlis gegen sich haben. Aber das Gesicht des Mädchens war geschwollen und über und über von Blutergüssen bedeckt. Irgendetwas lief hier auf schreckliche Weise schief. Er antwortete nicht sofort, wollte er doch ihre Hoffnung nicht im Keim ersticken. Und so beschloss er, ihr nach der Arbeit zu sagen, dass er nicht mit ihr weglaufen könne, dass er aber jemanden aus seiner Familie schicken würde, damit dieser um ihre Hand anhielte.

Zu seinem Unglück konnte er diesen Entschluss nicht mehr in die Tat umsetzen, denn am Abend war Remziye nirgendwo zu sehen. Als die Sonne unterging, sammelte Ismail sein Werkzeug ein, zog sich um und ging zum Bus. Als er an der Haltestelle ankam, traute er seinen Augen nicht. Remziye stand an der Bushaltestelle. Unter den missbilligenden Blicken der Umstehenden taten die beiden Liebenden an der Haltestelle von Sultanbeyli das Ungeheuerliche: Sie umarmten sich. Mit der Gefahr wuchs auch ihre Kühnheit.

Ismail nahm Remziye mit zu sich nach Hause. Seine Familie lebte in einem anderen *gecekondu* am oberen Ende von Sultanbeyli. Man empfing die künftige Schwiegertochter, von der Ismail nie erzählt hatte, ein wenig zögerlich. Nicht nur, dass die Familie nichts über das Mädchen wusste. Man fürchtete auch, dass sie Ärger bringen würde, und missbilligte ihre Unverblümtheit, die sie in das Haus eines Mannes führte, noch bevor sie mit ihm verheiratet war. Trotzdem empfing man sie nicht feindselig. Man lud sie zum Abendessen ein und beschloss dann, dass sie im selben Raum mit Ismails Schwestern schlafen würde. Ismail wurde ins Haus eines Verwandten geschickt, solange die Hochzeit noch nicht vollzogen war.

Zum ersten Mal bemerkte Remziye nun, dass das Leben in den *gecekondular* überall recht ähnlich verlief. Auch Ismail hatte Schwestern. Deren Verhalten kam Remziye ziemlich bekannt vor. Sie führten mit gesenktem Haupt ihre Aufgaben aus und gingen wie auf Eiern, als fürchteten sie, jede Sekunde getadelt zu werden. Remziye aß ein paar Bissen und versuchte, Ismail nicht anzusehen. Nachdem sie ihn zum Haus eines Verwandten begleitet hatte, rollte sie sich auf einer Matratze zusammen, die im Raum der Mädchen für sie ausgebreitet worden war, und versuchte zu schlafen. Obwohl sie nun endlich getan hatte, was sie wollte, fühlte sie sich nur müde.

Mitten in der Nacht hörte sie, wie an die Tür gehämmert wurde. Es klang wie die Trommeln des Ramadan. Noch im Halbschlaf den *zikir** rezitierend, öffnete Ismails Vater. Es waren Remziyes ältere Brüder, ihre Vettern und Nizamettin, auf deren Gesichtern der Zorn loderte. Remziye war verzweifelt, weil man sie so schnell gefunden hatte, doch sie konnte nichts tun. Sie senkte das Haupt, und bevor sie sich von Ismails Familie noch verabschieden

* Die Anrufung des Namens Allah zu seinem Gedenken.

konnte, schubsten ihre Häscher sie schon vor sich her. So verschwand sie einfach in der Stille der Nacht. Innerlich dankte sie Gott, dass sie Ismail nicht zu Hause angetroffen hatten. Wäre dies der Fall gewesen, so wären sicher beide sofort getötet worden.

Man brachte sie in einem Konvoi von drei Wagen nach Hause. Wer ihren Brüdern wohl die drei Autos geliehen hatte? Ihre Mutter, ihr Vater und andere Verwandte warteten zu Hause auf sie. Voller Zorn. Auf die drängenden Fragen ihrer Mutter antworteten Remziyes Brüder, dass das Mädchen immer noch unberührt sei. Nun musste darüber entschieden werden, ob sie getötet werden sollte. Man band ihre Hände zusammen und sperrte sie in einem Nebenraum ein. Sobald die Tür verschlossen war, gingen alle wieder schlafen. Man hatte beschlossen, sie einzusperren, bis sie zur Vernunft gekommen war.

In den nächsten Tagen hörte sie kein Wort von Ismail. Niemand erwähnte ihn auch nur mit einem Wort. Es war, als wäre sie nie weggelaufen. Man ließ sie allerdings nicht hinaus, nicht einmal in den Garten. Jetzt oblagen ihr nur die Arbeiten im Haus. Nizamettin ließ Remziyes Vater wissen, dass er die Hochzeit absage. Die Familie begann, sich nach einem älteren Witwer umzusehen, der in der Lage wäre, ein ordentliches *baslik parasi** zu bezahlen. Man informierte diesbezüglich auch die Verwandtschaft in Bitlis und in den umliegenden Dörfern.

Nur zu gerne hätte Remziye protestiert im Hinblick auf die Zukunft, die die Familie ihr zugedacht hatte, doch dies war natürlich völlig undenkbar. Doch mit einem Mal er-

* Eine gewisse Geldsumme, die bei der Hochzeit an den Vater der Braut gezahlt wird. Danach gilt die Braut als Eigentum des Ehemannes.

gab sich eine völlig unerwartete Gelegenheit für sie. Von diesem Moment an glaubte Remziye, dass Gott auf ihrer Seite war. Ein angesehenes Mitglied des Clans starb. Die Männer des Hauses gingen zum *sala namaz*, dem rituellen Gebet, das rezitiert wird, sobald der Muezzin *ezan** anstimmt. Und die Frauen gingen zur Totenklage für den Verstorbenen. Angesicht der ganzen Aufregung war Remziye mit einem Mal vergessen. Unsicher, ob man sie vielleicht nur prüfen wollte, wartete Remziye eine ganze Weile. Vielleicht würden, wenn sie auch nur einen Schritt nach draußen wagte, ihre Brüder plötzlich vor ihr stehen, um sie totzuprügeln.

Als sie das *sala* erklingen hörte, fasste sie Mut. Sie ging hinaus in den Garten und kletterte über die Mauer. Dann rannte sie, ohne sich umzusehen, zur Hauptstraße. Als sie das Gefühl hatte, weit genug gelaufen zu sein, betrat sie ein Ladengeschäft und bat, dort telefonieren zu dürfen. Sie rief Ismail an, die Nummer, die er ihr vor Wochen gegeben hatte, hatte sie auswendig gelernt, als sei sie ihr einziges Heiligtum.

Der junge Mann holte sie ab, doch Remziye spürte, dass er im Grunde nicht wollte. Sie sah, dass er Angst hatte, denn nun gab es kein Zurück. Dieses Mal würde Remziyes Familie sie töten, wenn sie sie fänden. Widerstrebend schlug Ismail vor, sie sollten zum Haus eines seiner weniger bekannten Verwandten gehen.

Remziye war mutiger als Ismail. Doch sie wusste, was sie zu tun hatte, um ihn auf ihre Seite zu ziehen. Sie musste eine Gelegenheit schaffen, um mit ihm alleine zu sein. Ismail zu lieben hieß Freiheit. Mit einer Leidenschaft, der

* *Ezan*, Gebetsruf.

Ismail nicht widerstehen konnte, bot Remziye sich ihm an, und so liebten sie sich wieder und wieder. Von diesem Moment an betrachteten sich die beiden als Mann und Frau vor dem Angesicht Gottes. Außerdem musste Remziye als verheiratete Frau das Haupt nicht mehr beugen. Sie und Ismail würden sich irgendwo weit weg ein *gecekondu* bauen und dort sobald als möglich einen eigenen Hausstand gründen.

Doch Remziye bestand darauf, dass sie ein *imam nikah*, eine religiöse Trauungszeremonie, abhielten. Die Familie, bei der sie lebten, holte einen Imam ins Haus, der dem Willen des Mädchens entsprach. Da eine religiöse Zeremonie zwar achtbar war, aber vor dem Gesetz keine Gültigkeit besaß, mussten sie auch noch zivilrechtlich in den Stand der Ehe treten. Dazu aber brauchte man Papiere. Sie wandten sich an den *mukhtar*, den Vorsteher ihres Viertels, dem sie vertrauten. Dieser erwies sich als sehr neugierig, was das Abhandenkommen von Remziyes Papieren betraf.

Und so erzählten sie ihm die Geschichte ihrer verbotenen Liebe vom Anfang bis zum Ende. Der *mukhtar* zeigte sich gütig wie ein Vater. Er ließ sofort neue Papiere beantragen. Als sie sein Büro verließen, küssten sie ihm voller Dankbarkeit die Hand.

Abends setzten sie sich zum Essen hin und waren seit Wochen zum ersten Mal wieder richtig glücklich. Doch bevor sie noch zu essen begonnen hatten, wurde die Tür des *gecekondu* eingeschlagen. Der Clan der Öztürks, angeführt vom *mukhtar*, drang in das Haus ein. Mit einem Mal war das Haus voller Menschen. Voller Panik sah Remziye sich nach Ismail um und sah ihn aus dem offenen Fenster springen. Schweren Herzens band sie sich ihren Kopfschal um, wusste sie doch, dass ihr Schicksal sie nun endgültig eingeholt hatte.

Ihre Brüder, die einen anderen jungen Mann fälschlich für Ismail hielten, schlugen diesen zu Boden und prügelten ihn halb zu Tode. Remziye stammelte nur: »Das ist nicht Ismail.« Der Schläger aber hörte nicht auf sie, sondern sah nur den *mukhtar* an. Erst nachdem dieser bestätigt hatte, dass das Mädchen die Wahrheit sagte, ließen die Brüder den armen Mann gehen. Mit Schlägen, Tritten und wüsten Beleidigungen zerrten sie Remziye aus dem Haus. Als das Blut aus ihrem Mund lief, fragte das Mädchen sich, wieso der *mukhtar* so grausam hatte sein können. Nie wieder würde sie jemandem vertrauen.

Wieder sperrte man Remziye in den Raum, in dem sie schon zwei Wochen vorher gefangen gehalten worden war. Dieses Mal allerdings wurde sie auch an den Füßen gefesselt. Während sie so verschnürt auf der Matratze lag, hörte sie, wie die Familie über ihr Schicksal debattierte. Ihre Mutter vertrat die Ansicht, man müsse sie töten, weil man sonst niemandem mehr, weder in Sultanbeyli noch in Bitlis, in die Augen sehen könne. Die Meinung ihres Vaters allerdings erstaunte Remziye. Dieser harte Mann, den sie nie auch nur lächeln gesehen hatte, war gegen ihre Ermordung. Doch die Entscheidung lag beim ältesten Onkel väterlicherseits.

Aus einer Art perverser Höflichkeit heraus hielten ihre Brüder und Schwestern den Mund, solange die Älteren noch sprachen, nur ihre Schwägerinnen stießen in einem fort Verwünschungen gegen sie aus. Aus ihrem Geschrei entnahm sie etwas, das Remziye vollkommen neu war. Die jüngste Tochter ihres Onkels war ebenfalls mit einem Fremden weggelaufen. Auch sie war gefasst worden und wartete nun wie Remziye auf das Urteil, das ihr Schicksal besiegeln sollte. Allgemein war man der Ansicht, es wäre das Beste, beide nach Bitlis zu bringen und sie im Dorf zu töten. Doch da änderte Remziyes Vater, der bisher dagegen war, dass man die Mädchen umbrachte, sondern sie lieber an einen älteren Witwer verheiraten wollte, plötzlich seine Meinung.

»Wenn, dann sollen sie hier sterben«, sagte er. »Azmi kann das erledigen. Er ist sechzehn, doch auf seiner Geburtsurkunde hat man ihn jünger gemacht. Er wird ein mildes Urteil erhalten.«

Dann beschloss man, dass Remziyes jüngere Cousine zuerst getötet werden sollte. Bevor die Todesschwadron loszog, erhielten sie Ratschläge von Remziyes Mutter, die dem Mädchen die Haare zu Berge stehen ließen.

»Was auch immer ihr tut, tötet sie ja nicht im Haus. Dann müssen wir die Leichen loswerden. Schießt sie unter den Bäumen nieder und bringt dann die Leichen weg.«

Schweigend begaben sich die jungen Männer zu dem Haus, in dem Fidan eingesperrt war. Remziye spürte den Gewehrschuss, der ihre Cousine tötete, im eigenen Herzen widerhallen. Dann hörte sie die jungen Männer zurückkehren, um sie in den Tod zu führen. Immer und immer wieder sagte sie sich: »Ich will nicht sterben.«

Ihre älteste Tante machte das Licht in dem Raum an, half Remziye auf und befreite sie von ihren Fußfesseln. Im Gegensatz zu ihren harschen Worten, die sie gerade eben im Wohnzimmer geäußert hatte, war sie nun zu Remziye besonders nett. Sorgfältig band sie den Schal, der dem Mädchen herabgerutscht war, und zog ihr den Rock glatt. Dann führte sie sie vor den Familienrat und zog sich zurück.

»Hast du gehört?«, fragte Remziyes Vater. »Meine Söhne haben Fidan getötet. Jetzt ist die Reihe an dir. Sprich das *shahada**.«

Remziye hob ihr Haupt und sah ihren Vater an. »Ich will den Koran lesen und *namaz* ausführen, das rituelle Gebet«, sagte sie. »Ich will nicht als Sünderin sterben.«

Ohne seine Tochter anzusehen, antwortete ihr Vater: »Fang an. Es wird ohnehin das letzte Mal sein. Sag Gott, dass du es bereust.«

Halb erstickt antwortete Remziye: »Ich muss zuerst die Waschungen durchführen.«

Daraufhin sagte Remziyes Vater zu einem seiner Söhne, die bereitstanden: »Lass sie.«

Er bat um einen Koran, den er laut zu lesen begann. Nach einer Weile schloss er ihn achtungsvoll. Er küsste ihn, hielt ihn an die Stirn und legte ihn auf das höchste Regal. »Geht nun alle zu Bett«, sagte er. »Azmi soll mit Gott beenden, was seine Aufgabe ist, und zwar so, wie es ihm am besten erscheint.«

Als ihr Vater zu Ende gesprochen hatte, ging Remziye in den Garten. Azmi folgte ihr auf dem Fuß. Sie ging in die kleine Hütte unter dem Baum, die als Toilette, Badezimmer und Werkzeugschuppen diente. Dort begann sie ihre Waschungen, wobei sie darauf achtete, dass ihr Kopf durch das zerbrochene Fenster zu sehen war.

Azmi, der in Gegenwart des Vaters nicht rauchen durfte, begann, sich eine Zigarette zu drehen, während er gleichzeitig aus den Augenwinkeln die Bewegungen von Remziyes Kopfschal verfolgte.

Remziye beendete die Waschungen, trat aus der Hütte und sagte zu Azmi, dass sie *namaz* unter dem Baum aus-

---

*Islamisches Glaubensbekenntnis, das vor dem Tod rezitiert wird.

führen würde. Der junge Mann, der unter dem enormen Stress beinahe zusammenbrach, drehte sich bereits seine zweite Zigarette und antwortete nicht. Er wartete auf das Signal seines Vaters zum Schuss.

Remziye begab sich hinter die Hütte. Sie zog die Schuhe aus und stellte sie neben die Gebetsmatte, die sie auf dem Boden ausgebreitet hatte. Ihr Herz hämmerte wie verrückt, denn sie hegte einen Fluchtplan, der aus der Verzweiflung geboren war. Sie stopfte alte Kleider, die sie hinausgeschmuggelt hatte, in ihren Kopfschal und band das Bündel an den Baum. So fiel im Halbdunkel ein Schatten auf die Gebetsmatte. Remziye hoffte, Azmi würde diesen Schatten für sie halten, zumindest lange genug, dass sie Zeit zur Flucht hatte.

Leise wie eine Maus hob sie den Stacheldrahtzaun an. Die Stacheln bohrten sich in ihr Fleisch, doch Remziye ließ sich davon nicht beirren. Sie rollte sich darunter hinweg und lief dann barfuß und barhäuptig die Straße hinunter. Blut floss aus den Wunden, die ihr der Draht zugefügt hatte. Sie wusste nicht genau, wohin sie rannte. Mittendrin schlug das Wetter um. Es begann, heftig zu regnen.

Remziye wusste nicht, wie weit sie schon gekommen war. Sie war völlig durchnässt, schlammbespritzt, hungrig, durstig und erschöpft. Sie zitterte vor Kälte, doch sie war am Leben. Kein Geld in der Tasche, keine Vorstellung davon, wie spät es war oder wo sie sein mochte. Kraftlos ließ sie sich in einem überdachten Treppenhaus auf die Stufen fallen. In diesem Moment sandte Gott das Wunder, das sie brauchte. Sie saß nämlich im Eingang eines Cem-Hauses. Remziye wusste, dass ein Cem-Haus das Gebetshaus der Aleviten war, die ihre Eltern von jeher verachteten. Drei junge Leute kamen aus einer Seitenstraße und erblickten das verzweifelte Mädchen, das sich ins Treppenhaus geflüchtet hatte. Sie brachten sie in das Gebäude, wo sie zuerst ihre blutenden, geschwollenen Füße versorgten. Irgendwoher holten sie ein Paar Pantoffeln und zogen sie Remziye an. Dann legten sie die Arme um die Schultern des Mädchens und brachten sie in ein Wohnhaus.

Obwohl es längst nach Mitternacht war, hieß die alevitische Familie Remziye warmherzig willkommen, was zu dieser unüblichen Stunde keineswegs zu erwarten war. Man fragte nicht, wer sie war oder warum beziehungsweise vor wem sie weggelaufen war. Die Mutter, deren rotes Haar mit weißen Strähnen durchzogen war, hüllte sie in Decken, gab ihr heißen Pfefferminztee und umsorgte das Mädchen, wo sie nur konnte. Die Jungen, die sie hierher gebracht hatten, waren längst verschwunden.

Als Remziye in einen unruhigen Schlaf fiel, hörte sie noch den letzten Satz der Frau: »Mach dir keine Sorgen, mein Kind. In diesem Haus übernachten heute keine Männer. Ich habe sie alle zu Verwandten geschickt. Fühl dich wie zu Hause und schlaf dich erst einmal aus. Stell dir vor, ich bin deine muslimische Schwester. Dann geht es dir gleich besser.«

Am folgenden Morgen erwachte Remziye zum ersten Mal seit Jahren wirklich spät. Der köstliche Duft von Tee und frisch zubereitetem *börek* lag in der Luft. Remziye fühlte sich dankbar und getröstet. Die Mädchen der Familie hatten sich um den Tisch versammelt und zankten sich um die Teigtaschen. Remziye wusch sich Hände und Gesicht, faltete ihre Matratze zusammen und setzte sich an den Tisch. Ihre Cousine Fidan, die sich desselben Vergehens schuldig gemacht hatte wie sie, war tot. Sie aber war davongekommen.

Sie erzählte ihrer muslimischen Schwester die ganze Geschichte. Die Frau strich über Remziyes Haar, das sie heute zum ersten Mal seit vielen Jahren offen trug. Am Ende ihrer Geschichte erklärte ihre muslimische Schwester selbstsicher: »Niemand wird kommen und dich aus diesem Haus wegholen. Sie müssten uns schon töten, bevor sie dich kriegen.«

Sie rief einen ihrer Söhne und befahl ihm, sich nach Ismail zu erkundigen. Am Abend kam Ismail ins Haus, zusammen mit einem der Jungen, die Remziye beim Cem-Haus gefunden hatten. Das junge Paar umarmte sich lange Zeit, so dass die ganze Familie vor Rührung beinahe weinte. Die beiden wussten nicht mehr, wohin. Vor allem Remziye war voller Angst. Sie wusste: Wenn man sie nochmals einfinge, würde sie auf der Stelle getötet werden.

Doch Remziyes muslimische Schwester erlöste sie von ihren Sorgen. Die beiden würden ihre Gäste sein, bis sie ein eigenes Obdach gefunden hatten. Doch niemand, nicht ein Mensch, sollte erfahren, wo sie sich aufhielten. Dankbar küssten Remziye und Ismail die Hände der Frau. Um Gott für ihre Rettung zu danken, bereitete Remziye ein *pilav* aus grünen Linsen zu, hüllte sich in einen kohlrabenschwarzen *çarsaf,* damit niemand sie erkannte, und verteilte das Essen im Cem-Haus an alle Besucher.

Da die Frauen der Aleviten sich nicht verschleiern, erregte die Gestalt, die im schwarzen *çarsaf* Essen verteilte, rege Aufmerksamkeit. Doch niemand erkannte sie. Der Vorsteher des Cem-Hauses, der alevitische *dede,* hielt seine schützende Hand über das verzweifelte Paar und ließ heimlich die für eine Ziviltrauung nötigen Dokumente vorbereiten. Auch die Hochzeitszeremonie wurde im Geheimen abgehalten. Doch als Remziye ihr neues Leben als

Ismails angetraute Gemahlin begann, ahnte sie bereits, dass ihre Probleme damit noch nicht vorüber waren.

Die Nachbarn in dem ärmlichen Alevi-Viertel sammelten Geld für das junge Paar, das davon ein Haus mit nur einem Zimmer und einige Möbelstücke erwarb. Doch das größte Problem war damit noch nicht gelöst: Ismail konnte nicht arbeiten. Da Remziyes Clan überall nach ihm suchte, musste er sich die größte Mühe geben, sich zu verstecken. Die Familie, die die beiden ursprünglich aufgenommen hatte, war sehr großzügig, doch da sie selbst in bitterer Armut lebte, gab es nicht viel zu teilen.

Remziye fühlte, dass das Leben als Flüchtling Ismail zunehmend an die Nieren ging. Auch die stete Gefahr, getötet zu werden, zehrte an seinen Nerven. Sie war sicher, dass Ismail die Risiken, die dieses Leben mit sich brachte, nur eingegangen war, weil sie ihm keine andere Wahl gelassen hatte. Doch nun gab es kein Zurück mehr, wenn sie am Leben bleiben wollten. Außerdem war Remziye schwanger. Nichts hätte sie glücklicher machen können, denn wenn sie ein Kind hätte, würde Ismail sie sicher nicht verlassen. Sie hegte die stille Hoffnung, dass ihre Familie sie in Frieden lassen würde, da sie doch jetzt eine verheiratete Frau und bald auch Mutter war. Sobald das Kind geboren war, würde sie ihrem Vater eine Nachricht zukommen lassen, dass sie ihm gerne die Hände küssen, also mit ihm Frieden schließen, würde. Doch die Dinge liefen nicht, wie sie es sich erhofft hatte.

Mit Hilfe ihrer erfahrenen muslimischen Schwester brachte Remziye ihr Kind in einem *gecekondu* im Herzen Istanbuls zur Welt. Es war ein Mädchen. Dies zerstörte nicht nur Remziyes Hoffnung auf eine Versöhnung mit ihrem Vater, sondern hieß darüber hinaus noch, dass

Remziye weiterhin gleichsam im Untergrund leben musste. Erst nachdem sie selbst Mutter geworden war, begriff Remziye, weshalb Frauen Töchter hassen und sich Söhne wünschen. Söhne zu haben hieß, Macht und Stärke zu besitzen. Nichtsdestotrotz nannte das Paar das kleine Mädchen Emine nach Remziyes Mutter.

Jeder Tag schien nun schlimme Neuigkeiten zu bringen. In der Hoffnung, die beiden Flüchtigen endlich zu stellen, durchsuchte Remziyes mächtiger Clan jedes Haus ohne Unterschied. Ismails Familie sah sich gezwungen, ihre Wohngegend zu verlassen, in der sie ihr ganzes Leben verbracht hatte, und an einen geheimen Ort zu ziehen. Doch Ismails Vater konnte seinen bescheidenen Laden, in dem er Küchen- und Reinigungsprodukte verkaufte, nicht verlegen, da er sonst Bankrott gemacht hätte. Natürlich machte man für all diese unglücklichen Umstände Remziye verantwortlich. Anfangs hatte die Familie ihre Ablehnung nur in leisen Andeutungen anklingen lassen. Jetzt steigerten sich diese zu offenen Beleidigungen. Nirgendwo schien Frieden oder Versöhnung in Sicht. Remziye machte sich auf eine Zukunft voller Feindseligkeit, Armut und Einsamkeit gefasst.

Bei der leisesten Bewegung des Vorhangs, beim Läuten der Türglocke oder dem Klang einer lauten Stimme begann ihr Herz, wie wild zu schlagen. Längst hatte sie aufgehört, nachts durchzuschlafen. Früher hatte sie noch den Mut aufgebracht, aus dem Fenster zu sehen. Jetzt wagte sie sich nicht einmal mehr in die Nähe eines Fensters. Und selbst wenn sie gegen Morgen in einen unruhigen Schlaf fiel, erwachte sie daraus voller Angst, dass Ismail sie vielleicht eines Tages töten würde. Tagsüber hatte sie das Gefühl, im Gefängnis zu sitzen. Und befürchtete, wenn man sie losließe, würde jeder sie anfallen, der ihr über den Weg liefe.

Für Ismail ging der Albtraum, den Remziye zu Hause erlebte, auf der Straße weiter. Wann immer er eine kurzfristige Beschäftigung fand, fand der Clan dies bald heraus. Häufig musste er dann verschwinden, ohne auch nur seinen Lohn mitnehmen zu können. Ismail begriff einfach nicht, woher die Mitglieder dieses weitverbreiteten Clans die Zeit nahmen, ständig auf der Jagd zu sein.

Ismail und Remziye gingen sogar zum Staatsanwalt, doch dieser begriff nicht, wie ernst die Situation war, und hielt ihr Problem für ein simples Missverständnis im Familienkreis.

»Wenn Ihnen irgendetwas zustößt, dann werde ich mich schon darum kümmern«, hatte er gesagt und das verzweifelte Paar wieder nach Hause geschickt.

Die schlechten Nachrichten, die ihr fast täglich zu Ohren kamen, machten Remziyes kämpferisches, rebellisches Herz mürbe. Sie wusste, dass eine Katastrophe bevorstand und sie sich nur selbst würde retten können, doch sie wusste einfach nicht, was sie tun sollte. Eines Tages ruhte ihr Blick abwesend auf dem Fernsehapparat. Plötzlich fing ihr Herz zu klopfen an. Die Moderatorin einer zur Mittagszeit ausgestrahlten Frauensendung bat die Zuschauer, in der Sendung anzurufen, wenn sie ein Problem hätten, das gelöst werden müsse.

Remziye presste ihr Baby an die Brust und lief zum Haus ihrer einzigen Freundin, ihrer muslimischen Schwester, die ein Telefon hatte. Doch natürlich war die angegebene Nummer ständig besetzt. Es war einfach unmöglich durchzukommen.

In der folgenden Woche verbrachte Remziye die Mittagszeit vor dem Fernsehapparat und versuchte, in der Sendung anzurufen. Und wieder war es ihre muslimische

Schwester, die eine Lösung fand. Eine Bekannte arbeitete im Postamt. Mit ihrer Hilfe schafften sie es, in der Sendung anzurufen. Remziye wusste, dass die ganze Nation zuhörte, als sie die Geschichte ihrer Flucht vor dem Tod berichtete, ohne ihren Namen oder andere Details zu nennen, die auf ihre Identität hätten schließen lassen können.

Die Moderatorin wollte sich nach der Sendung mit Remziye treffen, um ihr das Geld zu geben, das die Zuschauer für sie gespendet hatten. Doch sie tat noch etwas anderes: Sie rief den Redakteur einer wöchentlichen Nachrichtensendung an, die ich präsentierte. Da sie wusste, dass ich an diesem Thema arbeitete, fragte sie mich, ob ich Remziye vielleicht in die Sendung nehmen wolle.

Diese Chance ließ ich mir natürlich nicht entgehen. Lange bevor Remziye ankam, wartete ich schon im Fernsehstudio auf sie – selbst voller Aufregung.

Zu dieser Zeit wusste ich noch nicht, dass an diesem Tag ihre Adoptivfamilie, ihre muslimische Schwester und die Jungen, die sie im Cem-Haus gefunden hatten, zusammengekommen waren, um zu feiern. Sie selbst erzählte mir später, wie aufregend dieser erste gemeinsame Tag für sie gewesen war.

Es war, als hätten sie in der Lotterie gewonnen. In der Nachbarschaft eines *gecekondu* verbreiten Neuigkeiten sich wie ein Lauffeuer, ohne dass man wüsste, wie es dazu kommt. Die ganze Nachbarschaft hatte sich im Wohnzimmer ihrer Schwester versammelt. Wie es der Brauch ist, wurde *lokma* gemacht, frittierte Teigbälle mit Sirup, und an die Nachbarn verteilt. Für sich selbst bereiteten sie ein Festessen aus gegrilltem Fleisch. Erstaunte stellte Remziye fest, dass ebenjene Nachbarn, vor denen sie sich so sorgfältig versteckt hatte, sie sehr gut kannten. Doch auch dies dämpfte ihre wiedererwachten Lebensgeister kein bisschen. Zum ersten Mal schien sie über ihr Schicksal triumphieren zu können, und sie wollte nicht, dass neue Ängste diesen Sieg trübten.

Da sie nach dem Verrat des *mukhtar* gelernt hatte, niemandem mehr zu trauen, lehnte sie den Wagen, den ihr der Sender schicken wollte, ab. Sie wollte ihre Adresse nicht preisgeben, schon gar nicht gegenüber vollkommen Fremden. Also zog sie ihre besten Sachen an und putzte auch ihren Ehemann heraus, der, weil er nicht arbeiten konnte, häufig bis in die frühen Morgenstunden schlief, weil er bis spät in die Nacht im Kaffeehaus blieb. Dann wickelte sie das Baby und fuhr im Auto ihrer Freundin ins Fernsehstudio.

Remziye, die außer Sultanbeyli von Istanbul noch nichts gesehen hatte, war schier überwältigt von der Größe des Gebäudes, das sie nun betrat, und dem freien Benehmen der Frauen, die dort arbeiteten. Nun erlebte sie selbst, dass jene Welt, die sie bislang nur aus dem Fernsehen kannte, tatsächlich existierte. Und sie dachte, wie viel sie doch darum geben würde, selbst eine der geschäftig herumeilenden Journalistinnen zu sein. Doch sie war noch vor Vollendung ihres neunzehnten Lebensjahres Mutter geworden. Sie verfluchte ihr Schicksal. Und doch schien im Moment alles von selbst zu laufen. Als hätte eine Fee sie mit dem Zauberstab berührt. Jemand aus Österreich rief in unserer Sendung an und wollte den beiden helfen. Viele Menschen hatten Babysachen und kleinere Geldsummen geschickt.

Als wir Remziye mit ihrem satten Baby zurück ins *gecekondu*-Viertel brachten, warteten dort viele Menschen auf sie. Die ganze Nachbarschaft kannte mittlerweile die

Geschichte der beiden Flüchtigen, und in den folgenden Tagen engagierte sich das ganze Team meiner Sendung ausschließlich für den »Fall« Remziye. Im österreichischen Generalkonsulat hatte man, tief bewegt, für eine sofortige Bereitstellung der Visa gesorgt. Ein türkischer Bürger in Österreich, den sie noch nie gesehen hatten, kam für sämtliche Kosten auf. Und doch vergingen sechs weitere, nervtötende Monate. Trotz all unserer Bemühungen – wir hatten Namen und Details der Geschichte abgeändert – fand Remziyes Clan heraus, dass ihre Tochter es in die Nachrichten geschafft hatte. Remziye war also nicht nur mit einem jungen Mann davongelaufen, sie hatte die Familie auch noch vor der gesamten Nation bloßgestellt. Diese anmaßende, eingebildete Tochter würde ihre gerechte Strafe schon noch bekommen.

Immer wieder riefen Mitglieder der Familie beim Sender an und drohten, Remziye und Ismail zu töten. Dann fanden sie heraus, wo Remziyes *gecekondu* lag, indem sie ein paar kleine Kinder auf der Straße aushorchten. Nur weil Remziyes muslimische Schwester so schnell schaltete, entkam das Mädchen dem sicheren Tod. Sie hatte sich etwas ausgedacht, um die Verfolger aufzuhalten, was Remziye ausreichend Zeit gab, alles stehen- und liegenzulassen und das Weite zu suchen. Remziye glaubte, dass Gott seine schützende Hand über sie hielt, weil es ihrer Freundin gelungen war, ihren Brüdern den falschen Weg zu weisen. Glücklicherweise war Ismail nicht zu Hause, als Remziyes Verfolger versuchten, sie zu überfallen. Wäre er da gewesen, hätten sie vor der Rache der Brüder nicht entkommen können. Möglicherweise hätte es ein Blutbad gegeben.

Als Remziyes Brüder das Haus ihrer Schwester betraten, saß diese bereits mit ihrem Baby im Taxi, das ihre muslimische Schwester ihr besorgt hatte. Sie hatte jetzt Geld, das sie vor dem Tod bewahrte. Bis Remziye und Ismail mit dem Baby das Flugzeug nach Wien bestiegen, mussten sie noch insgesamt viermal das Versteck wechseln. Doch die spontane Geldspende der Mitarbeiter der Fernsehstation und all jener, die von Remziyes Schicksal gehört hatten, hatte Wunder gewirkt. Remziye musste nun nicht mehr jeden Cent umdrehen. So konnte sie sich beispielsweise bei den einzelnen Umzügen jetzt erlauben, die Miete im Voraus zu bezahlen. Zum ersten Mal in ihrem Leben genoss sie jene Freiheit, die für Geld zu haben ist.

Als ich Remziye zum ersten Mal traf, bat sie mich um etwas sehr Einfaches. Ihre großen, schwarzen Augen leuchteten aus dem *çarsaf* hervor, der ihren Körper von Kopf bis Fuß einhüllte, als sie mich fragte, ob sie den Bosporus sehen dürfe. Sie erzählte, sie habe ihr ganzes Leben in Istanbul verbracht, aber: »Mein Vater sagte, es gebe kein Meer in Istanbul. Wie kann das sein?«

Zusammen mit ihrem Baby, das jetzt ein Jahr alt war, und ihrem Mann saßen wir in einem Restaurant, von dem man einen weiten Blick über das Meer hatte. Es war ein Fischrestaurant, das an jenem Abend wie in magisches Licht getaucht schien. Remziye war so aufgeregt, dass sie keinen Bissen hinunterbrachte, doch sie stopfte das Baby mit all den Leckereien voll.

Als ich sie fragte, wie sie sich fühle, antwortete sie: »Ich bin vom Grund einer finsteren Grube in den Himmel, ans Licht, gestiegen.«

Wir sprachen viele Tage lang miteinander, und ich schrieb jedes Detail ihrer Geschichte auf. Mein Kameramann filmte jene Szenen, die sie uns zu filmen erlaubte, und wir fragten uns gemeinsam, wie sie dem Tod entkommen könne. Wir öffneten die Umschläge mit den Spenden, die die Zuschauer geschickt hatten. Zum ersten Mal in ihrem Leben hatte sie eigenes Geld, und sie hatte es ganz allein verdient. Ihr Mann, der von ihrer starken Persönlichkeit in den Schatten gestellt wurde, sah bewundernd zu ihr auf. All diese Talente, die er an seiner Frau nun kennenlernte, schienen ihn vollkommen zu bezaubern.

Trotz ihrer Proteste war ich gekommen, um mich von den beiden zu verabschieden. Remziye legte ihren *çarsaf* erst ab, als sie im Flugzeug war. Ihre dreijährige Flucht hatte sie so misstrauisch gemacht, dass sie nicht einmal mir gesagt hatte, mit welcher Maschine sie abfliegen würden. Auch ihre letzte Adresse hatte sie mir nicht gegeben. Ich war also selbst auf Recherche gegangen, um den Flug in Erfahrung zu bringen. Da sie jedoch zum ersten Mal flogen, wollte ich da sein, um den beiden zu helfen.

Am Flughafen besorgte ich ihnen Kaffee. Remziyes Herz war schwer, doch ihr Ehemann, der das Ganze gelassener nahm, schien glücklich. Istanbul zu verlassen hieß für ihn, endlich all die finanziellen Probleme hinter sich zu lassen. Endlich würden sie sorglos durch die Straßen gehen können. Remziye konnte ihren *çarsaf* ablegen. Und wenn ihr Kind hungrig war, würde sie endlich etwas tun können, was bislang nicht möglich war: Sie würde frei und unbeschwert in einen Laden gehen und ihrem Kind kaufen, was es benötigte.

»Sag mir, Remziye«, meinte ich. »Was gibt euch Mädchen den Mut, euer Leben in die eigene Hand zu nehmen und wegzulaufen, obwohl ihr doch den Tod riskiert? Was ist es, das euch so viel Mut verleiht?«

Voller Ernst nahm Remziye meine Hände in ihre kleinen weißen. Ihre Augen füllten sich mit den vielen bisher nicht vergossenen Tränen.

»Ich möchte dir antworten als Mensch, der sich im Namen der Freiheit zum Gefangenen gemacht hat. Natürlich haben wir die Freiheit, in den Laden zu gehen und Brot zu kaufen, doch wahre Freiheit heißt, von niemandem abhängig zu sein, nicht einmal vom eigenen Ehemann, wenn man geheiratet hat. Wahre Freiheit heißt, nicht geschlagen zu werden, am eigenen Bruder vorbeigehen zu können, ohne eine Ohrfeige erwarten zu müssen; an der eigenen Schwägerin vorbeigehen zu können, ohne sich auf Schläge gefasst zu machen; zu wissen, dass der eigene Vater einen nicht schlagen wird. In anderen Worten: wie ein Mensch behandelt zu werden. Nur deshalb laufen wir weg. Mädchen hauen nicht wegen ihrer Ehemänner ab. Sie laufen weg um ihrer Freiheit willen. Sie können nur mit Hilfe eines Mannes frei sein, darum haben sie immer einen Mann im Gepäck, wenn sie sich in ihr neues Leben aufmachen. Doch die meisten von ihnen führen dasselbe Leben, vor dem sie weggelaufen sind, dann im Haus ihres Ehemannes. Es ist eine Tragödie. Sie riskieren ihr Leben, um in die Freiheit zu entkommen, doch selbst wenn sie dem Tod entgehen, sind sie häufig zu ebenjener Sklaverei verdammt, der sie hatten entfliehen wollen.«

Einen Moment lang schwieg sie und stieß nur einen sorgenvollen Seufzer aus. Dann schloss sie die Augen und fuhr fort, mit einer noch ruhigeren Stimme als vorher.

»Sogar wenn du dein Leben in deine eigenen Hände nimmst, kannst du das Schicksal nicht immer besiegen. Wir sind bereit, um unserer Freiheit willen zu sterben, und viele von uns tun das auch, wie du ja weißt. Wie meine Cousine Fidan. Ich habe das Gefühl, als hätte ich sie betrogen, nur weil ich noch am Leben bin.« Sie fuhr fort: »Es ist sehr wichtig, geliebt zu werden, den älteren Bruder umarmen zu können, ohne Angst haben zu müssen. Diese Wärme! Sagen zu können: ›Mein großer Bruder steht hinter mir, niemand kann mir etwas tun.‹ Doch Mädchen wie ich haben immer Angst. Wenn mein großer Bruder mich lachen sah oder mein offenes Haar erblickte, musste ich immer Angst haben, dass er mich schlägt.

Wir verbringen unsere gesamte Kindheit nur mit unseren Müttern, doch sobald wir vierzehn oder fünfzehn Jahre alt sind, werden wir verheiratet. Es ist völlig egal, ob der Mann Witwer ist oder alt, solange er nur genug Geld hat! Wenn Geld im Spiel ist, geraten all unsere Bräuche in Vergessenheit. Wenn Geld da ist, will niemand das Mädchen töten. Man will nur einfach keinen armen Ehemann für sie. Doch wir bewegen uns in Kreisen, die nicht mehr haben als wir, wie sollen wir also reiche Männer finden, die sie nicht töten?«

In ihrer Stimme lag tiefes Bedauern. Wieder verfiel sie einen Augenblick lang in Schweigen. Sie schien nach den richtigen Worten zu suchen. Dann hob sie ihr wunderschönes Gesicht und sah mich an. »Natürlich will niemand einen Menschen töten, der vom selben Blut, ja, ein Teil des eigenen Lebens ist, doch da sind die Traditionen und die älteren Männer, die drängen ... obwohl so viele Schuldgefühle da sind ... und schließlich riskiert man viele Jahre Gefängnis. Das Leben ist für immer ruiniert. Sobald du herauskommst, wirst du nicht mehr wie ein Mensch behandelt, denn du bist vorbestraft, dann gibt es allen möglichen Ärger.«

Erneut Schweigen. Nun liefen ihr die Tränen übers Gesicht. Erschrocken fing Emine, die bisher auf Mamas

Schoß ruhig an deren Daumen gelutscht hatte, selbst an zu weinen.

Ismail und ich schwiegen. Mir wurde klar, dass diese junge Frau allein war mit ihren Ängsten, und ich wusste, dass es sehr schwierig sein würde, sie zu trösten.

So drehte ich mich zu Ismail um und fragte ihn, so einfühlsam wie nur möglich: »Warum glauben Sie, dass die Mädchen getötet werden, während man den Männern, mit denen sie weglaufen, meist kein Haar krümmt?«

»Das ist ganz einfach«, so Ismail. »Wenn sie mich beispielsweise töten, entsteht daraus eine neue Blutfehde. Jemand aus meiner Familie wird ein Mitglied ihrer Familie töten. Und so weiter. Man will aber nicht unbedingt eine neue Blutfehde. Wenn man nur das Mädchen tötet, kommt es nicht dazu.«

»Und warum beschloss man in Ihrem speziellen Fall, Sie ebenfalls zu töten?«

»Weil wir durchgehalten haben. Weil ich Remziye wiederaufgenommen habe, nachdem sie sie schon abgeholt hatten. Ich hatte also ebenfalls den Tod verdient.«

»Wenn Ihre Schwester weglaufen würde, würden Sie – nach allem, was Sie selbst erlebt haben – sie trotzdem erschießen?«

Ismail zögerte. »Zwischen Weglaufen und Weglaufen gibt es einen Unterschied. Wenn die Person, die abhaut, am Ende heiratet so wie ich, dann ist das in Ordnung. Doch wenn beide nur Schlechtes im Sinn haben, dann würde ich sie natürlich töten.«

Während ich noch nach einer passenden Antwort suchte, händigte Remziye der Stewardess die Flugtickets aus. Es wurde langsam Zeit. Ich begleitete sie noch zur Passkontrolle.

»Weißt du, weshalb der Fremde in Österreich dir hilft, Remziye?«, fragte ich.

Sie lehnte ihren Kopf an meine Schulter und antwortete: »Weil das Mädchen, das er liebte, vor fünfundzwanzig Jahren von ihrer Familie ermordet und im Fluss versenkt wurde. Er entkam nur, weil er nach Österreich floh.« Traurig fügte sie hinzu: »Anders ausgedrückt erlebt er sein eigenes Schicksal in uns.«

Der Einwanderungsbeamte stempelte ihre Pässe und gab sie dem jungen Paar zurück. Remziye drehte sich um, um sich zu verabschieden. Ich umarmte sie innig.

Sie flüsterte mir ins Ohr: »Je mehr es so aussieht, als würde ich es schaffen, desto mehr Angst habe ich, dass man mich am Ende doch noch einfängt.«

Die dreiköpfige Flüchtlingsfamilie schritt durch die Passkontrolle. Remziye drehte sich um und sah mich ein letztes Mal an. Ich hatte den Eindruck, dass diese Reise ins Ungewisse sie bekümmerte. Ermutigend lächelte ich ihr zu, dann verschwanden sie aus meinem Blickfeld.

Der Flug von Istanbul nach Wien ging pünktlich.

Ich sah die drei nie wieder.

Murat

Der feingliedrige Mann trug eine graue Baggyhose, die eng um die Knöchel saß. Dazu ein ausgewaschenes Polohemd. Darüber eine kurze, gestickte Jacke in derselben Farbe wie seine Hose. Gelegentlich rutschte ihm eine ungebändigte Haarsträhne in die eher breite Stirn, obwohl er das Haar eigentlich kurz trug. Er redete nicht viel. Das Schweigen verlieh seinem Gesicht jene geheimnisvolle Anziehungskraft, wie sie häufig religiösen Führungsgestalten eigen ist. Seine Augenbrauen zogen sich über der Stirn zusammen, was seinen Blick finster werden ließ. Er hieß Murat. Seiner Akte zufolge war er fünfundzwanzig Jahre alt, doch machte er den Eindruck eines Mannes weit über dreißig.

»Haben Sie meine Akte gelesen?«, fragte er gleich zu Beginn des Gesprächs.

Natürlich hatte ich das, aber ich wollte nicht, dass er das wusste. »Nein, habe ich nicht. Ich möchte alles von Ihnen selbst hören«, entgegnete ich.

»Vor sieben Jahren habe ich meine Mutter getötet und mich danach vollkommen aufgegeben«, kam es mit einem kaum hörbaren Flüstern über seine Lippen.

Ich wusste, was er getan hatte, es aber aus seinem Mund zu hören jagte mir einen Schauder über den Rücken. Jemanden zu töten war an sich schon schrecklich genug. Dass es in diesem Fall auch noch die eigene Mutter war, war unvorstellbar, überstieg die Grenzen des Sagbaren.

Offensichtlich hatte ich meine Gefühle nicht verbergen können, denn plötzlich sagte er: »Wenn es Ihnen zu viel ist, mit einem Mann zu sprechen, der seine Mutter getötet hat, dann können wir das Interview sofort abbrechen.«

»Nein, nein, bitte! Es ist nur: Man lernt nicht jeden Tag einen Menschen kennen, der seine Mutter getötet hat. Bitte entschuldigen Sie«, bat ich.

Zum ersten Mal zeigte sich auf seinem Gesicht die Andeutung eines Lächelns. Er nickte dem Kameramann zu zum Zeichen, dass dieser weiterfilmen konnte.

Er wollte nicht, dass wir seinen Namen oder sein Foto veröffentlichten. Aber er hatte uns erlaubt, ohne Abstriche über seine Geschichte zu berichten. Als ich zu ihm sagte: »Vielen Dank für das Vertrauen, das Sie uns entgegenbringen«, meinte er: »Menschen, die lange Zeit im Gefängnis waren, sind wie Hunde. Sie erkennen instinktiv, wer ihr Freund ist und wer ihr Feind.« Was ich als Kompliment betrachtete. Unsere Positionen waren nun geklärt, zumindest ansatzweise. Er wirkte immer noch sehr distanziert, doch unser Gespräch verlief jetzt entspannter als vorher.

»In einem Film hörte ich einmal jemanden sagen, dass jeder Mörder in Wirklichkeit auch Opfer ist. Wir haben mit unserem Körper gemordet, doch unsere Seele ist dabei zum Opfer geworden. Die Justiz straft unseren Körper, unser Verbrechen aber ist die Strafe für unsere Seele. Und was ist wohl schlimmer, frage ich Sie?«

Ich antwortete nicht. Ich wollte die Stimmung dieses Augenblicks nicht zerstören, weil ich Angst hatte, sonst diese außergewöhnliche Beichte zu verpassen.

»Dies ist das erste Mal seit Jahren, dass ich diese Frau wieder ›Mutter‹ nenne. Ich weiß nicht, warum, aber das Wort drängt sich wie von selbst über meine Lippen. Vielleicht kann ich meine Tat nur sühnen, indem ich immer wieder ›Mutter‹ sage. Möglicherweise ist dies der längst fällige Anfang«, sagte er weich.

Bei den Begegnungen, die auf diesen Morgen folgten, rauchten wir beide unendlich viele Zigaretten. Nach meinem letzten Besuch im Gefängnis war mir klar, dass der Mann, den ich dort zurückließ, ein extrem einsamer Mensch war, dessen Schuldgefühle ihm schwer zu schaffen machten.

Murats Mutter, Hanim, war noch nicht einmal sechzehn, als sie Ibrahim, den Nachtwächter, heiratete. Zumindest ihrer Schätzung nach, denn da sie weder lesen noch schreiben konnte, wusste sie nicht, wie alt sie tatsächlich war. In dem ärmlichen Viertel am Stadtrand von Urfa, wo sie aufgewachsen war, war sogar das Gerücht umgegangen, sie sei über das heiratsfähige Alter schon hinaus.

Ihr Vater wollte sie an einen Kaufmann aus Birecik verheiraten, der ihr eine Halskette mit fünf Goldmünzen und den traditionellen goldenen Armreif aus Trabzon versprochen hatte. Hanim, die in dieser Angelegenheit gar nicht erst gefragt wurde, hätte ohnehin alles akzeptiert, was das Schicksal ihr zugedacht hatte. Sie hatte nur Angst davor, aus Urfa wegzugehen. Die Welt jenseits der Stadtgrenzen schien ihr wie ein dunkler, bodenloser Brunnenschacht. Sie wusste, dass die Welt größer war, doch wenn sie ihrem Herzen lauschte, ging die Welt über Urfa nicht hinaus. Und nicht einmal ihre Heimatstadt kannte sie besonders gut. Den heiligen See mit den magischen Fischen hatte sie erst vor zwei Jahren besucht, als die letzte Frau ihres Vaters sie zum Gebet dorthin mitgenommen hatte.

Ihr Vater war von einem Imam mit zwei Frauen getraut worden. Hanims Mutter war vor vielen Jahren gestorben. Sie konnte sich kaum noch an sie erinnern. Weder wusste sie, wie alt ihre Mutter war, als sie starb, noch, wie alt sie selbst zu diesem Zeitpunkt war. Doch sie liebte ihre beiden Stiefmütter. Sie bildeten einen schützenden Wall, der Hanim vor ihrem Vater abschirmte.

Hanim erwartete vom Leben nichts Besonderes. Sie wollte leben wie alle anderen, vielen Söhnen das Leben schenken und aus den Streitereien mit den anderen Ehefrauen ihres Mannes möglichst siegreich hervorgehen. Doch ihre Zukunft sollte diese schlichten Hoffnungen vereiteln.

Stieftöchter erledigen traditionell alle schweren Arbeiten im Haus. Dafür bekommen sie zu essen und ein Dach über dem Kopf. Hanims Aufgabe war es, zu waschen, zu putzen und den Hühnerstall zu reinigen. Die beiden Ehefrauen hingegen kochten und buken einmal die Woche Brot. Hanim beschwerte sich nie. Als jüngste von neun Schwestern, die ihre Stiefmütter ihrem Vater geschenkt hatten, und ältere Schwester von sechs Brüdern empfand sie ihr Zwitterdasein als Kind beziehungsweise Frau nicht als übermäßig belastend.

Ein junger Mann aus der Gegend namens Ibrahim hatte

ein Auge auf Hanim geworfen und prahlte mit dem Nachtwächterposten, den er von seinem Vater erben würde. Lange Zeit wusste Hanim nicht, wer dieser Ibrahim war, hatte sie ihn doch nie gesehen. Die Hälfte der Männer in Urfa hieß Ibrahim. Das lag an einer Legende, die sich um Urfa und König Nemrut rankte. Der König träumt, ein im selben Jahr geborener Junge würde ihn um sein Reich bringen. Also erlässt der König den Befehl, alle männlichen Kinder, die in diesem Jahr zur Welt kommen würden, zu töten. Die Mutter des Propheten Ibrahim bringt diesen im Geheimen in einer Höhle zur Welt. Als Ibrahim erwachsen wird, kehrt er ins Haus seiner Familie zurück, wo er beginnt, aufrührerische Reden gegen König Nemrut und seine heidnische Herrschaft zu führen. Und so dauert es nicht lange, bis Ibrahim gefangen genommen wird. Man wirft ihn vom Gipfel des Hügels, auf dem die Zitadelle von Urfa steht, auf einen Scheiterhaufen. Doch Gott verwandelt das Feuer in Wasser und das Holz in Fische. Der Prophet aber landet in einem Rosengarten. Seit dieser Zeit betrachtete man den See, in den das Feuer verwandelt worden war, mit all seinen Fischen als heilig.

Hanims Stiefmütter setzten sich dafür ein, dass das Mädchen nicht mit dem vierzig Jahre älteren Kaufmann aus Birecik, sondern mit Ibrahim, dem Nachtwächter, verheiratet werden sollte, der nur zehn Jahre älter war als sie. Beide Frauen waren der Meinung, der Kaufmann habe nicht genug Kraft in den Lenden, um viele Kinder zu zeugen, und wolle nur eine Frau, die ihn im Alter versorgte. Ibrahim sah nicht besonders gut aus, aber er war jung und stark. Hanim wäre die dritte Frau des Kaufmanns gewesen, bei Ibrahim stünde sie an erster Stelle. Auch dazu äußerte Hanim nicht ihre Meinung. Sie glaubte nicht, dass sie es als erste Frau grundsätzlich besser haben würde. Die Tatsache, dass ihr Vater seine letzte Frau, die seine Tochter hätte sein können, abgöttisch liebte, schien diese Vorstellung irgendwie zu widerlegen, doch Hanim machte keine große Affäre daraus. Denn sie war sicher, dass ihre beiden Stiefmütter nur das Beste für sie im Sinn hatten.

Gemeinsam überzeugten die beiden Frauen ihren Vater, dass der junge Ibrahim die bessere Wahl wäre. Er konnte ihr vielleicht kein Geschmeide schenken – vermutlich konnte er das obligatorische *mihir** gar nicht leisten –, aber gab es einen besseren Ehemann als einen achtbaren Mann, der im Staatsdienst war und eine Waffe tragen durfte?

Hochzeiten von Waisenmädchen wurden in Urfa in aller Stille und mit recht nüchterner Ausstattung gefeiert. Um die Taille der Braut wurde eine rote Schärpe drapiert, ein altes Stück Musselin diente als Schleier. Der Imam vollzog die Zeremonie, es gab Gebete, danach wurde das Mädchen zum Heim ihres Ehemannes geleitet, und damit galt die Ehe als vollzogen. Am Vorabend der Hochzeit nahmen die Frauen am traditionellen Brautbad teil und feierten die Hennanacht. Tags darauf kosteten sie die festliche Mahlzeit vor, die den Männern serviert wurde.

Ibrahim hatte auf einer Zivilhochzeit bestanden, doch Hanim war offiziell noch nicht alt genug, um vor dem Gesetz verheiratet zu werden, daher stimmte er am Ende doch einer religiösen Zeremonie zu. Die Zivilhochzeit würde nachgeholt, sobald das Mädchen das entsprechende Alter erreicht hätte. Die rote Schärpe wurde gebunden, der Musselinschleier über ihr Gesicht drapiert, die Zeremonie

* Eine Mitgift, die aus Geld oder Gold besteht, um die Braut im Falle einer Scheidung oder beim Tod des Ehemannes abzusichern.

fand im Haus ihres Vaters statt. Die Männer bezeugten die Eheschließung, während Hanim, ihre älteren Schwestern und ihre beiden Mütter in einem anderen Raum warteten. Danach tranken sie alle Serbet.

Als Ibrahims Vater bei einem terroristischen Anschlag ums Leben kam, bot der Staat Ibrahim den Platz seines Vaters an. Was bedeutete, dass seine Mutter zu ihm und seiner Frau zog. Sie verachtete Hanim. Mit den Frauen ihrer vier anderen Söhne hatte sie keinen Streit, da diese in ihrem eigenen Heim lebten, doch Hanim betrachtete sie als Rivalin und machte ihr das Leben gründlich zur Hölle. Dies war teilweise Ibrahims Schuld, der seine Frau so liebte wie kein anderer Mann in Urfa. Noch bevor das zweite Trauerjahr um war, schickte er seine streitsüchtige Mutter zu seinem älteren Bruder nach Viransehir, da er nicht mitansehen konnte, wie schlecht sie seine geliebte Frau behandelte.

Dabei war es doch seine Mutter gewesen, die Hanim ausgesucht hatte. Er aber hatte sich in sie verliebt, noch bevor er sie gesehen hatte. Mädchen wurden in Urfa ursprünglich an männliche Cousins verheiratet. Frauen, die sich dieser Praxis widersetzten und mit einem anderen Mann wegliefen, wurden getötet – zusammen mit ihrem Geliebten. Ibrahims Mutter hatte für ihre älteren Söhne Mädchen aus der Familie gewählt. Für ihren jüngsten Sohn aber wünschte sie sich ein Waisenkind ohne Familie in der Hoffnung, dass solch ein Mädchen leichter zu lenken sei. Hanim war die ideale Kandidatin. Nicht zuletzt, weil sie von außerordentlicher Schönheit war.

Von ihrem Ehemann hörte Hanim zum ersten Mal, dass sie schön war. Ihre einzigen sexuellen Erfahrungen hatte sie mit ihrem Stiefcousin Halil gesammelt, der ihr immer in den Hühnerstall gefolgt war, wenn sie diesen sauber machte. Inmitten des Übelkeit erregenden Gestanks erregte er ihren Körper und ihre Seele. Er schlang seinen Arm von hinten um ihre Taille und ließ die Hände unter ihr Gewand gleiten, um ihre festen Brüste und ihre geschwungenen Hüften zu umfassen. Hanim gab währenddessen keinen Laut von sich, sondern putzte weiter, als wäre nichts geschehen. Doch sie ließ sich mit dem Saubermachen so lange Zeit, dass dem Jungen schnell klar wurde, wie sehr sie bei der Sache war.

Und so erklärte der Junge, der seinen Militärdienst gerade hinter sich hatte, zwar überall, sie sei wie eine Schwester für ihn, in Wirklichkeit aber suchte er nur Gelegenheit, die Hühnerstallsitzungen zu wiederholen. Dies ging so bis zur Hochzeit.

Hanim brachte in schneller Folge vier Töchter zur Welt, bevor ihre Ehe auch vor dem Gesetz legalisiert wurde. Als sie Murat bekam, galten sie und Ibrahim auch offiziell als verheiratet. Aus diesem Grund wurde nur Murat als legitimes Kind eines offiziell verheirateten Paares registriert. Von dem Tag an, als ihr Sohn zur Welt kam, zog Hanim ihn ihren Töchtern vor. Er war ihr kleiner Prinz.

Die Tatsache, dass Hanim in so schneller Folge so viele gesunde Kinder zur Welt brachte, erweckte den Eindruck, Ibrahim und seine Frau hätten ein reges Sexualleben. Dem war nicht so. Ihr Mann arbeitete nachts und schlief tagsüber. Wenn er aufstand und sie bat, Wasser heiß zu machen, hieß das, dass er nach der Arbeit ein Bad nehmen würde, was wiederum bedeutete, er würde Sex mit ihr haben. Der Sex dauerte nur ein paar Minuten. Und er wurde allmählich immer seltener.

Allmählich sehnte Hanim sich immer stärker nach den

Aufmerksamkeiten ihres Cousins Halil zurück. Ihr Mann hatte sie nie in derselben Weise zu erregen verstanden. Je mehr Zeit verging, desto mehr drängte sich Hanim der Eindruck auf, ihr Mann, den ihre Stiefmütter einst in so hohen Tönen gelobt hatten, sei schwächlich. Ibrahim war ständig müde. Er pflegte sich nicht und wirkte dauernd abgespannt. In der Zwischenzeit hatte die Gewalt in der Stadt massiv zugenommen: Angriffe und Gefechte zwischen der neu aufgestellten Armee und den kurdischen Kämpfern hielten ihren Mann immer länger in seiner Dienststelle fest.

Bald hatte Hanim ihren Mann satt, der sie immer noch abgöttisch liebte und ihr jeden Wunsch von den Augen ablas. Er tat ihr zwar leid, doch sie liebte ihn nicht. Monat für Monat übergab Ibrahim seiner Frau seinen Lohn und sagte, sie könne damit machen, was sie wolle. Doch wie ein gigantischer Ofen auch die stärksten Scheite verschlingt, so reichte das Geld, das sie zur Verfügung hatte, nie. Trotzdem vollbrachte Hanim so manches Wunder: Alle Kinder schlossen zumindest die Grundschule ab. Die Mädchen gingen dann in die Werkstatt und lernten Teppichknüpfen. Sie wurden durchweg in sehr jungen Jahren verheiratet.

Murat wurde einen Sommer lang nach Viransehir zu seiner Großmutter geschickt. Dort hörte er merkwürdige Gerüchte über seine Mutter und den Mann, den sie abends, wenn sein Vater zur Arbeit gegangen war, ins Haus ließ. Murats Großmutter hatte Hanim nie vergeben, dass sie aus dem Haus ihres jüngsten Sohnes verbannt worden war. Sie war steinalt geworden, doch ihr Herz vergaß nicht. Ihr Sohn mochte taub sein gegenüber ihren Einflüsterungen, doch ihr Enkel war es nicht.

Anfangs dachte Murat sich bei den Anspielungen und Fragen seiner Großmutter nichts. Schließlich kannte er Onkel Halil, der nachts in ihr Haus kam. Onkel Halil war nicht nur zu seiner Mutter wie ein Bruder. Wenn er kam, gab er den Kindern Geld und brachte ihnen Früchte und Süßigkeiten als Geschenke. Dabei widmete er Murat die meiste Aufmerksamkeit. Er ließ ihn stundenlang auf seinem Knie reiten und strich ihm zärtlich übers Haar. Solche Zeichen von Zuneigung erhielt Murat nicht einmal von seinem Vater. Doch er schrieb sie der Tatsache zu, dass er der einzige Sohn der Familie war.

Als Murat noch nicht einmal neun Jahre alt war, erwachte er eines Tages in den Morgenstunden, weil er sich nicht ganz wohl fühlte. Er musste zur Toilette. Zu diesem Zweck musste er den Innenhof überqueren. Als er zurückkam, wunderte er sich, weil aus dem Schlafgemach seiner Mutter ein leises Flüstern zu hören war. Er hob den Vorhang an, der das Zimmer gegen den Hof hin abschirmte, und spähte hinein. Alles, was er im Finstern sehen konnte, war die Matratze auf dem Boden. Doch das glückselige Lachen seiner Mutter, das er so noch nie gehört hatte, machte ihm schnell klar, dass sie nicht alleine war. Dass das Kichern und Glucksen Zeichen verbotener Freuden waren, hatte er jedoch schnell begriffen. Er sah nur nicht, mit wem sie dieses Vergnügen teilte. Also ging er zurück in das Zimmer, das er sich mit seinen älteren Schwestern teilte, setzte sich auf seine dünne Matratze und starrte den Vorhang zum Zimmer seiner Mutter an.

Auf Zehenspitzen kam seine Mutter herausgeschlichen und brachte Onkel Halil in der Dunkelheit hinaus. Murat hörte, wie sie Worte murmelte, die gewöhnlich nur er zu hören bekam: »Mein Löwe, mein Held, mein Widder!«, und Halil dabei umarmte. Danach schloss er die Augen. Keinesfalls wollte er mehr sehen. Er spürte, wie seine Mutter einen Blick in den Raum warf, in dem ihre Kinder schliefen. Sobald die junge Frau sicher war, dass alle tief schliefen, ging sie, leise ein Volkslied summend, wieder zu Bett.

Murat wusste nicht, wie lange er mit geschlossenen Augen dagelegen hatte. Er erinnerte sich nur, dass sein Vater weit nach Tagesanbruch nach Hause gekommen war, dass seine Mutter ihn liebevoll begrüßt und ihm etwas zu essen gemacht hatte. Dass sein Vater ihr befohlen hatte, Wasser aufzusetzen, was sie auch getan hatte. Doch dann hatte er es sich anders überlegt. Seine Mutter schüttete das Wasser in den Hof und begann, dort zu putzen.

Er sah Halil und seine Mutter nie mehr wieder in einem Bett schlafen. Doch Halil verbrachte fast jede Nacht in ihrem Haus. Murat wollte die Geschenke und das Geld, das er von ihm bekam, eigentlich nicht annehmen, doch andererseits war er auch nicht in der Lage, dies offen abzulehnen. Murat ging nun stets als Erster zu Bett und stand als Letzter auf. So vergingen häufig Wochen, ohne dass er seinen Vater sah.

Seine Mutter, die die Veränderung an ihrem Sohn bemerkte, brachte ihn zuerst zum Wahrsager, dann an den Heiligen See, wo der Imam Gebete für ihn sprach. Obwohl Murats Verhalten sich danach nicht änderte, erzählte sie all ihren Nachbarn, dass der Heilige See Wunder gewirkt und Murat seinen gesunden Schlaf wiedergegeben hatte. Und die Lust an der Unterhaltung.

Im nächsten Sommer, als die Schulen während der Ferien schlossen und er wieder zu seinem Onkel und seiner übellaunigen Großmutter kommen sollte, war aus Murat ein verschlossenes, schweigsames Kind geworden. Der kleine Prinz seiner Mutter verspürte nicht mehr einen Hauch Lebensfreude. Hätte seine Großmutter ihre gemeinen Anspielungen auf den Lebenswandel seiner Mutter wiederholt, hätte er wohl alles verraten. Doch die rachsüchtige Großmutter lebte nicht lange genug, um Murat entsprechend anzustacheln. Im selben Jahr starb sie irgendwann ruhig im Schlaf.

Murat wusste nun, welche Art von Beziehung seine Mutter zu Halil hatte. Doch er hatte sich geschworen, ihr Geheimnis zu bewahren bis in den Tod. Tag für Tag stritten in seiner Seele die Liebe zu seiner Mutter und der Hass, den er ob ihres Verrats empfand. Und jedes Mal gewann der Hass die Oberhand. Seit dem Tag, an dem er die beiden zusammen gesehen hatte, hatte er seine Mutter nicht ein einziges Mal umarmt. Wann immer sie versuchte, ihm mit den Worten: »Mein Löwe, mein Held, mein Widder« zu schmeicheln, bedeckte er, ohne sie anzusehen, ihren Mund mit der Hand. Hanim aber verstand die schweigende Ablehnung ihres Sohnes nicht.

Auch seinem Vater war nicht bewusst, dass der Sohn mittlerweile groß geworden war. Noch weniger, dass er eine so schwere Bürde trug. Er dachte vielmehr an eine frühe Rente und redete davon, dass er ins Dorf ziehen und dort Land bewirtschaften würde. Wann immer sein Vater davon sprach, riss seine Mutter die Augen weit auf und schwor: »Eins gebe ich euch schriftlich: Eher tragt ihr mich tot aus diesem Haus, als dass ich ins Dorf ziehe.«

Onkel Halil hatte sich eine Zeitlang nicht blicken lassen. Und Murats Mutter war nicht mehr so heiter und gelöst wie sonst. Sie hatte sich zu einer reizbaren Frau entwickelt, die kaum auch nur lächelte. Sein Vater, so erkannte Murat, war nicht in der Lage, sie aufzuheitern. War er anwesend, schien sie eher noch wütender. Doch sein Vater verehrte seine Mutter. Jahre später, als er selbst Erfahrungen mit Frauen gesammelt hatte und über die Sache nachdachte, wurde Murat klar, dass diese Verehrung nichts anderes war als bedingungslose Unterwerfung. Und nichts hasst eine Frau mehr. Er erkannte, dass Frauen sich von kalten, starken Männern angezogen fühlten. Dass seine Mutter den ersten Mann liebte, der in ihr Leben getreten war, und diesen Mann niemals betrogen hatte ... Doch zu jener Zeit war er viel zu jung, um all das zu verstehen.

Murat wurde zum leidenschaftlichen Anhänger der Prediger in der beim Basar gelegenen Moschee. Was der eigentliche Grund war, weshalb er so fleißig zu den Predigten ging, war ihm nicht bewusst. Offensichtlich wünschte er sich, dass Gott auf die ungestellte Frage in seinem Innern sein Licht warf, ohne dass er sich dessentwegen schämen musste.

Er suchte Zuflucht im tröstlichen Hafen der Religion. Er ging regelmäßig zu den Predigten, verpasste die öffentlichen Freitagsgebete nicht ein einziges Mal und fastete und betete auch zu Hause. Er sprach wenig, doch immer, wenn die Rede auf seinen religiösen Eifer kam, erhob er die Stimme gegen diejenigen, deren Glaube nur auf Hörensagen beruhte und die sich nicht direkt aus der Quelle speisten, sondern von den *hodja* lernten. Bei jeder Versammlung stellte er heraus, dass es vor allem ein Gebot einzuhalten galt: »Du sollst Vater und Mutter achten und ehren.« Was seine Mutter wiederum stolz den Nachbarn berichtete. Die anderen Jungen in der Nachbarschaft waren tölpelhafte, gewaltbereite Strolche, die zu Hause nichts als Ärger verursachten und sich von niemandem mehr etwas sagen ließen. Murat galt als Musterbeispiel eines gehorsamen Sohnes. Daher wurden die Nachbarn nicht müde, Hanim mit an Neid grenzendem Ressentiment immer wieder zu sagen, wie viel Glück sie doch mit ihrem Sohn habe.

Bevor er sich's versah, war Murat erwachsen geworden. Er war jetzt ein gutaussehender junger Mann, dem die Mädchen, hinter den Vorhängen versteckt, nachsahen, wenn er durch die Straßen ging. Allerdings hatte er keine Arbeit. Nachdem er die Grundschule verlassen hatte, hatte er auf den Feldern seiner Onkel gearbeitet, doch dann hatte er das Dorf über bekommen und war nach Hause zurückgekehrt, wo er bei den Ladenbesitzern im Basar herumlungerte. Sein ältester Onkel besaß vier große Läden direkt im Zentrum. Murat interessierte sich für einen, und so ging er zu seinem Onkel und redete mit ihm. Dieser zeigte sich unerwartet großzügig. Natürlich konnte er den Laden haben! Alle, wenn er wollte. Und so begann Murats Tätigkeit als Ladenbesitzer. Und sein Onkel hielt Wort: Er hatte ihm wirklich den profitabelsten Laden gegeben.

Der Basar war ganz anders als die armen Viertel in den Außenbezirken der Stadt. Dort herrschte ein buntes, geschäftiges Treiben, in dem es nicht einen Augenblick der Langeweile gab. Die Armut, die seine Kindheit geprägt hatte, war nun endlich Vergangenheit. Der Laden brachte nicht nur gutes Geld ein. Die vorwiegend weibliche Kundschaft war geradezu vernarrt in den schönen jungen Mann. Murat hatte noch keinerlei romantische Erfahrungen gesammelt, doch er wusste, dass er Frauen gefiel. Viele Frauen waren kühner, als er sich vorstellen konnte. Die Gefahr schien ihnen noch Auftrieb zu geben. Erstaunt stellte er fest, dass die Frauen mit ihm flirteten, obwohl der Laden voll war und der Ehemann neben ihnen stand.

Bald bemerkte er, dass er aus einem ihm unerfindlichen Grund nur verheiratete Frauen attraktiv fand, was ihm gar nicht gefiel. Er fühlte sich wie ein Kleptomane, der in flagranti beim Stehlen einer Brieftasche ertappt wurde. Wieder spürte er, wie sich in den Tiefen seiner Seele ein Sturm zusammenbraute. Da Gott ihm die Frage, die in seinem Innern brannte, offensichtlich nicht beantworten konnte, hoffte er, das, was ihm wichtig war, von einer verheirateten Frau zu erfahren. Doch noch brachte er nicht den Mut auf, eine Affäre anzufangen.

Dieser Part wurde schließlich von weiblicher Seite übernommen. Eine attraktive Frau kam Tag für Tag immer um dieselbe Zeit in den Laden. Anders als andere Frauen krittelte sie nie an seinen Waren herum. Als Murat merkte, dass ihr Interesse ihm und nicht seinem Laden galt, plante er, ein Treffen mit ihr herbeizuführen.

Doch sie kam ihm zuvor. Eines Tages schob sie ihm ein Stück Papier unter, auf dem stand, wann und wo sie ihn erwarten würde. Er ließ den Laden in der Obhut eines Cousins und begab sich an den vereinbarten Ort. So lernte er die erste Liebe seines Lebens kennen. Sie war eine verheiratete Frau. Sie erklärte ihm, dass ihr Mann sie schlage und sie sich durch ihre Untreue an ihm räche. Immer wenn Murat sie liebte, erschien vor seinem inneren Auge seine Mutter. Seine Schuldgefühle fraßen ihn fast auf, doch irgendwie machte das die ganze Sache nur umso reizvoller.

Etwa um diese Zeit lernte er Sevda kennen. Sie war das hübscheste von all den Mädchen, die in die Sekundarschule im Basar gingen. Kleidung und Haltung sagten ihm, dass sie aus guter Familie sein musste. Und so begann Murat, nach der Schule auf sie zu warten. Das Mädchen war hingerissen von diesem ernsthaften jungen Mann, der unentwegt unter der Straßenlaterne auf sie wartete. Mit der Zeit begannen die beiden, sich an Orten zu treffen, wo sie allein sein konnten. Und Murat verliebte sich bis über beide Ohren.

Seine verheiratete Geliebte merkte natürlich schnell, dass er in eine andere Frau verliebt war. Irgendwie fand sie auch heraus, wer die Betroffene war. Sie versuchte, Druck auf Murat auszuüben, damit er Sevda nicht mehr sehen sollte, doch Murat sagte ihr, dass er stattdessen seine gefährliche Affäre mit ihr beenden würde. Da wusste er noch nicht, dass diese Worte sein Leben verändern sollten. Allerdings hatte er das unbestimmte Gefühl, als habe er das Zeichen gegeben, das ihn direkt in den Ruin treiben würde.

Die Frau sah Murat an und fauchte wütend: »Die Affäre deiner Mutter hast du ja offensichtlich auch nicht als gefährlich empfunden.« Diese Worte trafen Murat wie ein Schlag ins Gesicht.

Eine Frau, die sich desselben Verbrechens schuldig gemacht hatte, benutzte dieses nun als Mittel zur Erpressung gegen ihn. So ging das also.

Die entflammte Leidenschaft gab ihr noch weitere Beleidigungen ein, an die Murat sich bei unserem Gespräch nicht mehr erinnern konnte oder wollte.

Murat unterdrückte die Scham, die ihm die Kehle verschließen wollte, und sagte: »Du wirst bald sehen, dass jemand für das, was du eben gesagt hast, bezahlen wird.«

Zorn und Scham in Murats Augen machten die Frau vorsichtig.

»Was habe ich denn Schlimmes gesagt?«, versuchte sie, ihn zu beschwichtigen.

»Ich weiß ganz genau, was du meinst. Das Fass war ohnehin schon voll, nun ist es übergelaufen. Einer der Gründe dafür bist du!«

Von diesem Tag an war Murat wie besessen von der Frage, wie viele Leute von der Affäre wussten, die er für geheim gehalten hatte.

Er stellte seinen Kunden, Freunden und Verwandten unauffällige Fragen, die keinen Verdacht erregten. Gewann er dann den Eindruck, der Betreffende wisse Bescheid, wallte erneut die Qual in ihm auf, so dass er sich immer mehr von seiner Umgebung zurückzog. Größeren Versammlungen blieb er fern, weil er sich schämte. Wenn er auf der Straße jemandem begegnete, der ihn ansah, stellte er sich vor, die Person wisse Bescheid, und quälte sich so weiter. Bei Fragen der Ehre, über die in bestimmten Kreisen gesprochen wurde, hörte Murat auf mitzureden. Wann immer diese Fragen aufs Tapet kamen, sah er entweder still zu Boden oder verließ den Raum. Er glaubte, dass er für den Rest seines Lebens unwürdig sei, über solche Dinge mitzureden. Unglücklicherweise war Ehre eines der wichtigsten Themen im Basar von Urfa.

Während Murat zwischen seinem neuen Verdacht und seiner neuen Liebe hin- und hergerissen war, bat sein Onkel ihn zu einem Gespräch. Seit einiger Zeit hielt er auch zu den Onkeln Distanz und tat alles, um den Kontakt mit ihnen zu vermeiden. Kaum war er in das Zimmer getreten, in dem sein Onkel auf ihn wartete, sagte dieser zu ihm: »Da gibt es etwas, was du tun musst.« Murat fragte nicht, worum es sich handelte. Sie wussten beide, was es war.

Murat sagte respektvoll: »Ich werde alles tun, was mein Onkel von mir verlangt.«

»Das solltest du«, gab dieser zurück. »Es ist deine Sache, Ehre und Würde der Familie wiederherzustellen. Du bist jung. In wenigen Jahren bist du wieder draußen und stark wie ein Löwe. Dann kannst du das Mädchen heiraten, das du liebst. Und die anderen Mädchen im Basar auch.«

Murat wusste nicht, wie sein Onkel hinter das bestgehütete Geheimnis seiner Kindheit gekommen war. Ohne ein weiteres Wort bat er seinen Onkel um die Erlaubnis, gehen zu dürfen, und verließ den Basar.

Einige Tage später bat sein Onkel ihn erneut zu sich.

»Mein Löwe, mein Held, mein mannhafter Neffe«, begann er. »Wenn du diese Sache nicht erledigst, werde ich mich vom Markt zurückziehen. Dein Vater weiß nicht, was vorgeht. Was soll er auch wissen, wenn er nachts arbeitet und tagsüber schläft. Man möchte meinen, er verstecke ich im Dunkeln, weil er niemandem mehr ins Gesicht sehen kann. Er hat nicht genug Würde, um sich der Vorfälle zu schämen, und nicht genug Mut, um seine Ehre wiederherzustellen. Das ist deine Sache. Denn wenn du auch wegliefest, wohin würdest du gehen? Am Ende wirst du doch in diesen Basar zurückkehren. Du wirst hier mit gesenktem Kopf gehen müssen, mit niedergeschlagenen Augen. Murat, mein Sohn, bevor du dich dieser Aufgabe nicht gestellt hast, wird niemand dir seine Tochter zur Frau geben. Wenn du es nicht tust, haben wir Blut an den Händen, und wir haben alle Kinder und unsere Verpflichtungen. Es wäre unser Ruin. Du hast dir noch kein Nest gebaut. Du lässt niemanden zurück, der verarmen würde. Und im Gefängnis werden wir für dich wie für einen Prinzen sorgen. In ein paar Jahren bist du wieder draußen. Es hat schon seit Jahren keine Begnadigungen mehr gegeben. Wenn du dich dieser Sache jetzt annimmst, wirst du sicher bald begnadigt. Wahrscheinlich musst du nicht einmal fünf Jahre ins Gefängnis. Dann kannst du wieder mit erhobenem Haupt über den Basar gehen. Dann ist deine Würde makellos rein. Jetzt liegt alles an dir. Doch wenn du nicht bald handelst, können wir dich nicht mehr unterstützen. Wir können diese Schmach nicht länger hinnehmen.«

Murat ließ den Kopf hängen und wartete, bis sein Onkel aufgehört hatte zu sprechen. Als er ging, spürte er, wie er ihm eine Handvoll Banknoten in die Tasche stopfte, doch irgendwie war er nicht in der Lage, diese abzulehnen. Sein Rücken war schweißnass.

Ziellos ging er durch die Straßen der Stadt. Jetzt, wo er die Situation akzeptiert hatte, konnte er nicht mehr dagegen an. Aber wenn er tat, worum sein Onkel ihn bat, würde dann nicht jeder fragen, wieso jetzt, nach so langer Zeit? Wieso nicht damals, als das Eisen noch heiß war? Sie lebten in einem eher traditionellen Viertel: Jeder wusste alles vom anderen. Wie sein Onkel, der seine Mutter nie geschätzt hatte, Bescheid wusste, so würden es auch die anderen wissen.

Die Leute hatten versucht, ihn mit Anspielungen, Kommentaren, Blicken oder Geschichten zu provozieren, doch Murat hatte stets so getan, als wisse er von nichts, und versucht, sich nach Möglichkeit nicht auf ihr Spiel einzulassen. Doch der Krug geht nur so lange zum Brunnen, bis er bricht. Allmählich stiegen die Gedanken, die er in den Brunnen sinken ließ, mit solcher Macht in ihm auf, dass er sie nicht mehr kontrollieren konnte. Vom Erwachen bis zum Schlafengehen konnte er an nichts anderes mehr denken.

Seiner Ansicht nach musste entweder seine Mutter sterben oder er selbst. So dachte er lange darüber nach, Selbstmord zu begehen. Doch wenn er stürbe, würde sich nichts ändern. Ganz im Gegenteil, alles würde nur noch schlimmer werden. Er stellte sich vor, wie er den Lauf der Pistole an die Stirn hielt, doch nicht einmal in der Vorstellung hatte er den Mut, den Abzug zu betätigen. Wenn er sich jetzt umbrächte, würde niemand erfahren, weshalb. Schließlich konnte er keinen Abschiedsbrief hinterlassen. Was sollte er also als Motiv angeben? Wenn er aber seine Mutter tötete, würden aus den paar Menschen, die von ihrem »Fehler« wussten, Hunderte, ja Tausende werden. Die ganze Stadt würde es erfahren. Das konnte er einfach nicht tun. Er würde stattdessen Halil töten. Dies war nicht nur einfacher als Selbstmord, er musste dazu auch weniger Mut aufbringen, als wenn er seine Mutter ermorden würde.

In diesem Moment geschah etwas Unglaubliches: Der Muezzin stimmte das rituelle Salat-Gebet an. Der Imam der Moschee am Basar verkündete einen Todesfall. Es war Halil. Er war einem Herzanfall erlegen.

Murat richtete den Blick zum Himmel. Für ihn war dies wie ein Gottesurteil. Der Allmächtige sagte ihm, er solle sich nicht einmischen, denn ER würde selbst Sorge tragen, dass das, was getan werden musste, getan wurde.

Es fiel ihm wie Schuppen von den Augen. Er konnte sich aus diesem Zwiespalt nur befreien, wenn er heiratete. Dann würde er seine Mutter nicht mehr töten müssen. Zumindest konnte er die Stadt verlassen. Er konnte in eine weit entfernt liegende Großstadt wie Istanbul, Ankara oder Izmir ziehen, wo es sich leicht untertauchen ließ.

Und so ging er zurück ins Viertel, um Sevda abzufangen, die aus der Schule kam. Alle anderen Schülerinnen waren längst weg, sie aber hatte an der üblichen Stelle auf ihn gewartet. Sie erzählte Murat, dass ihr Bruder wohl mittlerweile Verdacht geschöpft hatte. Er hatte gedroht, sie umzubringen, wenn er sie beim Flirten mit einem Mann ertappen sollte. Und nur um ihr zu zeigen, dass es ihm ernst war, hatte er sie in der Nacht zuvor geschlagen. Das Mädchen zitterte, als sie ihm davon berichtete, doch trotz der Gefahr, presste sie innig Murats Hand.

»Bring mich von hier weg«, sagte sie. »Heute Nacht noch.«

»Ich kann nicht«, antwortete Murat. »Ich bin heute gekommen, um dir zu sagen, dass wir heiraten müssen. Wir sollten zu dir nach Hause gehen, wo ich um deine Hand anhalten kann. Wenn deine Eltern mich ablehnen, können wir immer noch weglaufen.«

Doch Sevda ließ nicht locker: »Sie werden nicht erlauben, dass ich dich heirate. Du hast keinen richtigen Beruf. Lass uns jetzt fliehen, dann werden wir Ruhe haben.«

»Wir werden keine Ruhe haben«, entgegnete Murat. »Sie werden uns suchen und töten.«

Am Abend sprach er mit seiner Mutter über die Angelegenheit. Zum ersten Mal seit Jahren redeten sie miteinander wie Mutter und Sohn. Er wollte heiraten und hatte das Mädchen gefunden, mit dem er den Rest seines Lebens verbringen wollte.

Seine Mutter meinte: »Mach dir keine Sorgen, mein Sohn. Ich werde jemanden zu Sevdas Mutter schicken und ihr sagen lassen, dass wir ihre Tochter sehen möchten.«

Dann stand sie auf und öffnete die Tür des großen Schrankes, in dem sich Matratzen und Decken stapelten. Sie zog die Matratze ganz unten hervor und entrollte sie. Dann hob sie den Flecken Stoff in der Mitte an, fuhr mit der Hand in das Loch und holte ein Päckchen heraus. Darin lagen eine Halskette mit fünf goldenen Liramünzen und ein Bündel Banknoten. Beides hielt sie Murat hin.

»Dies habe ich für meinen Sohn gespart. Damit kannst du die Hochzeit bezahlen.«

Murat spürte, wie ihm erneut der Schweiß ausbrach. Auch die Banknoten, die sein Onkel ihm am Morgen gegeben hatte, steckten noch unberührt in seiner Jackentasche. Auch seiner Mutter wollte er sagen, dass er dieses Geld nicht annehmen würde, doch irgendwie kam kein Laut über seine Lippen. Tränen rannen ihm übers Gesicht. Auch seine Mutter schlug die Hände zusammen und weinte. In diesem Augenblick sah er zum ersten Mal, wie schön sie war. Sie war jetzt siebenunddreißig, sah jedoch viel jünger aus. Ihre Wangen waren so rosig wie die eines jungen Mädchens, ihre Augen tief und geheimnisvoll, als trüge sie von Natur aus einen Lidstrich. In den letzten acht Jahren hatte er sie nur ein einziges Mal umarmt. In ihm brannte ein gewaltiges Feuer. Er verspürte den nahezu unerträglichen Zwang, sie in den Arm zu nehmen und ohne Scham einfach loszuweinen. Doch je stärker dieser Wunsch wurde, umso mehr wehrte er sich dagegen. Seine Tränen kullerten die Nase hinunter und auf die Hose, wo sich die Feuchtigkeit ausbreitete wie ein Tintenfleck.

So nickte Murat ein. Einige Zeit später hörte er am Scheppern und Klirren des Geschirrs, dass seine Mutter angefangen hatte zu kochen. Ihm schoss durch den Kopf, dass dies vielleicht die letzte Mahlzeit war, die sie je zubereiten würde. Im Schlaf hatte er einst seinen Vater sagen hören: »Möge alles gutgehen! Wenn er sie heiraten will, dann tust du eben, was nötig ist.« Die Kette sowie die beiden Bündel Banknoten waren in zwei verschiedenen Taschen untergebracht. Niemand hatte sie angerührt.

Die Familie des Mädchens antwortete nicht auf die Nachricht seiner Mutter. Was noch schlimmer war: Murat ging jeden Tag ans Schultor, doch er traf Sevda nicht mehr an. Wenn er hinter seinem Onkel im Basar herging, tat dieser, als kenne er ihn nicht. Anscheinend war die ganze Welt – Cousins, Schwestern, Sevda – auf ihn wütend.

Eines Tages kam ein kleines Mädchen auf ihn zu, als er wieder einmal am Schultor wartete.

»Sevda schickt dir das da«, sagte sie und hielt ihm ein Stück Papier hin, das völlig schweißdurchnässt war, weil sie es die ganze Zeit in der Hand gehalten hatte. Dann drehte sie sich um und rannte weg.

Sevda schrieb, dass sie ihn sehen müsse. Sie würde im Haus ihrer Tante auf ihn warten, wo er heimlich und möglichst ungesehen hinkommen solle.

Sofort lief Murat los und begab sich zu dem Haus bei der angegebenen Adresse. Als er dort läutete, öffnete eine junge Frau die Tür, die er noch nie gesehen hatte. Höchst aufgeregt ließ sie ihn ein und sah sich mehrfach um. Sie benahm sich, als sei sie Mitglied einer geheimen Organisation. Im Wohnzimmer sah Murat Sevda liegen, die sich auf dem Sofa zusammengerollt hatte. Jemand hatte eine Decke über sie gebreitet. Ihre rechte Wange zeigte deutliche Spuren von Misshandlung. Ihr rechtes Auge war so geschwollen, dass sie es nicht schließen konnte. Beinahe bleib sein Herz stehen. Was war mit dem Mädchen geschehen, das er liebte?

Mit dem unversehrten Auge blickte Sevda ihre Tante an, die ganz offensichtlich entschlossen war, die beiden nicht allein zu lassen. Schüchtern winkte sie Murat zu sich auf das Sofa und bedeutete ihm, sich neben sie zu setzen. Unvermittelt fragte sie: »Wer ist dein Vater?«

Murat hatte das Gefühl, als täte der Boden sich unter ihm auf. Als habe jemand ihm einen Stein an den Fuß gebunden und ihn ins Wasser geworfen. Sein Herz schlug ihm bis zum Hals, doch er antwortete Sevda: »Das sagte ich dir doch schon: Ibrahim, der Nachtwächter.«

»Meine Mutter behauptet, deine Mutter sei eine schlechte Frau, und du seist ein uneheliches Kind. Daher wollen sie uns nicht heiraten lassen. Ich sagte dir doch, du sollst mich fortbringen. Das hast du nicht getan. Jetzt ist es zu spät. Sie haben mich von der Schule genommen, und mein älterer Bruder hat mich geschlagen. Sie wollen mich zur Ehe mit einem anderen Mann zwingen. Deine Mutter hat mir alle Chancen auf Bildung genommen. Was für eine Mutter soll das sein? Alle wussten es, nur ich nicht. Du hast mir nichts davon gesagt. Du hast mich belogen!«

Murat sah die Frau an, die im Wohnzimmer wartete. Dann fiel sein Blick auf Sevda. Er hatte das Gefühl, nie wieder ein Wort sagen zu können.

Er wusste nicht, wie oft er die Hauptstraße von Urfa auf und ab gegangen war. Sein Leben war vorüber. All seine Träume mit Sevda, seiner Ehe, seinem Laden waren zerstört. Mit einem Schlag hatte sich alles in einen Haufen stinkenden Abfalls verwandelt. Der Hass und die Scham, die er jahrelang mühevoll unterdrückt hatte, brachen sich plötzlich in seinem Körper Bahn wie vergiftetes Blut. Acht Jahre lang hatte er nicht mehr mit seiner Mutter gesprochen. Er hatte jede Zweisamkeit vermieden, hatte versucht zu vergessen, was er gesehen hatte, und so getan, als würde er nicht begreifen, worauf seine Großmutter anspielte. Niemand aber hatte bemerkt, welch fürchterlicher Kampf in seinem Innern tobte. Alle hatten für sein verändertes Verhalten Rechtfertigungen gesucht und gefunden. Doch nun zerrannen all seine Bemühungen zu nichts – wie Eis, das in der Sonne schmilzt.

Zum ersten Mal dämmerte es ihm, dass das Geheimnis, das er so wohlbewahrt glaubte, längst Straßengespräch geworden war. Nichts war mehr geheim, vor allem nicht hier, mitten in Urfa. Die Nachbarn würden ihn niemals in Frieden lassen. Bis heute hatte er so getan, als würde er jene, die ihn mit ihren spitzen Andeutungen stets gepiesackt hatten, nicht verstehen. Das war ihm jetzt unmöglich geworden. Von nun an musste er die Nadelstiche spüren. Jeden einzelnen. Denn nun kamen sie von den Menschen, die er am meisten liebte. So konnte er nicht weiterleben.

Wohl tausendmal überlegte er hin und her. Schließlich kam er zu einer Entscheidung. Es war falsch, aber er würde es tun, obwohl er wusste, dass es falsch war. Er würde es bereuen, noch während er es tat ... und er würde die besten Jahre seines Lebens im Gefängnis verbringen. All seine Träume und Wünsche würden sich als sinnlos erweisen. Murat wusste das, und er würde es trotzdem tun.

Er kehrte erst in den frühen Morgenstunden nach Hause zurück, als sein Vater zum Schlafen heimkam. Eine Zeitlang lauschte er von draußen, ob sich im Haus irgendetwas regte. Hörte er etwas, so hatte er entschieden, würde er gehen, ohne einzutreten. Doch das Haus lag in tiefer Stille vor ihm. Lautlos schlich er hinein. Er ging in das Zimmer, in dem schlafend sein Vater lag und schnarchte. Gewöhnlich schlief er ein, sobald er sich hinlegte. Murat griff nach der Waffe, die sein Vater achtlos neben sich auf den Boden hatte fallen lassen.

Als er noch ein Kind war, hatte sein Vater ihm die Pistole immer in die Hand gedrückt und gesagt: »Komm, mein Sohn. Du bist doch wohl kein Feigling. Schieß! Schieß!«

Murat hatte dieses Spiel gehasst, das sein Vater weitaus mehr genossen hatte als er. Daher hatte er die Pistole seit

Jahren nicht mehr angefasst. Auf Zehenspitzen schlich er aus dem Raum. Plötzlich sah er seine Mutter vor sich stehen. Ihr Gesicht war angespannt, zeigte aber mehr Sorge als Angst. Er hörte sie flüstern: »Mein Sohn.«

Murat ging in die Küche. Seine Mutter spürte wohl, dass etwas nicht stimmte, und folgte ihm. Er hielt die Waffe an seinen Kopf. Seine Mutter stand da und sah ihn an. Mit einem Ausdruck, den er nie vergessen würde. Sie war unfähig, auch nur irgendetwas zu tun. Er ließ die Waffe sinken. Seine Mutter atmete tief ein. Dann flüsterte sie: »Es ist wegen des Mädchens, nicht wahr, mein Sohn? Es ist wegen des Mädchens. Ich kümmere mich darum, dass du sie bekommst. Sorge dich nicht.«

»Nein, es ist deinetwegen. Du hast einen schweren Fehler begangen«, schrie Murat. »Es ist deinetwegen. Du bist schuldig. Du weißt, was du getan hast!« Den Rest sprach er nicht mehr aus.

Voller Scham senkte Hanim den Kopf. »Ich weiß, was ich getan habe, mein Sohn. Möge Gott mir vergeben.« Sie verstummte, atmete tief ein und aus, dann flüsterte sie: »Schieß, mein Sohn. Es ist mein Schicksal.«

Murat erinnerte sich, dass er nacheinander drei Schüsse abgegeben hatte. Jahrelang verfolgte ihn die Erkenntnis, dass seine Mutter ihren Kopf gesenkt und ihre Augen vor ihm verborgen hatte, um ihm die Schüsse zu erleichtern, um ihn den Mut nicht verlieren zu lassen. Um ihrem Sohn, den sie mehr als alles andere liebte, sein Vorhaben zu erleichtern ... ohne ein Zucken ... ohne einen Fluchtversuch ... ohne Gegenwehr ...

Eine Unmenge Blut strömte unter dem Körper hervor, der lang auf den Boden gefallen war. Er steckte die Waffe in die Tasche und ging aus dem Haus wie ein Automat. Trotz des Lärms war niemand erwacht. Erst später wurde Murat klar, dass alle wach geworden waren, doch dass niemand sich gerührt hatte, um nichts bezeugen zu müssen.

Mit militärisch exaktem Schritt marschierte er zum Marktplatz. Dort öffnete man gerade den Basar. Er ging zum Laden seines Onkels. Der Teejunge war schon da, doch sein Onkel ließ noch auf sich warten. Murat ließ sich in einen Sessel fallen und nahm das Glas Tee, das der Junge ihm reichte. Er wusste nicht, wie lange er so gesessen hatte. Als sein Onkel endlich kam und ihn sah, sagte er kein Wort. Als hätte er gewusst, dass es nun geschehen war.

»Ich habe getan, was du mir aufgetragen hast, Onkel!«, sagte Murat und tat, als sei er stolz.

Ein Schatten fiel über das ausdruckslose Gesicht des Mannes. »Was soll ich dir gesagt haben, Murat? Nimm dich doch zusammen. Was soll ich gesagt haben? Was gab es da zu sagen? Was hast du getan?«

»Ich habe diese Frau getötet.«

Die Stirn seines Onkels umwölkte sich.

»Geh, mein Sohn. Geh und stell dich der Polizei. Warum hast du deine Hände nur mit Blut befleckt? Das ist unfassbar. Geh, mein Sohn, steh hier nicht herum.«

Murat war am Boden zerstört. Sein Onkel, der ihn gedrängt hatte, sie zu töten, hatte sich von ihm abgewandt. Er verließ den Markt und begab sich direkt zur gegenüberliegenden Polizeistation.

Der Beamte an der Tür rückte seine Waffe zurecht und trat Murat in den Weg. »Wo willst du hin, mein Freund?«

»Ich habe einen Mord begangen. Ich bin gekommen, um mich zu stellen.«

»Geh hinein. Der Inspektor wird deine Aussage aufnehmen«, sagte er, ohne auch nur das leiseste Anzeichen von Überraschung zu zeigen.

Murat stieg die Treppen hinauf. Bevor er durch die Tür trat, wandte er sich um und sah auf die Stadt hinab, die sich zu seinen Füßen erstreckte. Im Frühling 1999 standen alle Bäume in Urfa in Blüte.

Die Spekulationen seines Onkels stellten sich durchweg als falsch heraus. Da Murat schon zwanzig war, als er seine Mutter tötete, galt das Jugendstrafrecht für ihn nicht mehr.

Nicht ein Mensch kam, um ihn zu besuchen. Niemand hieß gut, was er getan hatte. Später erfuhr er, dass Sevda an einen wesentlich älteren Mann zwangsverheiratet worden war, weil ihr guter Name beschmutzt war. Tiefe Einsamkeit umgab Murat. Ursprünglich wollte ihn kein Anwalt verteidigen. Der Schmuck und das Geld seiner Mutter sorgten dafür, dass er am Ende doch einen Rechtsbeistand bekam. Vor Gericht brachte der Anwalt vor, dass Murat unter einer Verhaltensstörung leide. So schickte man ihn zu einem psychiatrischen Gutachter. Dieser befand ihn für geistig gesund, und so verurteilte man ihn zu zwanzig Jahren wegen schweren Mordes.

Sobald das Urteil gesprochen war, war eine Last von Murats Seele genommen. Nun würde man ihn sich selbst überlassen. Er verstand, dass sein Vater und seine Schwestern nichts mit ihm zu tun haben wollten und ihm niemals verzeihen würden. Er hatte die Hoffnung auf Vergebung von ihrer Seite ohnehin schon lange aufgegeben. In der Welt hatte er keine Rechnung mehr offen. Und so widmete er sich ganz der Religion. Er verachtete die anderen Gefangenen, die nicht wussten, was Selbstachtung und Ehre ist. Sie konnten sich weder mit Familienehre noch mit Religion trösten ...

Wenn ein neuer Gefangener kam, der schwach war, so wurde er vergewaltigt. War er aber stark und mächtig, dann wurden sie dessen Sklaven. Er würde nie in diese Welt gehören. Stattdessen entschied er sich für tödliche Einsamkeit.

Da Murat wegen eines Ehrenmords verurteilt worden war, galt er im Gefängnis als Schwerverbrecher und wurde, den Regeln dieser Welt entsprechend, respektiert. Murat verabscheute es, von diesen Leuten geachtet und für einen der ihren gehalten zu werden. Was ihn anging, so hatte er nichts mit ihnen zu schaffen. Er war, neben einigen Straßenkindern, der Einzige, der nie Besuch bekam.

Den Großteil des Tages verbrachte er tief in Gebet und Selbsterforschung versunken. Er las religiöse Werke, obwohl er überhaupt nicht aussah wie ein Mensch, dessen Leben von der Religion erfüllt war. Vielleicht wollte er die Bürde seines Verbrechens von sich werfen, endlich aufhören, ein Mensch zu sein, der im Schlaf weinte. Seine Zelle galt ihm als Ort des Fastens und des Rückzugs von der Welt.

Auf zwei Fragen jedoch gab er keine Antwort. Die eine war: Er hatte lange Jahre vermieden, sie »Mutter« zu nennen. Weshalb hatte er dies während des Interviews zweimal getan? Was mich darüber hinaus noch interessierte, war: Wieso hatte er, wenn er vom Ehebruch seiner Mutter sprach, nie das Wort »Ehebruch« benutzt, sondern immer nur von ihrem »Fehler« gesprochen, und zwar nicht nur einmal?

Doch ich war zufrieden mit dem, was er mir erzählt hatte. Und so drang ich nicht weiter in ihn, weil ich dachte, er wolle auf diese Fragen in der Tiefe seines Herzens keine Antwort geben. Aber ich wollte, dass er die tiefe Reue ausdrückte, die ich an ihm wahrnahm, während wir unsere Gespräche führten. Hatten seine Gefühle sich seit dem Mord verändert? Das war ziemlich offensichtlich, doch ich hoffte, wenn dies von seinen eigenen Lippen käme, würde die Reue endlich offen im Raum stehen.

»Lassen Sie uns das Interview mit einem letzten Kommentar beenden, den Sie abgeben möchten«, sagte ich.

Er nickte zustimmend.

»Die Schlussfolgerung aus der Geschichte ist, dass eine Mutter nicht schlecht sein kann. Ich muss ja nicht erklären, wie heilig der Mensch ist, der mir das Leben schenkte. Doch die meisten Menschen denken ja so: Wenn der Vater dasselbe tut, wenn er also, verzeihen Sie den Ausdruck, den Weibern nachsteigt, dann vergibt man ihm. Man nimmt es nicht als persönliche Beleidigung. Man sagt: ›Er ist ein Mann. Er ist mein Vater. Es ist nur natürlich.‹ Doch wenn die Mutter es tut, kann man es nicht hinnehmen. Und am schlimmsten ist es, wenn andere Menschen davon erfahren. Man verliert in den Augen der Gesellschaft alle Achtung, und das belastet. Man fühlt sich erniedrigt, so als sei man allen unterlegen, vollkommen bedeutungslos.

Dabei hatte auch ich eine Beziehung zu einer verheirateten Frau. Ich habe sie einmal gefragt, weshalb sie ihrem Mann untreu war. Denn ich kannte ihren Ehemann, er war ein guter Mann, häuslich, seiner Frau treu ergeben und arbeitsam. Sie antwortete mir ganz offen: ›Weil er mich nicht mehr wahrnimmt. Weil er mich gar nicht mehr sieht.‹ Als ich eine andere Frau fragte, von der ich ebenfalls wusste, dass sie ihrem Mann untreu war, sagte sie: ›Der Mistkerl schlägt mich. Ich tue es aus Rache.‹

Da in meiner Familie dasselbe geschehen ist, weiß ich jetzt, wo die Ursachen liegen. Mein Vater war unsensibel. Er ließ es seiner Frau gegenüber an Aufmerksamkeit mangeln. Er wusste nichts über sie. Und ihr, dieser Frau, mangelte es an Bildung und Erziehung. Dabei wünschte sie sich Liebe und Beachtung ...

Heute bin ich sicher, dass mein Vater erst nach dem Ereignis erfuhr, was in seinem Haus vorging. Da wir in einer sehr konservativen Gegend leben, ist es nicht leicht, sich scheiden zu lassen. Eine Frau wird nicht geschieden, selbst wenn sie ihr Leben lang unterdrückt wird, wenn der Mann sie schlägt, hungern lässt oder sonstwie schlecht behandelt. Im Westen des Landes ist es leichter, doch in Südostanatolien sind die Leute sehr gegen Scheidung. Immer wenn es dazu kommt, fragen sich alle: ›Aber wieso werden sie geschieden?‹ Lautet die Antwort: ›Weil sie nicht mehr miteinander zurechtkamen‹, dann heißt es: ›Wieso sind sie nicht mehr zurechtgekommen? Bestimmt liegt der Fehler bei der Frau.‹ Einige Frauen werden von ihren Verwandten ermordet, obwohl sie nichts getan haben. Ein Mädchen wurde umgebracht, nur weil sie bei einem Radiosender angerufen hat.«

Längst schien Murat nicht mehr mit mir zu sprechen, sondern mit seinem eigenen Herzen. Seine Stimme hob und senkte sich mit dem Rhythmus seines Reueempfindens. Nach jedem Satz richtete er den Blick auf den blauen Streifen Himmel, der durch den Riss in der Decke zu sehen war.

»Was sollten wir tun?«, fragte ich ihn. »Wie können wir Alpträume wie diesen, der für beide Beteiligten gleichermaßen tragische Konsequenzen hat, für das Opfer und für den Mörder, beenden?«

»Solange die Mentalität sich nicht ändert, werden diese Dinge weitergehen, ganz egal, wie schwer die Strafen sein mögen, und das neue Strafrecht sieht wirklich sehr schwere Strafen vor. Der Mensch, der sich zu so etwas hinreißen lässt, weiß nichts von der schrecklichen Einsamkeit, in die er damit stürzt, nichts von der Tragödie, in die er sich mit seiner Tat hineinkatapultiert. Er denkt nur daran, dass nach der Tat jeder seine Ehre als wiederhergestellt betrachtet!

Doch jeder, der vor solch einem Problem steht, sollte sich genau überlegen, was er tut. Sie sterben mit dem Menschen, den Sie töten. Dieser Mensch wird jeden Abend, wenn Sie zu Bett gehen, vor Ihrem inneren Auge erscheinen. Dies ist die ewige Strafe. In anderen Worten: Sie legen sich selbst die Schlinge um den Hals.

Die Verantwortung ist groß. Der Mensch, den Sie töten wollen, ist vom selben Blut. Ihre Mutter, Ihre Gemahlin, Ihre Tochter, Ihre Schwester. Wenn Sie logisch darüber nachdenken, findet sich eine andere Lösung. Wenn Sie noch denken können, bitten Sie jemanden um Rat. Suchen Sie eine Lösung. Zuerst muss sich die Mentalität der Menschen ändern. Das kann nur auf ökonomischer und kultureller Ebene geschehen.«

Er verstummte. Ich dachte zuerst, er wolle, dass wir mit unserer Kamera verschwinden, um sich allein mit seinen Schuldgefühlen auseinandersetzen zu können. Doch dann fuhr er fort.

»Wenn ich eine andere Möglichkeit hätte, dann würde ich heute weggehen von dem Ort, an dem ich gelebt habe. Ich würde für mich ein anderes, besseres Leben suchen, bessere Bedingungen, in einem anderen Land vielleicht, jedenfalls weit weg.

Wenn ich frei bin, werde ich nicht mehr nach Urfa zurückkehren. Ich könnte dort nicht mehr leben, nicht einmal, wenn ich wollte. Die wenigen Male, in denen ich auf Freigang dorthin zurückkehrte, zeigten die Leute mit dem Finger auf mich, wenn ich durch die Straßen ging: »Das ist der Mann, der seine Mutter umgebracht hat!« Einige von diesen Leuten kenne ich gut. Damals stachelten sie mich an.

Vielleicht kann ich ja in Istanbul, Ankara oder Bursa, wo immer es mich auch hin verschlagen mag, eine neue Seite im Buch meines Lebens aufschlagen und noch einmal ganz von vorn beginnen. Ohne noch einmal in Dinge verwickelt zu werden, die gegen das Gesetz sind. Zumindest hoffe ich das.«

»Inschallah«, sagte ich und wünschte ihm von ganzem Herzen Glück.

Wir begannen, unsere Aufnahmegeräte wegzupacken. Plötzlich entschlüpfte mir eine dumme, unüberlegte Frage, die ich bereute, sobald ich sie ausgesprochen hatte.

»Sind Sie religiös?«

Dass er das war, war während des ganzen Interviews mehr als einmal zum Ausdruck gekommen. Ich war wütend auf mich selbst, aber wie hätte ich das Ganze ungeschehen machen können? Er sah, dass mir mein Lapsus peinlich war.

»Machen Sie sich keine Gedanken. Wenn Sie mich fragen wollen, weshalb mein Glaube mich nicht davon abgehalten hat, einen Mord zu begehen, werde ich Ihnen antworten. Wer zutiefst bedrückt ist, dem ist die Meinung der anderen wichtiger als der Glaube.

Warum glauben Sie denn, habe ich es getan? Weil ich stolz bin? Weil meine Selbstachtung für mich wichtig war?

Nein. Der Hauptgrund war, dass den Leuten, die um das Geheimnis wussten, dann endlich der Mund gestopft wäre. Ich tat es, damit sie später sagen würden: ›Sogar nach so vielen Jahren ging der Mann hin und tötete seine Mutter. Er hat seine Ehre wiederhergestellt.‹

Nun werden Sie fragen, ob meine Ehre wiederhergestellt ist? Nein, es ist alles viel schlimmer geworden. Ich bin ein Mörder geworden. Ich habe meine eigene Mutter ermordet. Ich habe meine ganze Familie und all meine Freunde verloren. Ich weiß nicht, was nach meinem Tod aus mir werden wird. Nur Allah weiß das, aber höchstwahrscheinlich komme ich in die Hölle.«

Cavit Bey und Mehmet Sait Bozkurt

Es war die Zeit, als Straßenkinder Krüppel noch mit Steinen bewarfen; als man behinderte Kinder in der hintersten Ecke des Hauses versteckte; als niemand die Asure-Suppe der Aleviten essen mochte, weil sie angeblich unrein war; als wir uns alle für reinblütige Türken und vollkommene Gläubige hielten; als wir hörten, dass in Häusern, in denen Linke verkehrten, die Frauen vergewaltigt wurden. Ich rede hier von einem respektablen Viertel in Istanbul – und diese Zeit liegt erst wenige Jahrzehnte zurück.

Es war eine Zeit, in der niemand je vom Fernsehen gehört hatte, in der nur einige wenige Familien ein Telefon besaßen und jeder, der von einer Art Mobiltelefon träumte, wegen einer solchen Teufelei zu Tode gesteinigt worden wäre. Während ich bei der Niederschrift der Geschichte von Cavit Bey diese Jahre vor meinem inneren Auge vorbeiziehen lasse, fällt mir auf, dass die Welt sich noch nie zuvor so schnell so grundlegend gewandelt hat. Denn all das liegt nur etwa vierzig Jahre zurück.

Seltsamerweise erwecken diese Erinnerungen in mir eine tiefe Wehmut. Ich sehne mich zurück: ins Haus unserer Familie mit dem Hof, den es mit anderen einstöckigen Häusern teilte, in denen so viele unterschiedliche Menschen mit den unterschiedlichsten Biographien ein Zuhause fanden; zu den Spielen, die die Kinder nach der Schule spielten, als wäre ihnen jeder Zeitbegriff vollständig abhandengekommen; zu der unglaublichen Freiheit auf den Straßen, die wir unsicher machen durften, bis man uns zum Abendessen rief. Sogar Cavit Bey fehlt mir. Cavit Bey und seine Familie, die aus Gründen, die ich nie herausfand, nach Istanbul fliehen mussten. Sie lebten im Haus gegenüber, das über der Metalltür ein breites Fenster hatte.

Cavit Bey war der einzige Mann in unserer Straße, der eine Krawatte trug. Am Morgen ging er weg und wünschte allen einen schönen guten Morgen, am Abend kam er lange vor allen anderen Vätern wieder. Und doch prügelte Cavit Bey, der drei Kinder hatte, tagtäglich nach dem frühen Abendessen seine Frau. Wir konnten die Uhr nach den Schlägen stellen. Unter uns Kindern genoss Cavit Bey eine gewisse Berühmtheit, denn die abendlichen Prügel lösten in der Nachbarschaft stets hektische Betriebsamkeit aus. Sie waren für die Nachbarn ebenso eine Geduldsprobe wie für die misshandelte Frau und ihre Kinder. Doch in den Augen der Kinder machte die häusliche Gewalt, die für die Erwachsenen so schwer zu ertragen war, Cavit Bey irgendwie interessant. Da die anderen Väter erst so spät nach Hause kamen, waren sie für uns inexistent. Die meisten kannten wir nicht einmal dem Namen nach.

Saadet Hanim, Cavit Beys Frau, floh regelmäßig schreiend aus der Tür ihres Hauses und suchte in einem der anderen Häuser Schutz, weil sie um ihr Leben fürchtete. Für uns Kinder war dies der Auftakt zu unseren abendlichen Vergnügungen. Ich sage »Vergnügungen«, weil in dem Moment, in dem die Nachbarn sich um die arme Frau scharten, die aus Mund und Nase blutete, wir Kinder vergessen waren, was uns eine gewisse Freiheit gab. Wir konnten tun, was wir wollten. Niemand nahm von uns auch nur die geringste Notiz.

Cavit Bey, der sonst nie ohne Krawatte aus dem Haus ging, jagte am Abend in seinem weinrot gestreiften Pyjama und in Pantoffeln hinter seiner Frau her. Meist war sein Verlangen nach Gewalt noch nicht gestillt. Dann sagte er zu den Nachbarn, die seine Frau schützten: »Lasst mich meine Wut an ihr kühlen, sonst gibt es ein Blutbad.«

Die drei Kinder umarmten einander, so dass sie im Dämmerlicht wie ein einziges Kind aussahen. Sie konnten niemandem in die Augen sehen. Sie waren Kinder einer Mutter, die ständig misshandelt wurde, und eines Vaters, der ständig fluchte und von den Nachbarn beruhigt werden musste.

Cavit Bey und seine Familie sahen anders aus als der Rest von uns. Zunächst einmal wirkten sie unter den hauptsächlich dunkelhäutigen Nachbarn ziemlich »hell«. Einige Nachbarn glaubten, dass dies der eigentliche Grund für Cavit Beys Wut war.

Nach den abendlichen Prügelszenen las meine Mutter, über die in der Nachbarschaft nicht wenig geredet wurde, weil sie – obwohl sie ihr Haupt nicht bedeckte – den ganzen Koran von vorn bis hinten gelesen hatte, mit Saadet Hanim Gebete, um Cavit Beys Zorn zu besänftigen. Die arme, misshandelte Frau starrte blicklos ins Leere, während meine Mutter sie mit dem Wasser besprengte, über dem sie Gebete gesprochen hatte. Auch blies sie Gebete in das stets von blauen Flecken entstellte Gesicht. Und doch lag auf Saadet Hanims leerem Gesicht immer ein Lächeln, das sie mit einer seltsamen Melancholie umgab.

Ich habe nie erfahren, ob Saadet Hanim sich über die Misshandlungen ihres Ehemanns beschwerte oder sie als unumgängliche Tatsache ihres Lebens hinnahm. Mir schien stets, dass die Unannehmlichkeiten, die sie dadurch den Nachbarn bereitete, ihr mehr Sorgen machten. Aus diesem Grund suchte sie schließlich auch religiösen Rat. In den fünf Jahren, die wir Seite an Seite mit der Familie lebten, hörte ich nie auch nur ein Wort der Kritik an ihrem Mann über ihre Lippen kommen, nicht einmal andeutungsweise.

Aus Gründen, die ich vergessen habe, zog Cavit Beys Familie aus der Nachbarschaft weg. Das war etwa um die Zeit, als ich mich gerade zur glühenden jugendlichen Linken entwickelte. Ich habe niemanden von der Familie je wiedergesehen. In den folgenden Jahren sah ich geschlagene Frauen nur noch in amerikanischen Spielfilmen. Und doch spürte ich irgendwie, dass die Gewalt mich umtänzelte wie ein Geist. Ich konnte sie fühlen, aber nicht sehen. Ich wusste, dass vor meinen Augen ein Schleier hing. Der Blick auf das Leben jenseits davon war mir verwehrt.

Als ich fünfzig wurde, begann das Thema »häusliche Gewalt« mir erneut auf den Nägeln zu brennen, weil ich mich so hilflos fühlte. Ich konnte nichts dagegen tun. Eines Tages suchte ich das geschlossene Gefängnis von Adiyaman auf, weil ich mit Mehmet Sait Bozkurt sprechen wollte, der stolz darauf war, seine Schwester getötet zu haben. Eigentlich hatte ich ihn nicht sehen wollen. Er selbst war es, der mich eingeladen hatte. Er war ein glühender Anhänger des Rechts auf Mord. Seiner Ansicht nach waren Ehrenmorde nötig, um den moralischen Verfall der Gesellschaft aufzuhalten.

Er trug ein rotes Polohemd und dazu eine dunkelblaue Trainingshose. Seine abgetragenen Turnschuhe waren ihm zu groß. Sie sahen aus, als gehörten sie jemand anderem. Er hatte plumpe, volle Lippen und einen kohlrabenschwarzen Schnurrbart, was ihm ein jugendliches Aussehen verlieh. An manchen Stellen war er bereits kahl. Außerdem hatte er beträchtliches Übergewicht.

Gewöhnlich erläuterte ich an diesem Punkt, was ich wollte und warum ich hier war. Er aber ließ mich erst gar nicht zu Wort kommen und erklärte selbstherrlich: »Ich habe Sie hierhergebeten, weil ich gehört habe, dass Sie dagegen sind, dass wir unsere Ehre verteidigen.« Er sah mich an. »Im Gefängnis bleibt nichts geheim«, sagte er. »Aber Sie werden mir jetzt zuhören, damit Sie endlich erfahren, worum es hier geht.«

Mein Instinkt sagte mir, dass seine Überheblichkeit nur Show war und dass sich unter der äußeren Schale seines markigen Auftretens etwas anderes verbarg, ähnlich wie bei einer russischen Matrioschka-Puppe. Alle Zwischentöne überspielend meinte er: »Ich habe vor nichts Angst. Ich zahle für das, was ich getan habe. Und es ist mir egal, ob Sie meinen Namen nennen oder das Interview filmen.«

Ich spähte in die Akte, die ich gerade erst bekommen, also noch nicht gelesen hatte. Mehmet Sait war neunundzwanzig Jahre alt. Vor vier Jahren hatte er seine Schwester getötet. Er sah, dass ich seinen Fall überflog.

»In den Akten steht ohnehin nicht die Wahrheit«, unterbrach er mich. »Ich werde Ihnen die ganze Wahrheit erzählen. Akten sehen die Wirklichkeit nicht. Unser Leben ist die Wirklichkeit. Unsere Gemeinschaft wird so etwas nicht hinnehmen. Unsere Generation wird so etwas nicht hinnehmen. Die Lehrer der Frauen sollten die Moral verteidigen, statt ihre Köpfe mit diesem modernen Kram zu füllen.«

Da er glaubte, dass ich immer noch in seiner Akte las, sprang er auf und sagte: »Entweder glauben Sie mir oder der Akte!« Mit diesen Worten stürmte er davon. Ich lief ihm auf den Flur hinaus nach, bis ich ihn eingeholt hatte.

»Natürlich möchte ich Ihre Version hören. Sonst hätte ich mir ja gleich nur die Akte kommen lassen könne, nicht wahr?«

Sicher hatte noch nie ein »respektabler Besucher« einen Gefangenen in den Korridor hinaus verfolgt, doch weder die Wachen noch die Gefangenen, die uns beobachteten, wagten einzugreifen.

»Gehen wir in den Hof hinaus. Ich werde Ihnen erzählen, wie ich mich fühle. Ich werde mir beim Auf-und-ab-Gehen alles von der Seele reden«, meinte er.

Also gingen wir in den Hof hinunter. Ich klebte an Mehmet Saits Fersen, der Kameramann an meinen. Kaum waren wir die ersten Stufen hinuntergegangen, brach ein sintflutartiger Regen los, als habe er nur auf uns gewartet. Mehmet Sait schien dies nicht einmal zu bemerken.

Energischen Schrittes ging er auf und ab. Dabei sagte er: »Sie wollen uns modernisieren, nicht wahr?« Ohne meine Antwort abzuwarten, fuhr er fort: »Für uns ist euer modernes Getue nichts weiter als Unwissenheit. Statt unseren Frauen zu sagen: ›Tut dies, ihr habt das Recht dazu‹, solltet ihr ihnen beibringen, unseren Sitten und Traditionen zu gehorchen. Die Leute, die das nicht tun, die unsere

Frauen anstiften, mit unseren Gebräuchen zu brechen, die sind die wahren Mörder. Die wahren Mörder sind jene, die sich selbst ›modern‹ nennen. Gut, wir sind es, die den Abzug betätigen, wir werden verurteilt, doch die Auslöser der Morde seid ihr.«

Er hatte also beschlossen, dass ich sein Feind war. Es war, als würde er mit einem Kontrahenten kämpfen. Sein roter Wollpullover war bereits klatschnass. Die Regentropfen sammelten sich auf seinem Schnurrbart und seinen buschigen Augenbrauen und rannen dann vom Kinn aus in gerader Linie nach unten. Der Hof war etwa fünfzig Meter lang und zwanzig Meter breit. Ein Betongarten. Dieses ständige Auf-und-ab-Gehen ist eine seltsame Form der Fortbewegung, bei deren Tempo nur Menschen, die längere Zeit im Gefängnis verbracht haben, mithalten können. Wie einen Tanzpartner, den er nie berührte, zog er mich im Schlepptau hinterher. Er entschied, wo wir kehrtmachten, wann wir schneller wurden oder stehen blieben. Im Gehen vermischte sich das Geräusch unserer Schritte, fiel jedoch nie in eins. Wir fühlten uns nicht wohl miteinander. Mein Kameramann versuchte, mit der Sintflut einigermaßen zurechtzukommen, während er im Rückwärtsgang vor uns herschritt und versuchte, die Bilder einzufangen.

Nach langem Schweigen fuhr Mehmet Sait fort. »Das Mädchen sagt: ›Es ist mir egal, was du denkst, Junge. Ich habe den Staat hinter mir.‹ Der Staat kann sagen: ›Ich werde dir deine Unwissenheit nehmen und dich zur Europäerin machen.‹ Aber sie ist ja nicht Teil des Staates, sie ist ein Teil meiner selbst. Daran denkt keiner. Keiner sagt: ›Sieh mal, Freund, wie kann ein Mann sein eigen Fleisch und Blut töten?‹ Wir reden hier ja nicht von einem fremden Menschen. Sie ist dein Leben, dein Blut.«

Er hielt in seinem Ausbruch inne, um durchzuatmen. »Sie ist von deinem Blut! Aber: Wenn es hart auf hart kommt, dann tötest du sie, mein Freund. Wenn es hart auf hart kommt, bringst du sie um.«

Er verstummte und schlug sich mit der Faust hart gegen die Brust. Als er endlich merkte, dass ihm kalt war, waren wir alle drei bis auf die Haut durchnässt. Die Häftlinge starrten uns durch die beschlagenen Gitterfenster neugierig an. Als wir wieder hineingingen, blieb Mehmet Sait plötzlich stehen und sagte drohend: »Ihre Kinder sind meine Kinder. Schreiben Sie das in Ihrer Zeitung, Journalistin!« Mit gesenktem Haupt versprach ich, genau das zu tun.

Die Legende besagt, dass die Stadt Antep ihren Namen vom Reueschwur (*tövbe*) eines Richters namens Ayni hat, der im Alter seine Missetaten bereute. Ayni Tövbe, so heißt es, sei später zu Antep verkürzt worden. Der Legende zum Hohn ist gerade Antep, das seinen Namen einem Reueschwur verdankt, die hedonistischste Stadt in der ganzen Türkei.

Zehra kam Ende der siebziger Jahre in einem Viertel dieser Stadt der Reue zur Welt, das ich hier nicht nennen werde. Sie war das siebte von neun Kindern eines zwar armen, doch geachteten Kräuterhändlers. Ihr Lieblingsbruder, Mehmet Sait, der später zu ihrem Mörder werden sollte, wurde drei Jahre nach ihr geboren.

Zehra wuchs in einer Familie auf, in der der Vater heimlich kochte. Als ihr Vater noch ein Junge war, verkaufte sein Vater Reis mit Kichererbsen auf den Straßen, und so half abends die ganze Familie bei der Zubereitung der Speisen. Als ihr Vater jedoch in die Fußstapfen seines Vaters treten wollte, legte Zehras Großvater Widerspruch ein und eröffnete für seinen Sohn den kleinen Laden mit Arzneikräutern in einem ärmlichen Stadtviertel. Zehras Vater aber, der sein ganzes Leben in der stets bevölkerten Küche seiner Familie zugebracht hatte, liebte das Kochen. Wenn der Vater also am Sonntag den Laden nicht aufsperrte und seine Zeit mit der Familie verbrachte, baten die Kinder ihn immer, doch für sie zu kochen. Anfangs zierte sich der betagte Kräuterhändler immer, doch am Ende begab er sich, um seiner geliebten Töchter willen, in die Küche, in der bis unter die Decke gestapelt Kräuter, Dörrgemüse, Nüsse, Granatäpfel und Gewürzsumach lagerten. Am Abend gab es unter den vielen anderen kulinarischen Köstlichkeiten, die er gezaubert hatte, immer auch ein Tablett mit Butterreis und Kichererbsen.

Als Zehras ältere Brüder in die Pubertät kamen, begannen sie, die nachgiebige, sanfte Haltung ihres Vaters seinen Töchtern gegenüber zunehmend zu kritisieren. Ihre Mutter war als entfernt verwandte Braut aus der abgelegensten Siedlung Anteps an der Grenze zu Urfa ins Haus ihres Vaters gekommen. Sie war eine heitere, fromme Frau, die fünfmal pro Tag ihre Gebete sprach.

In der Verwandtschaft hieß es, ihre Mutter sei älter als ihr Vater, doch die Kinder wussten, dass das nicht stimmte, denn der Geburtstag ihrer Mutter lag nach dem ihres Vaters. Als Zehra in die Pubertät kam, entnahm sie dem Klatsch der Verwandten, den sie mittlerweile verstand, dass man ihre Mutter erst sechs Jahre nach ihrer Geburt ins Gemeinderegister hatte eintragen lassen. Allerdings fand Zehra nichts Merkwürdiges daran, dass ihre Mutter älter war als ihr Vater. Sogar wenn ihre Mutter jünger gewesen wäre, hätte sie doch älter gewirkt als der Vater. Sie besaß weder die Sanftheit noch die Wärme, die der Vater seinen Kindern gegenüber an den Tag legte. Ihre grenzenlose Frömmigkeit stand stets zwischen ihr und ihren Kindern: Sie lag auf Knien auf ihrer Gebetsmatte und zählte ihre Gebetsperlen ab. Ihre Lippen bewegten sich, während sie mit geschlossenen Augen eine komplette Lesung aus dem Koran aufsagte. Die Nähe Gottes, die das ganze Haus durchwehte, hinderte die Kinder daran, eine engere Bindung zu ihr aufzubauen. Zehra glaubte stets, dass Gott Scherze und Gelächter missbillige und dass ihren Vater diese übermäßige Ernsthaftigkeit störe.

Doch die Strenge von Zehras Mutter rührte nicht nur aus der Ernsthaftigkeit ihres Glaubens. Denn im Gegensatz zu der ärmlichen Herkunft ihres Vater entstammte Zehras Mutter einer wohlhabenden, achtbaren Familie, die Zehras Familie unterstützte, damit der arme Kräuterhändler seine neun Kinder ernähren konnte. Die Wintervorräte der Familie, von der Lammwurst bis zu den eingelegten Gemüsen, Marmeladen und Tomatenpasten, kamen aus dem Dorf von Zehras Mutter.

Und so überließ sich der Vater auch an Tagen, an denen er nicht eine Handvoll Arzneikräuter verkauft hatte, nicht der Melancholie, denn ihre Mutter hatte ihn von der Bürde befreit, seine Familie ernähren zu müssen. In der Verwandtschaft wurde natürlich geflüstert, Zehras Vater hätte eine ältere Frau um des Geldes willen geheiratet. Zehra, die nichts über Geld und Besitz wusste, fand diese Gerüchte empörend, doch sie war viel zu wohlerzogen, um den anderen das zu zeigen.

Zehra sollte sterben, ohne je zu erfahren, dass die Lebensmittel und Armreifen, welche die Verwandten ihrer Mutter schickten, eine Art Entschädigung dafür waren, dass man sie ihres rechtmäßigen Erbes beraubt hatte.

Zehras religiöse Onkel wussten nur zu gut, dass Töchter in islamischen Ländern ihre Väter nicht beerben konnten, und so waren sie überzeugt, im Einklang mit dem Koran zu handeln. Andererseits war ihnen bewusst, dass es vom weltlichen Standpunkt aus Unrecht war, einem Menschen sein Erbe vorzuenthalten, und so versuchten sie, mit großzügigen Essenslieferungen und goldenen Armbändern ihr Gewissen zu beschwichtigen.

Wie Bäume, die dem Sonnenlicht zustreben, zogen die drei Töchter sich immer mehr von ihrer frommen Mutter zurück und wurden im Heranwachsen ihrem fröhlichen, unbeschwerten Vater zunehmend ähnlicher. Bei der kleinsten Gelegenheit brachen sie in ungezügeltes Gelächter aus und wurden deshalb von ihren älteren Brüdern häufig bestraft. Nicht einmal die handbedruckten und -bestickten Kopftücher, die ihre Mutter sie von Kindesbeinen an tragen ließ, konnten ihre Lebensgeister unterdrücken.

Die Söhne hingegen, die sich der konservativen Tradition des Haushalts anschlossen, wurden bleich und düster wie Blumen, die im Schatten heranwachsen. Sie missbilligten den Leichtsinn ihrer Schwestern und mahnten sie stets, sich ordentlich zu benehmen – natürlich auf Drängen der Mutter, da der Vater sich nicht im Geringsten um solche Dinge kümmerte. Sie versuchten, die Mädchen zur Räson zu bringen – indem sie sie ohne Wissen des Vaters gelegentlich schlugen oder ihnen verboten, das Haus zu verlassen.

Und dann heirateten die ältesten Söhne und Töchter allmählich und verließen das Haus, um in ihrem eigenen Heim zu leben. Die Verwandten mütterlicherseits halfen den jungen Männern, kleine Handelsgeschäfte zu gründen, mit denen sie sich selbst über die Runden bringen konnten. Sobald die älteren Brüder ihren eigenen Hausstand gegründet hatten und achtbare Geschäftsleute geworden waren, sobald die älteren Schwestern, die ihre Vorbilder gewesen waren, das Haus verlassen hatten, oblagen der mittlerweile zwanzigjährigen Zehra all die häuslichen Pflichten im Heim, die früher die älteren Schwestern übernommen hatten. Ihre Mutter war noch frömmer geworden und hielt *zekeriya*-Mahlzeiten im Hause ab, die aus einundvierzig verschiedenen Gängen von Trockenfrüchten, Nüssen und Salaten bestehen, um Allah für die Erfüllung eines Wunsches zu danken. Dazu kamen noch große *mevlits** in ihrem Heim. Obwohl Zehra keinerlei religiöse Begeisterung in sich fühlte, liebte sie doch die zeremoniellen Festlichkeiten.

Bei den *zekeriya*-Mahlzeiten treten die Frauen als Gastgeberinnen auf. Zuerst werden geröstete Pistazien gereicht. Dann wird überall Schwarzkümmelsamen verstreut, um Fülle und Überfluss zu bringen. Hinter die Tür hingegen streut man Salz, um das Haus vor dem bösen Blick zu schützen. Zwischen den appetitlichen Düften von getrockneten Maulbeeren, Trauben, Kirschen, Pflaumen, getrocknetem Aprikosenmus, Feigen, Datteln, Walnüssen, aller Arten von *börek,* üppigen *dolmas, köftes,* Butter, Rauke, frischem Knoblauch und Zwiebeln, die auf den am Boden ausgelegten Tüchern serviert werden, verrichten die Frauen demütig ihre Gebete.

Zehra beobachtete die Frauen, die zum *zekeriya*-Mahl

---

* Bei einem *mevlit* wird ein langes, religiöses Gedicht in Arabisch vorgetragen, das das Leben des Propheten Mohammed zum Inhalt hat. Man rezitiert es bei Todesfällen sowie Jahrestagen von Todesfällen, aber auch bei freudvollen Gelegenheiten wie Geburten. Normalerweise kommen dazu Verwandte, Freunde und Nachbarn. Der Rezitation folgt die gemeinsame Mahlzeit.

in ihr Haus kamen. Während sie ihr *namaz* vollführten und das *dhikir* wiederholten, konnte man sich nicht vorstellen, dass je auch nur ein Bissen über diese frommen Lippen kommen sollte. Wenn sie sich nach dem rituellen Gebet zum Mahl setzten, nahmen sie die ersten Bissen mit den Fingern, murmelten lange Gebete und sprachen Wunschgebete, die sie angeblich niemandem verraten wollten, die jedoch später beim Essen ausführlich erörtert wurden. Nach einem: »Wenn mein Wunsch in Erfüllung geht, richte ich nächstes Jahr während des heiligen Monats Sha'ban* ein ebensolches Mahl aus«, machte man sich mit einer Energie über das Essen her, die der spirituellen Atmosphäre, die noch wenige Momente vorher geherrscht hatte, wenig angemessen war.

Beim *mevlit* wird der Koran rezitiert. Währenddessen kochen riesige Töpfe mit Halva in der Küche, und kleine Lokma-Bällchen werden im Fett herausgebacken. Nach dem *mevlit* wird das Essen, geheiligt durch Gebete, auf den Tisch gebracht. Bei den *kandils,* den heiligen Nächten der Muslime, werden am Abend dieselben Gerichte in riesigen Kesseln zubereitet und dann frisch und heiß an die Bedürftigen in der Nachbarschaft verteilt. Zehra liebte jene Seiten der Religion, die mit Geselligkeit verbunden waren und sie vergessen ließen, wie arm sie war. Ihr Eifer trug ihr den Ruf der geschicktesten Köchin der Nachbarschaft ein. Niemand sonst bereitete so leckere Mahlzeiten zum *mevlit, zekeriya* oder *kandil* zu.

Zehra übernahm den gesamten Haushalt. Zu ihren jüngeren Geschwistern, einem Bruder und einer Schwester,

---

*Der achte Monat des islamischen Mondkalenders, in dem man fastet und betet, um sich auf den Ramadan vorzubereiten.

die nun als Einzige noch zu Hause lebten, war sie wie eine Mutter. Ihre Schwester wusste, dass Zehra Mehmet Sait ihr vorzog, doch das war in ihrer Gemeinde so üblich. Ein Junge war immer mehr wert als ein Mädchen. So schloss die Gemeinde, wenn eine junge Frau schwanger wurde, Wetten über das Geschlecht des Babys ab. Hielt man einen Sohn für wahrscheinlich, wurden die Summen immer höher. Sobald das Kind geboren war, wurden die Geschenke gebracht, die je nach Geschlecht recht unterschiedlich ausfielen. Kleine Mädchen erhielten die kleinste Goldmünze, einen *çeyrek,* einen Vierteltaler etwa, während Jungen einen *yarim* bekamen, einen halben Taler, also doppelt so viel. Daher war es nur normal, dass Zehra den Letztgeborenen, den kostbarsten Sohn der Familie, so sehr verwöhnte. Tatsächlich wäre es merkwürdig gewesen, hätte sie das nicht getan.

Doch Zehras Schwäche für Mehmet Sait rührte nicht so sehr aus der Tatsache, dass er ein Junge war, sondern dass er als solcher über all die Freiheiten verfügte, die nur Jungen sich herausnehmen konnten. Sie liebte es, wie er kam und ging, ohne irgendjemandem über sein Tun Rechenschaft abzulegen. Im Gegenzug betete Mehmet Sait seine ältere Schwester an, die stets die schönsten Hühnerschenkel, die knusprigsten Ränder des *börek,* die am besten durchgebackene Portion des kadayif und auch von allem anderen die leckersten Bissen für ihn aufbewahrte.

Obwohl ihr dies niemand ins Gesicht sagte, betrachtete man Zehra doch als alte Jungfer, die das heiratsfähige Alter längst überschritten hatte. In der ganzen Nachbarschaft war kein einziges Mädchen ihres Alters mehr unverheiratet. Zehras Mutter aber war ganz glücklich, dass Zehra keine Verehrer hatte. In ihren Augen war es ein Segen, dass in dieser durch und durch verkommenen Welt Mädchen, die nicht hübsch waren, von Gott vor dem bösen Blick bewahrt wurden. Wenn man die Schönheit eines Mädchens pries, so galt dies als despektierlich, pries man aber ihre Schlichtheit, so war dies ein Kompliment. Von Kindesbeinen an war Zehra daran gewöhnt, dass man ihre Schlichtheit lobte, doch tief in ihrem Herzen litt sie bitterlich darunter, dass sie hässlich war. Obwohl sie nach außen hin tat, als freue sie sich über die Komplimente, so wusste sie im Innersten doch, dass das Lob ihrer Schlichtheit im Grunde Heuchelei war. Wenn aber die Zeit gekommen war, dass die Frauen – die zum *zekeriya* kamen und sich dabei begeistert über Zehras Kochkünste ausließen – Bräute für ihre Söhne wählten, dann entschieden sie sich trotz allem für die hübschen, gutgewachsenen. Trotz ihrer vielen Talente hatte Zehra nicht einen einzigen Verehrer gehabt.

Dass man sie offensichtlich für dermaßen hässlich hielt, betrübte Zehra zutiefst. Und so war sie wild entschlossen, mit ihren Kochkünsten dagegenzuhalten. Sie bereitete exquisite Mahlzeiten zu, die in der gesamten Nachbarschaft gerühmt wurden. Keine Zwanzigjährige konnte den Teig für den *baklava*-Strudel so dünn ausrollen wie eine Vierzigjährige, die unendlich viel Erfahrung hatte. Zehra aber konnte es. Immer wenn ihr Vater von einem ihrer Gerichte aß, erklärte er laut, er könne sie ohnehin nicht heiraten lassen. Dabei tat er so, als würde er die Vorwürfe seiner Frau überhören, die in Wirklichkeit ruhig in ihrer Ecke saß und das *dikhir* wiederholte, wobei sie die Perlen des Gebetskranzes durch die Finger gleiten ließ.

Allmählich begann Zehra zu glauben, sie würde den Rest ihres Lebens in diesem Haus verbringen und nie eigene Kinder haben. Dabei war sie dem anderen Geschlecht gegenüber auf verschämte Weise neugierig, auch wenn sie keinerlei Erfahrung damit hatte. Sie sehnte sich danach, an den geflüsterten, von Kichern untermalten Gesprächen der verheirateten Mädchen teilzuhaben, die weit jünger waren als sie.

Doch Zehras Niedergeschlagenheit über ihr Ausgeschlossensein fand schließlich ein Ende. Durch einen Unterhändler bat eine entfernte Verwandte für ihren Sohn um Zehras Hand. Sie hielten ein bescheidenes, nüchternes Hochzeitsfest zu Hause ab. Man band ein rotes Band um Zehras Taille und legte ihr eine goldene Halskette um. Dann wurden große Kupferkrüge voller *serbet* und große Kessel mit Butterreis und Kichererbsen verteilt. Und man rezitierte *mevlit*.

Zehras ältere Schwestern und Schwägerinnen begleiteten sie zum rituellen Bad der künftigen Braut im Hamam. Um den Schein zu wahren, führte eine Gruppe von Männern – allerdings niemand aus der Familie der Braut – auch den Bräutigam weg. Man führte ihn durch die Straßen und sang bis zum Morgen laut Volkslieder. Mehmet Sait aber verdarb die Feier seiner Schwester, indem er eine Szene machte: Er tobte vor Wut, dass seine Schwester das Haus verlassen würde.

Zehra aber fand sich mit der ihr eigenen Sanftmut bald in ihrem neuen Heim zurecht. Sie lebte nahe beim Haus ihrer Eltern. Hin und wieder kam sie vorbei und half ihrer Mutter bei der Hausarbeit. Ihr Mann war arm. Er arbeitete mit seinen drei Brüdern als Löter. Dabei verdiente er gerade genug, um sie beide ernähren zu können. Zehra merkte schnell, dass sie in ihrem neuen Leben keine großen Sprünge würde machen können. Auch ihre Eltern waren nicht gerade reich gewesen, doch zumindest war man dort von niemand anderem abhängig. Im Vergleich zum Haushalt ihres Ehemannes hatte man dort im Überfluss gelebt. Nun aber erlebte sie zum ersten Mal drückende Armut.

Zehn Monate nach ihrer Heirat brachte Zehra ihre erste Tochter zur Welt. Zehn Monate danach wieder ein Mädchen. Wieder eineinhalb Jahre später kam das dritte Mädchen. Die Geburt jedes einzelnen Kindes trieb die Familie immer tiefer in die Armut hinein. Immer stärker wurden sie von der Mildtätigkeit anderer abhängig. Dann starb auch noch Zehras Vater, noch bevor er Mehmet Sait, seinen jüngsten Sohn, verheiraten konnte.

Als Zehra auf Mehmet Saits Hochzeit ging, war sie kein albernes junges Mädchen mehr, das ihre kichernden Lippen mit einem Zipfel ihres weißen Kopfschals bedeckte. Sie war vielmehr die mutlose Mutter dreier heulender Kinder. Und was noch schlimmer war: Nach einem Streit mit seinen Brüdern hatte ihr Mann seine Arbeit verloren und saß nun den ganzen Tag mit übler Laune zu Hause. Bei Mehmet Saits Hochzeit nahm niemand auch nur die geringste Notiz von Zehras Problemen. Alle waren damit beschäftigt, sich zu amüsieren. Man feuerte in die Luft, die Männer gaben voreinander mit ihren Gewehren an. Zehra wurde das Gefühl nicht los, dass ihr Mann und ihre Kinder auf der Hochzeit ihres Bruders einen äußerst armseligen Eindruck machten, was sie zutiefst schmerzte.

Zehras Ehemann war ein unglücklicher junger Mann, der andere leicht gegen sich aufbrachte. Je stärker er sich abgelehnt fühlte, desto wütender wurde er selbst. Da er keine Aufgabe hatte, die ihm etwas eingetragen hätte, investierte er all seine Energie in sein Sexualleben. Er war ununterbrochen hinter seiner Frau her, ob sie nun nach den

Kindern sah, kochte oder die Nachbarn besuchen wollte. Bald kam es im Bett auch zu Gewaltszenen. Der junge Mann wollte Zehra dafür bestrafen, dass sie ihm keine Söhne geboren hatte. Ihre Armut ging seiner Ansicht nach einzig und allein darauf zurück, dass Zehra in so kurzer Folge drei Töchter zur Welt gebracht hatte. Seiner Ansicht nach hatten diese der Familie Pech gebracht. Wenn sie nur einen Sohn hätten, würde sich ihr schweres Los ändern. Familien, in denen Söhne zur Welt kamen, waren immer vom Glück begünstigt.

Als die sexuellen Avancen ihres Ehemannes immer gewaltsamere Form annahmen, versuchte Zehra, ihm so weit als möglich aus dem Weg zu gehen, doch auch ihr langsam anwachsender Hass konnte sie nicht vor ihm schützen. Darüber hinaus reichten die mildtätigen Gaben der Nachbarn, die heimliche Unterstützung ihrer Mutter und das Geld, das ihr Mann bei Gelegenheitsjobs verdiente, nicht aus, um die Familie zu ernähren. Jahr um Jahr verging, Zehras Ehemann wurde immer aggressiver. Seine Seele verlor sich vollends im Zorn. Zehra aber begann mit der Zeit, sich zu wehren, wenn die Schläge ihres Mannes auf sie herniederprasselten. Sie hatte so viele Jahre brutaler Gewalt hinter sich, dass sie irgendwann gelernt hatte, sich zu verteidigen. Doch mittlerweile war auch das nicht mehr von Bedeutung.

Es kam eine Zeit, in der ihr Ehemann es müde war, sie zu schlagen und zu vergewaltigen. Paradoxerweise wurde Zehra sich eben da bewusst, wie unglücklich sie war. Wenn er sie schlug, hatte sie keine Zeit, darüber nachzudenken, dass sie unglaublich arm waren und was wohl aus ihren Kindern werden würde. Zehra hatte ihre Leidensgeschichte sorgfältig vor der Familie verborgen. Als ihr Leben endlich ruhiger wurde, war sie am Ende ihrer Kräfte, und die Rollen in der Familie hatten sich gewandelt. Nun war es nicht mehr länger ihr Mann, der an ihr herumkrittelte und sie demütigte, sondern sie selbst hatte zu nörgeln angefangen, selbst wenn sie dafür immer wieder Schläge kassierte. Verzweifelt sehnte sie sich in das bescheidene Heim ihrer Kindheit zurück. Das Leben, in dem sie bei bescheidenem Einkommen trotzdem wundervolle Festmähler gezaubert hatte, fehlte ihr. Tag und Nacht sann sie darüber nach, wie sie wohl zurück ins Haus ihrer Eltern käme.

Tatsächlich gab es diese Möglichkeit durchaus. Ihre Mutter war nun schon sehr alt geworden und lebte ganz allein in einem großen Haus. Mit den Lebensmittelpaketen aus ihrem Dorf konnte sie gut leben, ohne von anderen Menschen abhängig zu sein. Wenn Zehra mit ihren Kindern ins Haus ihres Vaters zurückgekehrt wäre, hätte sie sich wieder des Lebens freuen und wohl auch eine bessere Mutter sein können. Also machte sie ihren älteren Brüdern gegenüber Andeutungen. Deren heftige Reaktion allerdings schockierte sie. Unnachgiebig beharrten sie darauf, dass sie keine geschiedene Schwester haben wollten, die im Haus ihrer Eltern lebte.

»Dieses Haus verlässt du nur als Leiche«, hatte ihr ältester Bruder gedroht.

Und so wurde der Türspalt, der ihr einen winzigen Hoffnungsschimmer verheißen hatte, vor ihrer Nase zugeschlagen. Zehra wurde sich bewusst, dass sie den Rest ihres Lebens mit ihren bemitleidenswerten Kindern und ihrem völlig mittellosen Mann würde verbringen müssen. Nach der Ablehnung ihres Wunsches von Seiten ihrer Brüder ging Zehra wie in Trance durchs Leben. Sie hörte auf, für die Kinder zu kochen und das Haus sauber zu halten.

Nicht einmal mehr zu den Nachbarn ging sie mehr. Stunde um Stunde warf sie sich ruhelos im Bett herum, eine Beute der Alpträume und der Einsamkeit.

Anfangs schien es ihrem Mann nichts auszumachen, dass sie alle Verbindungen zur Welt abgebrochen zu haben schien. Die Kinder verbrachten den Tag im Haus der Nachbarn. Diese bemerkten sehr wohl, dass in der Familie, deren Geschäfte so schlecht liefen, etwas nicht stimmte, doch sie betrachteten das als eine Angelegenheit zwischen Mann und Frau und wollten sich nicht einmischen. Schließlich aber kam es zum unvermeidlichen Gewitter. Zehras Ehemann stürzte sich auf seine Frau, zerrte sie aus dem Bett und ließ Schlag um Schlag auf ihren Kopf und ihr Gesicht niedergehen. Zehra schrie um Hilfe. Sie fürchtete um ihr Leben. Wenn sie es nur bis zur Tür schaffen würde. Dann könnte sie zu den Nachbarn fliehen und wäre den Schlägen ihres Mannes erst einmal entkommen. Doch Zehras Mann schlug auf seine Frau ein, als habe er vollkommen den Verstand verloren, und fluchte dabei, was das Zeug hielt.

Schließlich ließ er sie los. Er brach auf dem Sofa zusammen und begann zu schluchzen.

»Ich wurde gezwungen, dich zu heiraten«, sagte er. »Man hat Druck auf mich ausgeübt, damit ich dich zur Frau nehme. Und man versprach mir, für meine Familie zu sorgen. Nichts davon ist eingehalten worden. Du bist für mich nur eine Last. Du hast diese verfluchten Töchter zur Welt gebracht, aber nicht ein einziges Mal hast du mir den Reichtum eines Sohnes gegönnt. Du hast mein ganzes Leben ruiniert.«

Erstaunt sah Zehra von der Stelle, an der sie sich zusammengekauert hatte, zu ihrem Ehemann auf. Schließlich hörte sie die Geschichte zum ersten Mal. Sie hatte nicht gewusst, dass man ihren Mann nur mit einem Handel dazu gebracht hatte, sie zur Frau zu nehmen. Er aber bedeckte sein Gesicht mit den Händen und verfluchte sein Schicksal.

»Meine Mutter sagte zu mir: ›Wenn du eine ältere Frau nimmst, wird sie dir nicht gehorchen. Du bist der Mann im Haus, aber du wirst nichts zu sagen haben.‹ Ich habe nicht auf sie gehört. Verdammt soll ich sein, weil ich nicht auf sie gehört habe. Dein Alter hat Unglück über mein Haupt gebracht!«

Zehra saß vollkommen still. Sie wusste, dass sie, im Vergleich zu anderen Mädchen ihrer Altersgruppe, spät geheiratet hatte, doch nun hörte sie zum ersten Mal, dass sie angeblich älter war als ihr Mann. Stets hatte es Klatsch darüber gegeben, dass ihre Mutter älter gewesen war als ihr Vater, doch dass dies Unglück bringen sollte, hatte sie noch nie gehört. Ihr armseliger, vorzeitig gealterter Ehemann sah sehr viel älter aus als sie, aber offensichtlich brachte es kein Glück, wenn die Frau älter war als der Mann. Einen Satz hatte ihre Mutter neben ihren Tausenden Gebeten ebenfalls häufig wiederholt: »Wie die Mutter, so die Tochter!« Nach so vielen Jahren also stellte sich heraus, dass sie recht gehabt hatte. Sie teilte das Schicksal ihrer Mutter, ohne bislang davon gewusst zu haben.

Verächtlich sah Zehra auf ihren Mann hinunter. Dann ordnete sie ihr Gewand und strich sich das Haar glatt. Sie setzte ihren Kopfschal auf, rief ihre Töchter, die sich während der ganzen Szene erschrocken in einer Ecke zusammengekauert hatten, und kleidete sie an. Nicht einmal die Angst vor ihren älteren Brüdern konnte Zehra jetzt noch davon abhalten, endlich das zu tun, was sie seit Jahren vorhatte: Sie würde jetzt dieses Haus verlassen. Doch als sie auf das Haus ihrer Eltern zuging, warnte eine innere Stimme sie: Es wäre wohl besser, den Brüdern eine Nachricht zukommen zu lassen, damit sie sie abholen konnten. Doch in ihrer Eile, endlich das Haus ihres Mannes hinter sich zu lassen, überhörte Zehra diese Stimme der Vernunft.

Als sie an die Tür ihres Elternhauses klopfte, ließ ihre fromme Mutter, Gebetskranz in den Händen und das *dhikir* auf den Lippen, ihre Tochter wortlos ein. Zehra erfuhr nie, ob ihre Mutter über ihre Rückkehr glücklich oder unglücklich war. Das väterliche Haus, von dem sie in den letzten Jahren stets geträumt hatte, war nicht mehr derselbe Ort wie einst. Nun war Zehra ein nicht geladener Gast, eine Bürde. Die Kinder aber, die nicht wussten, was vorging, rannten einfach in die Küche und machten sich daran, Großmutters *börek* zu verzehren.

Zehras Mutter fragte ihre Tochter erst gar nicht, was geschehen war. Sie erriet alles. Dann brach sie ihr Schweigegelübde und redete mit ihrer Tochter zum ersten Mal von Frau zu Frau. Nach diesem Gespräch, dem ersten, das als Grundlage für eine Freundschaft von Mutter und Tochter betrachtet werden konnte, weinte Zehra stundenlang. Sie hatte nicht gewusst, dass ihre Mutter, die allem, was um sie herum vorging, stets gleichgültig gegenüberzustehen schien, dieselben Narben in sich trug wie sie selbst. Für Zehra war dies ein bittersüßer Trost.

»Auch ich wurde für Geld an einen jüngeren Mann verheiratet und habe das Glück nie kennengelernt. Ich war nicht besonders hübsch und schon weit über das heiratsfähige Alter hinaus. Doch dann habe ich meinen Frieden in der Religion gefunden. Jahrelang habe ich zu Gott gebetet, er möge die Sonne des Glücks über meinen Töchtern scheinen lassen. Aber er hat meine Gebete nicht erhört, Liebes. Wie die Mutter, so die Tochter. Wir haben dasselbe Schicksal. Trockne nun deine Tränen, und lass uns hoffen, dass sich alles zum Besten wendet.«

Danach wurde Zehra zum ersten Mal Zeugin, wie ihre Mutter log, um sie zu beschützen. Sie sagte ihren Söhnen nicht, dass sie in ihr Vaterhaus zurückgekehrt war, sondern tat so, als habe sie sie gebeten, eine Weile bei ihr zu bleiben, weil es ihr nicht so gut ging. Zehra solle die Mutter pflegen, hieß es. Als hätte sie vorhergesehen, was geschehen würde, und hätte es, da sie es nicht verhindern konnte, zumindest aufschieben wollen.

Zehra war einfach nur dankbar. Immer und immer wieder führte sie *namaz* aus, das rituelle Gebet, um Gott zu danken. Wie in ihrer Jugend widmete sie sich der Haushaltsführung und der Küche. Um die Wahrheit vor ihren Brüdern zu verbergen, die darüber sicher in Rage geraten wären, schickte Zehra ihnen Tag für Tag etwas von allem, was sie kochte. Auf diese Weise erweckte sie den Eindruck, eine fähige und hingebungsvolle Hausfrau zu sein. Für ihre kleinen Töchter bereitete sie die köstlichsten Kuchen und Nachspeisen zu, die sie im Haus ihres Mannes nie hatte kochen können. Und sie kleidete sie in makellos saubere, wenn auch abgetragene Kleider. Das Unglück der armen kleinen Mädchen legte sich allmählich. Nun waren Zehras Kinder wohlgenährt und zufrieden. Sie schrien auch weniger als zuvor.

Dass seine Schwester von zu Hause weggelaufen war, erfuhr Mehmet Sait von seinem neuen Lehrling in seiner Werkstatt. Der Lehrling wiederum wusste es vom Neffen seines Schwagers. Die Neuigkeit hatte sich in der Nachbarschaft wie ein Lauffeuer verbreitet, und Mehmet Sait tobte. Er rief seine Brüder an und erzählte ihnen, was geschehen war. Trotzdem wusste er nicht, was man dagegen unternehmen sollte. Die Brüder gaben ihm zu verstehen, er müsse »seine Pflicht« tun. Nach Mehmets Wissen war dies das erste Mal in der Familie, dass eine Tochter wieder zurück ins Haus ihrer Eltern gegangen war.

Mehmet verließ die Werkstatt und streifte ziellos durch die Stadt wie ein Vagabund. Er wusste, wie »seine Pflicht« aussah. Erst letzte Woche hatte ein Vater im am dichtesten bevölkerten Viertel von Urfa seine Tochter wie ein Lamm zur Schlachtbank geführt, weil sie auf Abwege geraten war. Doch in seiner Familie gab es keinen Vater mehr. Damit oblag es dem jüngsten Bruder, die Familienehre wiederherzustellen. So war der Brauch.

Die Familie konnte eine Frau, die das Haus ihres Mannes ohne dessen Einverständnis verließ, nicht in ihrer Mitte dulden. In den Augen der Einwohner dieser Stadt war eine geschiedene oder verwitwete Frau nicht besser als eine Prostituierte. In Städten, in denen voreheliche Beziehungen zwischen Jungen und Mädchen verboten waren, machten die jungen Männer ihre ersten sexuellen Erfahrungen meist mit verwitweten oder geschiedenen Frauen. Doch diese angeblich geheimen Verabredungen kamen meist innerhalb einer Woche ans Licht und wurden in jedem Kaffeehaus des Viertels zum Tagesgespräch. Es gab nicht eine verwitwete oder geschiedene Frau, deren Name nicht mit solch schändlichen Dingen in Verbindung gebracht wurde.

Mehmet Sait eilte nach Hause. Seine Frau sah ihn nur besorgt an. In jedem Haushalt der Stadt gab es eine nicht registrierte Feuerwaffe. Mehmet holte sein Gewehr, mit dem er bislang höchstens bei Hochzeiten in die Luft geschossen hatte, und stürmte damit aus dem Haus.

Zehra war beim Putzen. Seit dem Tag, an dem sie ins Haus ihres Vaters zurückgekehrt war, hatte sie es jeden Tag von oben bis unten geputzt, obwohl es bereits makellos sauber war. Als vollziehe sie einen Akt der Reinigung, der sie von allem befreien sollte, was sie zu erdulden gehabt hatte.

Mehmet Sait trat durch die Tür und ging auf seine Schwester zu. Er war leichenblass. Als er seine Schwester so fröhlich bei der Arbeit sah, kannte seine Wut keine Grenzen mehr. Er packte sie am Arm und stieß sie auf das Sofa. Er hoffte so sehr, sie würde jetzt sagen: »Das ist doch gar nicht wahr. Ich habe meinen Mann nicht verlassen.«

Ihre Mutter, ganz in Weiß gehüllt, saß bewegungslos am anderen Ende des Sofas, wie ein Geist, der sich plötzlich in eine Statue verwandelt hatte. Zehra senkte den Kopf. Ihr Bruder war nun nicht mehr das liebe Kind, das sie verwöhnt und beschützt hatte. Er war ein ausgewachsener, hitzköpfiger, stolzer Mann. Zehra wich so weit als möglich vor ihm zurück. Sie wollte mit ihm reden, doch kein Wort kam aus ihrem Mund. Die Tragödie lag über dem Raum wie dichter Nebel.

Mehmet Sait schrie: »Wie konntest du nur dein Heim verlassen? Wie stehen wir denn jetzt vor aller Augen da! Wir sind Teil einer Gemeinschaft. Wenn wir uns zum Gespött machen, wenn mein Nachbar mich nicht mehr um Hilfe bittet, wenn niemand mehr mich grüßt, wenn niemand mir seine Tochter zur Frau gibt oder meine heiraten will, was bin ich dann noch wert in dieser Gemeinschaft? Was?«, schrie er.

Dann glitt plötzlich ein Hoffnungsschimmer über seine Züge. Er versuchte, Zehra zu überreden: »Geh einfach zurück zu ihm, dann vergessen wir das Ganze.«

Als Zehra nicht antwortete, wurde er wieder wütend. »Dass du dein Heim verlassen hast, hat Schande über uns gebracht. Warum bist du überhaupt weggelaufen? Was du getan hast, wird unseren guten Namen in den Schmutz ziehen.«

Schließlich fand Zehra die Kraft, ihm zu antworten: »Ich werde in dieses Haus nicht zurückkehren, selbst wenn du mich tötest, Sait!«, sagte sie. Natürlich waren diese Worte nicht das, was Sait hören wollte. Außerdem wollte es nicht in seinen Kopf, dass eine Frau in dieser Familie ihm widersprach. Er schüttelte seine Schwester, ohrfeigte sie und verlangte, dass sie zurücknahm, was sie gesagt hatte. Als er sie zu Boden stürzen sah, gab es ihm einen schmerzhaften Stich im Herzen, doch dann drängte sich ihm das Bild auf, wie heranwachsende Jungen sich schon bald ihrer sexuellen Gunstbezeigungen erfreuen würden. Er sah gleichsam, wie der Name seiner Schwester schon bald Gegenstand zahlloser anzüglicher Bemerkungen in den Kaffeehäusern sein würde. Wieder geriet er in Rage und schlug weiter auf seine Schwester ein.

An einem bestimmten Punkt sah Mehmet Sait den Blick seiner Mutter flehentlich auf sich gerichtet. Obwohl dies seine Sache war, die sie nichts anging, versuchte er, sich unter Kontrolle zu bekommen.

»Pack deine Sachen«, sagte er. »Ich bringe dich zurück.«

Zehra kroch mit letzter Kraft über den Boden. Sie spürte die Schläge nicht mehr. Verzweifelt ließ sie sich zu Mehmet Saits Füßen sinken.

Sie sagte: »Er will mich ja gar nicht, weil ich älter bin als er. Hast du als Bruder denn keinerlei Stolz? Du schickst mich zu einem Mann zurück, der mich nicht will. Ich werde niemals zurückgehen, nicht einmal, wenn du mich tötest!«

Mehmet Sait wusste, dass sie mit dem wiederholten Hinweis, lieber sterben zu wollen, ihn herauszufordern suchte. Doch er wusste auch, dass Zehra nicht glaubte, dass er dazu fähig sein würde. Was ihm von diesem Tag an im Gedächtnis haften blieb, war, wie sie ihn herausgefordert und er die Herausforderung angenommen hatte. Sein Blut, sein Leben verhöhnte ihn und unterschätzte seine Macht.

Er fragte sich später immer und immer wieder, ob er den Abzug wirklich hatte betätigen wollen. Er wusste, dass dies nicht der Fall war. Er hatte es nicht gewollt. Eigentlich hatte er Zehra nur zeigen wollen, dass er könnte, wenn er wollte. All das hat Zehra allerdings nie erfahren. Sie starb auf der Stelle. Zwei Gewehrschüsse, einer nach dem anderen abgefeuert, sind alles, was Mehmet Sait in Erinnerung bleiben wird. Und wie seine beiden kleinen Nichten sich hinter den schneeweißen Gewändern seiner Mutter versteckten, die wie angewurzelt dastand. Er wusste auch noch, dass das Baby, das weder gehen noch krabbeln konnte, bei den Gewehrschüssen erschrak und aus vollem Halse zu schreien begann. Auf seine Schwester, die zusammengesunken auf dem Boden lag, warf Mehmet keinen Blick mehr. Er ging einfach aus dem Haus und schloss die Tür hinter sich.

An diesem Tag und in diesem Augenblick sah er nicht nur seine Schwester zum letzten Mal. Auch seine Mutter sollte Mehmet Sait nicht mehr zu Gesicht bekommen. Zum ersten Mal in seinem Leben vergoss seine alt gewordene, stets passiv gebliebene Mutter lautlose Tränen.

Als Mehmet Sait sich auf der nächsten Polizeistation

stellte, behandelten die Beamten dort ihn sehr freundlich. Sie sagten, er sei ein Opfer des Schicksals.

»Diese Dinge geschehen, es ist Schicksal«, hieß es. Menschen, die aus familiären Gründen mordeten, stoßen in fast jeder Schicht der Gesellschaft auf Verständnis. Um sie nicht in den Ruch gewöhnlicher Kriminalität kommen zu lassen, nannte man sie »Opfer des Schicksals«. Weder Zehras Familie noch ihr Ehemann kümmerten sich um Zehras Beerdingung. Die mittellose Frau wurde an einem stillen Nachmittag von Regierungsbeamten auf dem Friedhof der Obdachlosen beigesetzt. Doch noch lange Zeit danach gingen über sie Gerüchte um. Die Stadt der Reue hallte von den Neuigkeiten über den Ehrenmord wider.

Der Mordprozess zog sich lange hin. Mehmet Sait wurde zu einer lebenslangen Haftstrafe verurteilt. Aus den offen angestellten Berechnungen seiner Mitgefangenen jedoch erfuhr Mehmet Sait, dass er tatsächlich wohl nicht mehr als zehn Jahre hinter Gittern würde verbringen müssen. Sein Anwalt war offensichtlich anderer Meinung.

Mehmet Sait ließ keinerlei Gefühlsregung erkennen, als er sein Urteil erhielt. Er hatte die Ehre einer großen Familie gerettet, und aus diesem Grund behandelten ihn alle mit der nötigen Ehrerbietung. Immer wieder gratulierte man ihm bei Verhören, in der Gefängniszelle, bei Besuchen. Ja, man hielt ihn jungen Männern als Beispiel vor und sagte von ihm, er habe seiner Familie einen wertvollen Dienst erwiesen.

»Zehn Jahre vergehen wie im Flug. Möge Gott mit dir sein«, hieß es gewöhnlich, um ihn zu trösten.

Beim ersten Besuch hinter den Gefängnismauern sagte Mehmet Sait zu seiner Frau:

»Ihre Kinder sind meine Kinder. Du wirst dich um sie kümmern. Du wirst sie ernähren und kleiden.«

Er bat seine älteren Brüder, dasselbe zu tun, und ließ sie versprechen, zwischen ihren eigenen Kindern und den Waisen keinen Unterschied zu machen. Die wenigen Besitztümer seiner Nichten ließ er aus dem Haus seines Vaters abholen und in sein eigenes Haus bringen. Doch kurze Zeit später meldete sich Zehras Ehemann zurück. Er hatte sich eine neue Frau genommen und verlangte nun, seine – in seinen Augen – verfluchten Töchter von der Familie zurück.

Berichten zufolge erkannte Melek, die Jüngste, die ihren Vater nicht mehr gesehen hatte, seit sie noch in der Wiege lag, den ihr fremden Mann nicht und weinte tagelang, nachdem er sie mitgenommen hatte. Mehmet Sait ließ Zehras Mann aus dem Gefängnis eine Nachricht zukommen. Wenn er Melek nicht innerhalb von zwei Tagen zurückbrächte, würde er, Mehmet Sait, sobald er aus dem Gefängnis entlassen werde, ihn finden und töten, ganz egal, wo er sich verstecken mochte. Die Drohung wirkte. Das kleine Mädchen wurde zurückgebracht ins Haus des Mörders ihrer Mutter.

Mehmet Sait sah seine Mutter nie wieder. Weder kam sie, um ihn zu besuchen, noch sandte sie ihm je ihre Segenswünsche, obwohl er immer wieder schrieb und Grüße bestellen ließ. Diese Frau, die fest daran glaubte, dass nur Gott das Leben nehmen dürfe, das er gegeben hat, hat sich mit ihrem Sohn nie ausgesöhnt. Leise und unaufdringlich ging sie aus dieser Welt.

Wann immer Zehra Mehmet Sait in seinen Träumen besuchte, wachte er inmitten der überfüllten Einsamkeit der Gefängniszelle voller Angst auf, wissend, dass die Augen der anderen Gefangenen auf ihn gerichtet waren. In seinen Albträumen erschien seine Schwester ihm nur als Schemen, der sein Gesicht abgewandt hatte. Mehmet Sait nämlich konnte sich nicht mehr an das Gesicht seiner Schwester erinnern. Es war aus seinem Gedächtnis gelöscht.

Im Gefängnis, wo er die Geschichte jedes einzelnen Gefangenen erfuhr, überzeugte sich Mehmet Sait immer mehr davon, dass die Moral unserer Gesellschaft im Niedergang begriffen war. Allüberall setzten Mädchen sich über die traditionellen Gepflogenheiten hinweg. Er befand, dass das Fernsehen wohlerzogene Mädchen vom Land verdorben hatte, denn mittlerweile benahmen sich alle wie die verkommenen Frauen in Istanbul. Das Gedankengut, das Schriftstellerinnen und Feministinnen in die Welt setzten, ermutigte diese Mädchen noch und ließ sie vollends vom Weg abkommen. Daher waren diese die eigentlichen Mörder.

Am Morgen hielt Mehmet Sait im Gefängnishof Versammlungen ab, bei denen er seine Mitgefangenen davor warnte, dass die Europäer ehrenwerte türkische Familien dazu bringen wollten, sich deren degenerierten Gepflogenheiten anzupassen. Sein Status als anerkannter moralischer Führer aber konnte ihn nicht vor seinen nächtlichen Alpträumen schützen.

Die Besucher kamen, als wir im Begriff waren, das Adiyaman-Gefängnis zu verlassen. Sie wurden nach einer intensiven Leibesvisitation in die Besucherzellen gebracht. Mehmet Sait lächelte uns hinter dem Maschendraht der Besucherzelle hervor nach. Der gespannte Ausdruck, den ich bei unserem ersten Besuch auf seinem Gesicht wahrgenommen hatte, hatte sich verändert. Ich hatte den Eindruck, dass sogar das wenige, das er sich von der Seele hatte reden können, Druck von ihm genommen hatte. Vor seiner Glasscheibe versammelten sich eine junge Frau, deren Haar vollkommen von einem Kopfschal bedeckt wurde, und fünf oder sechs Kinder. Mein Kameramann und ich konnten uns über die genaue Anzahl nicht einigen.

Er musste seinen Besuchern von uns erzählt haben, denn die junge Frau und die Kinder drehten sich um und blickten uns nach. Als Mehmet Sait sah, dass wir uns umgedreht hatten, legte er seine rechte Hand ans Fenster und zeigte mit dem Finger stolz auf das jüngste Kind.

Ich sah mir das Kind genauer an. Ein eher dunkelhäutiges Mädchen mit einem wilden Schopf schwarzer Haare und rauhen roten Wangen sprang in ihren abgetragenen Turnschuhen an der Glasscheibe hoch, weil sie Mehmet Sait ihr neues Perlenarmband zeigen wollte.

Mehmet Sait sagte: »Du bist doch Onkels einzige Melek*. Sag den Besuchern, wen du auf der ganzen Welt am liebsten hast!« Das Mädchen strahlte. Ihre schwarz funkelnden Augen wandten sich uns zu. Dann steckte sie ihren winzigen Finger in den Mund, machte ihn feucht und sprang hoch, um ihn ans Glas zu drücken: »Meinen Onkel!«, rief sie aus.

Nur ein Engel kann den Mörder seiner Mutter lieben. Ich fragte mich, was wohl geschehen würde, wenn aus dem Engelchen eine erwachsene Frau geworden war. Nachdenklich packten wir unsere Ausrüstung zusammen. Da glaubte ich zu spüren, dass jemand mich ansah. Ich drehte mich um und hatte mich nicht getäuscht. Ein traurig aussehender Mann, den ich noch nie gesehen hatte,

---

* *Melek* bedeutet »Engel«.

starrte mich an. Er hatte ein vertrautes, trauriges Lächeln auf den Lippen, und ich fühlte mich ihm auf seltsame Weise verbunden.

»Erinnern Sie sich an mich?«, fragte er auf eine Art, die sich für die Umgebung, in der wir uns befanden, viel zu kultiviert anhörte. Dann korrigierte er sich schnell, als habe er einen Fehler gemacht. »Aber natürlich nicht! Wie sollten Sie auch. Es ist ja so viele Jahre her. Ich bin Ihr ehemaliger Nachbar, Cavit Beys Sohn.«

Plötzlich ergriff eine ungeheure Neugier von mir Besitz, deren ich mich fast schämte. Ich versuchte, mich zu fassen, und fragte, so als hätten wir uns erst gestern zum letzten Mal gegrüßt: »Wie geht es denn? Arbeiten Sie hier?« Ich sprach ihn mit dem formellen Sie an, denn die Jahre hatten die Nähe, die einmal zwischen uns bestanden hatte, ausgelöscht.

»Nein«, antwortete er. »Meine ältere Schwester tötete vor fünf Jahren ihren Ehemann. Sie wurde letztes Jahr in dieses Gefängnis verlegt. Ich bin hier, um sie zu besuchen.« Er sagte das, als wäre es die normalste Angelegenheit der Welt.

Ich trat ein paar Schritte zurück, als würde mit einem Mal zwischen uns ein schreckliches Feuer lodern.

»Wenn Sie mich nach meinem Vater fragen«, sagte er, obwohl ich das nicht getan hatte. Nicht hatte tun können. Er fuhr fort: »Es ist schon lange her, dass wir ihn verloren haben. Auch meine Mutter starb letztes Jahr. Und wenn Sie wissen wollen, wie es uns ergangen ist: Die Gewalt hat uns nie aus ihren Krallen gelassen. Wir waren nie wirklich glücklich.«

Nuran

Avcilar ist das nördliche Tor zu Istanbul. Jeder, der von Europa aus über die Autobahn in die Stadt fährt, sieht auf der einen Seite eingestürzte Häuser, die nach dem massiven Erdbeben von 1999 immer noch in Trümmern liegen, während auf der anderen Seite im Entstehen begriffene Viertel für Wohlhabendere, wie Bahçesehir und Esenkent, prangen.

Die Menschen aus den neuen Vierteln halten Distanz zu den Menschen von Avcilar. Und die Bewohner dieser Gegend gehen den Einwohnern der Neubauviertel lieber aus dem Weg. Sie sind Fremde, die nebeneinanderleben. Keine der beiden Gruppen interessiert sich für die andere. Jede hegt starke Vorurteile gegen die andere.

Die Bewohner der Neubauviertel denken, dass diejenigen, die in den *gecekondular* von Avcilar wohnen, eigentlich nicht nach Istanbul gehören und in ihre Heimatorte zurückgeschickt werden sollten – von den bulgarischen Einwanderern einmal abgesehen. Diese sind anders. Sie haben gute Manieren, kleine Familien, halten ihre Häuser in Ordnung, haben hübsch bepflanzte Gärten voller Blumen und leisten in jedem Beruf harte Arbeit. Die Leute aus dem Osten der Türkei andererseits sind ein wilder, gewalttätiger Menschenschlag, der mit seinen riesigen Familien unter unmenschlichen Bedingungen zusammengepfercht in halb verfallenen Hütten lebt. Ihre Kinder erhalten keine Schulbildung, ihre Frauen wandern in Ganzkörperschals herum, der ihren Körper den männlichen Blicken entzieht, während die Männer von morgens bis abends in den Kaffeehäusern herumlungern, weil sie sich für jede Arbeit zu gut sind.

So denken die kultivierten Nachbarn, wenn ihr Blick auf die *gecekondular* auf dem Gelände fällt, das ihren Wohnungen direkt gegenüber liegt. Allerdings stammt ein großer Teil der Menschen in den Neubauvierteln ursprünglich nicht aus Istanbul. Viele von ihnen kamen vor knapp zwanzig Jahren als Zuwanderer in die Stadt, doch da sie ihr Kapital in kleine Unternehmungen in Istanbul steckten, gelang es ihnen, wenigstens den Status der Angehörigen der suburbanen Mittelschicht für sich zu erobern.

Die Bewohner der *gecekondular* hingegen glauben, dass die Männer in ihren tollen Autos und die Mädchen auf ihren Motorrollern, die die Neubauviertel bevölkern, von jeher in Istanbul leben. Da sie die *kaçgöç*-Regeln nicht befolgen, die den Frauen verbieten, ihren Körper zu zeigen oder offen mit Männern Umgang zu haben, halten die Bewohner von Avcilar sie für Sünder, die, selbst wenn sie vom Glauben nicht vollkommen abgefallen sind, den wahren Pfad zumindest verlassen haben. Die in den Neubauvierteln leben, sehen auf die *gecekondu*-Bewohner herab, die in Avcilar leben, verfluchen die in den Neubauvierteln.

Sie geben sich Mühe, einander nach Möglichkeit aus dem Weg zu gehen, um von den jeweiligen Sünden beziehungsweise Merkwürdigkeiten nicht befleckt zu werden.

Als mein Kameramann und ich uns zu der Adresse in Avcilar aufmachten, kam uns gar nicht in den Sinn, dass die Kamera uns nicht von Nutzen sein würde. Am Tag nach einem dreiminütigen Fernsehbericht über eine der Geschichten, die wir in den Gefängnissen gefilmt hatten, kam ein Anruf von jemandem, der uns seinen Namen nicht nennen wollte. Er wollte uns von einem Ehrenmord erzählen, dessen Zeuge er gewesen war. Wenn wir zu einer bestimmten Adresse kämen, würde er sich uns zu erkennen geben und mit uns sprechen. Tatsache ist: Ich konnte mir nicht vorstellen, dass so eine merkwürdige Verabredung auf James-Bond-Niveau je zu etwas führen würde, und war deshalb nur mäßig interessiert. Und doch sollte ich dort die entsetzlichste Geschichte meines Lebens zu hören bekommen.

Die Stimme am Telefon gehörte einem Mann mit osttürkischem Akzent. Aus ihr sprachen Misstrauen, Zorn und die Entschlossenheit, uns seinen Willen aufzuzwingen. Trauer war darin nicht zu spüren.

Als wir in der schlammigen Straße in Avcilar ankamen, die für Autos nicht befahrbar war, erkundigten wir uns nach dem Kaffeehaus, das der Anrufer erwähnt hatte. Ein abgerissen aussehender Junge folgte uns, der sich sicher noch nicht lange rasierte. Sein Gesicht war voller Pickel. Ich hielt ihn für einen Anwohner, der uns führen würde, doch als er zu sprechen begann, erkannte ich die Telefonstimme wieder.

Er zeigte auf den sperrigen Schuhputzerkasten, der vor dem Café stand, und sagte: »Ich muss das noch holen, dann können wir los.«

Wir mussten unser Aufnahmegerät auf dem Beifahrersitz unterbringen, damit der Kasten in den Kofferraum passte. Dann sprang der junge Mann ins Auto und wartete darauf, dass der Kameramann losfuhr. Ich fragte ihn, wohin wir fahren sollten. Er hatte kein Ziel, er wollte nur einfach mit uns reden.

Mein Kameramann und ich überlegten ein bisschen, dann beschlossen wir, in ein nettes Café in Yesilyurt zu fahren, das wir schon kannten. Der Junge hatte uns seinen Namen nicht gesagt, daher nahm ich an, er wolle ihn nicht preisgeben, und fragte nicht weiter. Doch offenkundig brachte er es nicht fertig, das Schweigen zu durchbrechen, also fragte ich ihn, wie ich ihn anreden solle. Entgeistert entgegnete er: »Stellen Sie sich vor, ich habe einen Namen!«

»Den ich nicht kenne!«, gab ich zurück.

»Harun«, antwortete er. Ich sollte herausfinden, dass Männer aus dem östlichen Teil des Landes ihren Namen nicht gern beim ersten Treffen preisgeben.

Sobald wir im Café Platz genommen hatten, diktierte Harun uns seine Bedingungen. Wir sollten seinen Namen nicht nennen. Wir sollten ihn nicht aufnehmen. Die Kamera störte ihn, deshalb trug der Kameramann sie zurück in den Wagen. Harun wollte nur eines: öffentlich bereuen wie der junge Mann im Fernsehen, der seine Mutter getötet hatte.

»Haben Sie denn auch einen Mord begangen?«, fragte ich.

Erschrocken hielt er inne. Lange Zeit blieb es still, als müsse er überlegen, was er auf diese Frage antworten sollte. Schließlich traf er seine Entscheidung: »In gewisser Weise schon.«

Bei unseren folgenden Treffen machten meine Fragen ihn durchweg ratlos. Irgendwie fand er nie die richtigen Worte, um zu antworten. Andererseits war er erst achtzehn Jahre alt und in vielerlei Hinsicht vollkommen naiv. Seinen Militärdienst hatte er noch nicht geleistet. Die einzigen Orte, die er kannte, waren Avcilar und sein Dorf in Van. Er hatte in seinem ganzen Leben noch nicht ein einziges Buch gelesen und niemals einen Computer angefasst. Um sich ein halbwegs vernünftiges Einkommen zu sichern, musste er mindestens fünfundzwanzig Paar Schuhe pro Tag putzen. Seine älteren Brüder waren ebenfalls Schuhputzer, doch obwohl es in der Gegend sehr schmutzig war, gelang es Harun selten, mehr als zwanzig Paar Schuhe zu putzen. Einer seiner älteren Brüder putzte vor einem Hotel in Ataköy und kam regelmäßig auf über fünfzig Paar am Tag. Harun meinte, er würde mit seinem Schuhputzkasten vor den Hotels in Taksim Aufstellung nehmen, sobald er ein wenig mehr Erfahrung hätte. Er war noch nie in Taksim gewesen, hatte aber gehört, dass es dort vor reichen Menschen nur so wimmelte. Es würde lange dauern, bis er das Geld für die Abstandszahlung beisammenhätte, um sich in Taksim einen Schuhputzerplatz zu sichern. Und das war noch nicht alles. Er würde Schutzgeld an die Parkplatzmafia bezahlen müssen, welche die Straßen von Taksim unter sich aufgeteilt hatte. Sein ältester Bruder meinte, er kenne jemanden, der diese Dinge für Harun regeln würde. Doch dann passierte die Tragödie, und sein ältester Bruder musste ins Gefängnis.

Harun glaubte, Gott habe seine Familie mit einem Fluch belegt. Er würde uns die ganze Geschichte erzählen, aber eine Bedingung stellte er noch. Da er ja nicht arbeiten könne, wenn er mit uns spreche, wollte er das Geld, das er in dieser Zeit verdient hätte. Er konnte am Abend nicht ohne Geld nach Hause kommen, und seine Mutter hatte nur ihn zur Unterstützung.

Als ich ihm den Umschlag aushändigte, in dem ein bisschen mehr war, als er für sein erstes Treffen mit uns gefordert hatte, konnte ich ihm nicht sagen, dass diese Summe nicht einmal ein Viertel unserer Rechnung im Café ausmachte. Ich schämte mich.

Nuran war die einzige Tochter und das letzte von sechs Kindern einer Zuwandererfamilie aus Van. Mehr Kinder würde es nicht geben, denn ihrer Mutter war zwei Jahre vor dem Umzug die Gebärmutter entfernt worden.

Nuran war noch keine sechs Jahre alt, als sie in Istanbul ankamen, doch sie erinnerte sich, wie sie an der Seite ihrer Mutter zum ersten Mal in einem riesigen Bus fuhr. Alle anderen Passagiere waren Männer gewesen. Der Bus, den sie am Abend in Van bestiegen, kam am nächsten Abend in Istanbul an. Für Nuran und ihren Bruder Harun, der ein Jahr älter war als sie, war die Busfahrt die glücklichste Kindheitserinnerung. Wann immer der Bus zum Tanken hielt, stiegen Männer aus und aßen in der Raststätte. Sie aber blieben sitzen und verzehrten die Köstlichkeiten, die ihre Verwandten ihnen eingepackt hatten. Nuran aber hatte keine Ahnung, wie schrecklich die Mahlzeiten in den Raststätten schmeckten, deshalb wünschte sie sich nichts sehnlicher, als dort an den Tischen zu essen. Ihr Vater schickte Harun zu Nuran und ihrer Mutter, damit er ihnen aus dem kleinen, hellerleuchteten Restaurant Tee und Ayran, das erfrischende Getränk aus Joghurt, Salz und Wasser, brachte.

Die Nacht war windig, doch Nuran spürte die Kälte

nicht, wenn sie, bewacht von Harun, zur Toilette ging, sobald der Bus hielt. Bruder und Schwester konnten sich nicht satt hören an der männlichen Stimme aus dem Lautsprecher, die jedes Mal ansagte, wo ein Bus seine Reise begonnen hatte und wo er noch halten würde. Bei jeder Ankündigung pressten sie ihre Gesichter gegen die beschlagenen Fenster und versuchten zu erraten, welches der auf der Vorderseite des Busses angegebenen Reiseziele die Stimme eben jetzt genannt hatte. Und natürlich ahmten sie die Stimme nach. Beide konnten sie weder schreiben noch lesen, und da ihre Mutter kein Wort Türkisch sprach und in ihrer Muttersprache Kurdisch weder schreiben noch lesen konnte, konnten die Geschwister auch sie nicht fragen. Es gab also keine Möglichkeit herauszufinden, ob sie richtig geraten hatten. Nuran sprach die Ansagen der ankommenden Busse nach, Harun die der abfahrenden.

»Passagiere des Özvan-Busses von Van nach Istanbul: Wir fahren weiter. Bitte nehmen Sie Ihre Plätze ein.«

»Der Fahrer des Özelazig-Busses von Istanbul nach Elazik legt eine kurze Pause ein. Wir freuen uns, Sie hier begrüßen und Ihnen eine Tasse Tee anbieten zu dürfen.«

Obwohl ihr Vater sie gelegentlich zur Ordnung rief, hielt das Ansage-Spiel sie bei Laune, bis sie ankamen. Von den Schlafperioden einmal abgesehen.

Als sie in das umgebaute *gecekondu* im dritten Stock eines verfallenen Wohnhauses einzogen, in dessen Eingang ein Waschautomat für Gebetsteppiche stand, versammelte Nurans Vater seine Kinder um sich und ließ sie *namaz,* das rituelle Gebet, ausführen, um Gott für die neue Chance zu danken. In diesem Moment wurde Nuran klar, weshalb sie von Van weggezogen waren. Ihr Vater, der den Kurdenkriegen ablehnend gegenüberstand, hatte die Gegend verlassen, damit die Hände seiner Söhne nicht mit Blut befleckt würden.

Am Ende des Sommers schrieb er die Jungen in der Schule ein, Nuran aber, das einzige Mädchen des Haushalts, sollte keine Erziehung erhalten. Nuran hatte sich angewöhnt, die blaue Schuluniform von Nevin Ablas Tochter anzuziehen, der Nachbarin im Unterstock. Sie waren gleich alt, und so legte Nuran immer wieder den Schulranzen des Mädchens an und tat, als würde sie zur Schule gehen. Zahide, Nurans Mutter, konnte das Drama nicht mit ansehen, und so bat sie ihren Mann, die Kleine wenigstens ein paar Jahre lang in die Grundschule gehen zu lassen. Eigentlich war Mehmet Mirza nicht der Typ Mann, der auf das Drängen seiner Frau hört, doch der Nachbar im vierten Stock, ein Lehrer, hatte gedroht, ihn bei den Behörden zu melden, wenn er das Mädchen nicht zur Schule gehen ließe. Dies sagte Mehmet Mirza seiner Frau nicht. Er tat vielmehr so, als tue er all das nur ihr zuliebe, und schrieb Nuran dann in dieselbe Klasse ein wie Harun. Auf diese Weise konnte der Junge ein Auge auf seine Schwester haben. Denn Mehmet Mirza wusste alles über die Teufeleien, die in den Schulen vor sich gingen. Im Grunde wünschte er nicht, dass auch nur ein Mitglied seiner Familie sich an einen solch höllischen Ort begab.

Von seinen mageren Ersparnissen kaufte Mehmet Mirza ein paar Schuhputzerkästen und begann, mit Unterstützung seiner erfahreneren Verwandten, in den wohlhabenderen Vierteln Istanbuls Schuhe zu putzen. Seine vier älteren Söhne arbeiteten in vier verschiedenen Bezirken der Stadt. Er aber hatte keinen eigenen Bezirk, sondern schloss sich ihnen je nach Bedarf an. Weder er noch seine Söhne hatten irgendeine Art von Bildung genossen. Außer

Landarbeit hatten sie nichts gelernt. Und so konnten sie nichts anderes tun als Schuhe putzen, um den Lebensunterhalt für die Familie zu erwirtschaften.

Mehmet Mirzas Kinder verehrten den tiefreligiösen Vater und führten jeden seiner Befehle blind aus. Ihre Mutter war eine schweigsame Frau, die sich leidenschaftlich in ihr Dorf zurücksehnte und ihre Tage mit Kochen, Waschen und Stricken zubrachte. Sie hatte eine traurige Stimme, und Nuran merkte schon daran, dass ihr Vater heimgekommen war, dass plötzlich die tränenreichen Volkslieder ihrer Mutter verstummten. Der Klang einer weiblichen Stimme gilt in vielen Auslegungen des Islam als *haram**, und so erlaubte Mehmet Mirza weder Gesang noch, dass man den Fernseher anstellte. Er hatte das Gerät ohnehin nur gekauft, um vor den Augen der Nachbarn nicht als arm dazustehen.

Als die Familie allmählich die Not zu spüren bekam und es immer schwieriger wurde, das Geld für Holz und Kohle aufzutreiben, begann Zahide, für die Pantoffelwerkstatt zu arbeiten, die einige ihrer weiblichen Verwandten beschäftigten. Einmal pro Woche nahm sie Nuran zum Dolmetschen mit und begab sich zu der Pantoffelnäherei zwei Straßen weiter, um ihre Pantoffeln abzuholen. Sie holte das Material ab, nahm die Muster mit, die sie auf die Oberseite aufnähen sollte, sowie Pailletten und Perlen und ging wieder nach Hause. Die Besitzerin der Werkstatt, Zuhal Hanim, ließ sich vom Elend dieser Einwandererfrau, die nicht ein Wort Türkisch sprach, aber immer ihre süße kleine Tochter dabeihatte, rühren, und so gab sie ihr mehr Pantoffeln zu nähen als den anderen Frauen.

---

*Durch religiöse Vorschrift verboten.

Für Nuran waren die Gänge ihrer Mutter zur Werkstatt eine stete Quelle des Vergnügens. Sie zerrte an dem tischtuchgroßen Schal, den ihre Mutter über dem bodenlangen braunen *çarsaf* trug, und lachte schelmisch, wenn Zahide sie auf Kurdisch ausschimpfte. Doch Zahide war eine schüchterne Frau, die nur als Anhängsel ihres Ehemanns existierte. Sie hatte eine Todesangst, was passieren würde, wenn ihm Nurans Kapriolen, die bei einem Mädchen untragbar waren, zu Ohren kämen.

Wenn Mehmet Mirza zu Hause war, senkte sich über die Familie mit sechs Kindern die melancholische Stille einer Krankenstation. Am frühen Abend aßen die Kinder eilig die traditionellen Gerichte aus Van, die ihre Mutter zubereitet hatte, vollführten *namaz* und gingen dann brav zu Bett. Ihr Vater glaubte, dass Gespräche, langsames Essen und Gelächter am Tisch schwere Sünden waren.

Nuran hingegen verachtete die Regeln, die der Vater zu Hause aufstellte. In der Schule hatte ihr ein Lehrer gesagt, wenn der Mensch auch nur einmal lache, so sei dies so gesund, als habe er ein Kilo Kotelett gegessen. Sie hatte zwar nie ein Kotelett gegessen, doch da sie Fleischgerichte liebte, stellte sie es sich über die Maßen gut vor. Wenn ihr Vater nicht zu Hause war, hielten sie und Harun sich nicht an die Regeln. Sie hatten eine Unmenge Spaß, wenn sie über den Boden rollten und miteinander rangen. Am liebsten aber besuchte Nuran die Nachbarn, denn in deren Wohnung konnte sie bei dieser Gelegenheit nach Herzenslust fernsehen und lachen, so viel sie nur wollte. Doch die glücklichen Tage ihrer Kindheit waren gezählt. Am Ende des dritten Schuljahres nahm ihr Vater Nuran aus der Schule. Sie konnte jetzt lesen und schreiben, und mehr musste sie seiner Ansicht nach nicht wissen. Doch er hatte ihre schulischen Fortschritte falsch eingeschätzt. Als Nuran aus der Schule genommen wurde, konnte sie weder lesen, noch verstand sie die Zahlen richtig.

Nuran weinte heimlich mehrere Tage lang. Wenn Mehmet Mirza gewusst hätte, dass sie Tränen vergoss, weil sie nicht mehr zur Schule gehen durfte, hätte er sie bestraft. Ihre älteren Brüder hatten keine Schule besucht, Harun wollte von sich aus nicht mehr hingehen, und daher musste auch Nuran zu Hause bleiben, weil man sie ohne Frage nicht allein zur Schule lassen konnte. Sie durfte ja noch nicht einmal allein einkaufen gehen, nicht einmal, wenn sie in ein paar Minuten wieder zu Hause gewesen wäre. Selbst wenn sie nur ein paar Laib Brot holen musste, legte ihre Mutter Schicht um Schicht Kleidung an und begleitete ihre Tochter.

Nuran gewöhnte sich an, früh aufzustehen, um zu beobachten, wie die gleichaltrigen Nachbarskinder zur Schule gingen. Sobald die Schüler weg waren, bereitete sie das Frühstück für die Familie zu. Nachdem die männlichen Familienmitglieder das Haus verlassen hatten, setzte sie sich neben ihre Mutter und stickte Perlen und schimmernde Pailletten in allen Regenbogenfarben auf Pantoffeln.

Am liebsten stickte Nuran Vögel. Aus grünen und gelben Pailletten ließ sie Sperlinge entstehen und stickte dann aus roten Perlen glitzernde Schnäbel. Sie war sehr gespannt, wer die von ihr gestickten Pantoffeln wohl kaufte. Immer wenn sie ihrer Wohnung entfliehen und in Nevin Ablas Heim fernsehen konnte, musterte sie genauestens die Füße der Models und Filmstars, die sie auf dem Bildschirm sah. Sie wollte wissen, ob sie nicht vielleicht ein Paar von ihren Pantoffeln trugen. Bislang war das noch nie der Fall gewesen, doch Nuran war überzeugt, dass es eines Tages so kommen musste.

Wenn Harun abends erschöpft nach Hause kam, zog Nuran ihn auf, ohne dass der Vater es hörte: »Stell dir vor! Die Frau in der Fernsehserie hat heute die Pantoffeln getragen, die ich gestern gemacht habe.«

Natürlich glaubte Harun, der nach dem Heimkommen seine schwarzen Finger mit der Bürste schrubbte, seiner Schwester nicht, doch Nuran konnte so überzeugend sein, dass er sich immer wieder vorsagen musste, dass sie nur einen Scherz machte.

Anfang der Woche brachten Nuran und ihre Mutter die fertigen Pantoffeln in die Werkstatt und nahmen neue Paare zum Nähen mit. Zu zweit nähten sie jede Woche etwa sechzig Paar Pantoffeln und verdienten so sechs Millionen Lira. Von diesem Geld sah Nuran nichts. Ihre Mutter nahm es von Zuhal Hanim entgegen, ohne sie anzusehen, das Gesicht zu Boden geneigt, als tue sie etwas Schändliches. Sobald sie die Werkstatt verlassen hatten, schob sie die Scheine in ihre Börse, die sie mit einer Sicherheitsnadel unter dem *çarsaf* festgemacht hatte.

Wenn Zuhal Hanim ihnen aber ausnahmsweise einmal sagen musste, dass es nichts zu nähen gab, kehrte Nurans Mutter tief bekümmert nach Hause zurück und weinte, während sie ihre traurigsten Volkslieder sang. Nur in diesen Augenblicken entstanden zwischen Mutter und Tochter Momente der Nähe. Was sie beide verband, war das starke Heimweh nach ihrem Dorf. Für Nuran hieß das Dorf: in den Kleidern, die sie gerade trug, vor die Tür gehen zu können; die Aussteuer der werdenden Bräute zu bewundern und im *tandir,* dem Backofen des Dorfes, gemeinsam Brot zu backen. Kurz gesagt: Das Dorf bedeutete für Nuran Freiheit. Was ihre Mutter anging, so fand Nuran nie heraus, warum das Dorf ihr fehlte, doch aus den poetischen kurdischen Volksliedern, die sie sang, sprach eine tiefe Sehnsucht nach der Heimat. Bei diesen seltenen Gelegenheiten liebte Nuran ihre Mutter. Kaum zu Hause legte sie den Kopf in ihren Schoß und hörte den Liedern zu. Dann weinten sie gemeinsam, weil sie Not leiden mussten, jetzt, wo es keine Pantoffeln zu nähen gab.

Doch waren diese Augenblicke vorüber, verwandelte sich Nurans Mutter wieder in den düsteren Schatten einer Frau, besonders, wenn der Vater zu Hause war. Sie wurde zu einem merkwürdigen Wesen, das einfach alles tat, um diesem Mann zu gefallen, und den Blick nie höher als seine Füße hob. Zahide ging nie außer Haus, um die Nachbarn oder ihre Familie zu besuchen. Die Verwandten fielen manchmal scharenweise ein, was sie stundenlang an die Küche band, doch niemals kam auch nur ein Nachbar vorbei, um Nurans Familie zu besuchen. Wäre nicht die ungestüme Nuran gewesen, hätte man von außen glauben können, es gäbe in diesem Haushalt keine Frau.

Als sie nach der Gebärmutteroperation aus dem Krankenhaus kam, musste Zahide lange Zeit das Bett hüten. Also übernahm Nuran den Haushalt. Kaum hatte ihr Vater das Haus verlassen, legte sie den Kopfschal ab, den er sie zu tragen zwang, und erledigte in Lichtgeschwindigkeit ihre Hausarbeit, um sich ihren Altersgenossen anzuschließen, die auf der Straße spielten. Ihre Mutter lag währenddessen halb besinnungslos im Bett.

Natürlich kamen ihre Eskapaden schnell ans Licht. Eines Tages kehrte Nurans Vater unerwartet früh von der Arbeit heim und fand seine Tochter auf der Straße. Er schleifte sie ins Badezimmer, wo er sie grün und blau schlug, dann brachte er ihr am Bein einen tiefen Schnitt bei.

»Erinnere dich daran, wie du zu dieser Narbe gekommen bist«, sagte er, »wenn du das nächste Mal einen kurzen Rock tragen willst.«

Harun vergrub sein Gesicht im Kissen, um die Schreie aus dem Badezimmer nicht hören zu müssen, die ihm das Blut in den Adern gefrieren ließen. Wie hart es doch war, ein Mädchen zu sein! Als Nurans Vater aus dem Bad kam, befahl er Zahide, die immer noch apathisch in ihrem Krankenbett lag, das Bein des Kindes zu verbinden.

Doch nicht einmal der Schnitt mit dem Messer brachte Nuran dazu, fromm zu werden. Immer noch warf sie ihren Kopfschal ab, sobald ihr Vater aus dem Haus war, und spielte mit ihren Freunden Himmel und Hölle, obwohl sie nach dem Schnitt zu humpeln begonnen hatte.

Wenn Nuran das Haus nicht verlassen konnte, ging sie auf den Balkon hinaus, wo sie und die Nachbarin aus dem zweiten Stock einander ihr Leid klagten. Einmal ließ sie ihr Bein mit der wulstigen Narbe übers Balkongeländer baumeln und sagte: »Schau, da hat mich mein Vater bestraft, weil ich immer auf die Straße gehe.« Die Nachbarin war entsetzt. Leise flüsterte sie: »Dann geh unter keinen Umständen mehr auf die Straße. Wenn du es zu Hause wirklich nicht mehr aushältst, komm zu uns.«

Harun wusste, dass sein Vater immer strenger mit Nuran wurde, weil das Mädchen mittlerweile vierzehn war. Sie war zur hübschen, wohlproportionierten jungen Frau herangewachsen und sah viel älter aus, als sie tatsächlich war. Ihre grünen Augen hoben sich vorteilhaft von der schneeweißen Haut ab. Ihr dichtes, schwarzes Haar lockte sich bis zur Taille. Doch was sie in Haruns Augen wirklich zur Schönheit machte, war das immerwährende Lächeln auf ihrem Gesicht. Tatsächlich sah sie immer noch wie ein schalkhaftes junges Mädchen aus und nicht wie eine junge

Frau. Jeder, der ihre Lebensgeschichte nicht kannte, hätte sie für ein lebenslustiges Mädchen aus einer eher liberalen Familie gehalten.

Sogar Zuhal Hanim machte diesem verschmitzten jungen Ding ein Geschenk: ein Paar Pantoffeln. Doch als Nuran sie zum ersten Mal tragen wollte, schlug ihr Vater auf sie ein und warf die Schuhe in den Mülleimer. Er brüllte, er wisse nur zu gut, wozu solch feine Schuhe am Ende führten. Am nächsten Tag brachte er ein paar Plastiksandalen für Männer nach Hause und zog sie Nuran an. Von nun würde sie diese Schuhe tragen. Und zwar mit Socken! Seine religiösen Grundsätze verboten jungen Mädchen, auch nur die Spitze ihres Fingernagels unbedeckt zu zeigen.

Am Morgen nach dem Vorfall wartete Nuran auf dem Balkon, bis ihr Vater und seine Söhne mit ihren Schuhputzerkästen das Haus verlassen hatten. Dann ging sie, ungeachtet aller Proteste von Seiten ihrer Mutter, zu der Werkstatt. Zuhal Hanim erschrak, als sie das Mädchen zum ersten Mal ohne ihre Mutter sah. Als Nuran atemlos zu ihr sagte: »Ich laufe weg, ich ertrage die Gemeinheiten meines Vaters nicht mehr«, bat sie das Mädchen flehentlich: »Bitte, tu das nicht. Was immer du tust, meine kleine Nuran, dein Vater wird dich töten! Schlag dir das aus dem Kopf.« Aber ihr Instinkt sagte ihr, dass das Mädchen nicht auf sie hören würde.

An diesem Abend suchte Zuhal Hanim Verwandte auf, die sich für ihren Sohn nach einem passenden Mädchen umsahen. Sie kenne ein ausnehmend hübsches und begabtes junges Mädchen. Ob sie sie vielleicht kennenlernen wollten? Zuhal Hanim pries die Vorzüge der Kleinen so sehr, dass die Mutter des Jungen auf Nuran neugieriger war als er selbst. Es war schließlich nicht einfach, unter all den Stadtmädchen zweifelhafter Moral eine passende Schwiegertochter zu finden. Also beschloss man, sich Nuran einmal anzusehen. Doch zunächst einmal sollte der Junge anlässlich ihrer Besuche in der Werkstatt Gelegenheit erhalten, sie zumindest von weitem zu sehen. Als der junge Mann Nuran erblickte, war er von ihr bezaubert. Sie war jung und sehr lebendig. Zuhal Hanim war begeistert. Die Ehe wäre für Nuran ein Geschenk Gottes; sie würde ihr ganzes Leben verändern. Zuhal Hanim würde Nuran befreien und ihr das Leben retten. Was hatte es schon für einen Sinn, ein Mensch zu sein, wenn man nicht hin und wieder etwas Gutes tun konnte!

Doch Zuhal Hanims Verwandte nahmen von ihrem Plan Abstand, als sie jemanden schickten, um bei Nurans Familie um ihre Hand zu bitten. Zwischen ihrer Welt und der einer religiösen Familie, in der Männer und Frauen nicht im selben Raum sitzen durften, lagen Lichtjahre. Darüber hinaus wollte Mehmet Mirza unbedingt wissen, wie sie denn wohl von Nuran erfahren hatten, und unterzog sie einem Verhör, das eines Polizisten würdig gewesen wäre. Bereits nach nicht ganz einer Stunde verließen die Gäste eingeschüchtert das Haus. Dabei bekamen sie nicht einmal mit, dass Nuran danach die wohl schlimmsten Schläge ihres Lebens erhielt.

Am nächsten Tag begann der Tag in der Nachbarschaft wie immer. Kinder standen auf und gingen zur Schule. Die Pendler eilten sich, um den wie stets überbelegten Bus zu erwischen. Die Ladenbesitzer schoben die Rollläden hoch und murmelten ihr *bismillahirrahmanirrahim*, mit dem sie um gute Geschäfte baten.

Während Nevin Abla ihren morgendlichen Hausputz machte, hörte sie die Tür der Nachbarn im Oberstock laut zuschlagen. Sie öffnete die Wohnungstür und sah, wie Nuran in ihren Plastikschuhen, einer dünnen Bluse und einem langen Rock mit Gummizug in der Taille die Treppen hinunterrannte. Obwohl sie merkte, dass etwas nicht stimmte, sprach sie das Mädchen an: »Nun, meine kleine Nuran, was hast du es denn so eilig? Du solltest dir eine Jacke überziehen, sonst erkältest du dich.«

Das Mädchen sah zu seiner Mutter hinauf, die vom Treppenabsatz her auf Kurdisch mit ihr sprach. Dann sagte sie flüsternd: »Ich gehe ins Dorf zurück. Mein Vater weiß nichts davon. Bitte, sagen Sie es niemandem.« Als die Nachbarin besorgt zu Nurans Mutter hinsah, meinte Nuran: »Keine Sorge. Sie versteht kein Türkisch.« Und schon war sie weg.

Lange Zeit hörte Nevin Abla Zahide zu, die am Treppenabsatz stehen geblieben war und etwas auf Kurdisch murmelte. Erst dann schloss sie die Tür wieder. In der Wohnung herrschte vollkommene Stille.

In den folgenden Tagen brachte Nevin Abla mehrmals *börek* und Süßspeisen zu ihren Nachbarn, um herauszufinden, was mit Nuran passiert war, doch sie brachte nichts in Erfahrung. Immer war es Harun, der die Tür öffnete. Er nahm die Geschenke schweigend und mit gesenktem Haupt in Empfang, um gleich darauf die Tür wieder zu schließen. Es war bald eine Woche her, dass Nevin Abla das Mädchen zum letzten Mal gesehen hatte. Stattdessen strömten ganze Wagenladungen voll Kurdisch sprechender Menschen in Zahides Wohnung. Die Besucher verteilten sich sogar auf dem Treppenabsatz.

Schließlich war auch das vorüber. Es kamen keine Autos mehr, und das Leben in der Nachbarschaft nahm seinen gewohnten Lauf. Niemand erinnerte sich mehr an Nuran oder fragte sich, was aus dem Mädchen wohl geworden war. Das Leben in der Städten des beginnenden dritten Jahrtausends war einfach zu hart, um ihren Bewohnern zu erlauben, sich lange Gedanken über ein junges Mädchen zu machen, das verschwunden war.

Nuran kannte sich in Istanbul nicht aus, daher hatte sie keine Ahnung, wo sie hinmusste. Sie wollte zum Bahnhof, um dort einen Bus nach Van zu nehmen, doch natürlich hatte sie kein Geld für die Fahrt. Also ging sie zu Zuhal Hanim. Der schlug das Herz bis zum Hals, als sie das junge Mädchen ohne Mantel und Socken sah. Sie drückte ihr zehn Millionen Lira in die Hand und bat sie, auf der Stelle wieder nach Hause zu gehen. Es war ihr eine Qual zu sehen, wie viel Leid sie über Nuran gebracht hatte, indem sie ihr einen Anwärter auf ihre Hand gesandt hatte. Daher beschloss sie, das Mädchen zu beschützen, aber ohne sich je wieder in die Angelegenheiten der Familie einzumischen.

Nuran war am Boden zerstört, als sie hörte, wie der Mensch, dem sie auf der ganzen Welt am meisten vertraute, ihr sagte, sie solle nach Hause zurückkehren. In diesem Moment wurde ihr klar, dass sie sich auf niemanden verlassen konnte, den sie kannte. Alle hatten Angst vor ihrem Vater. Es war immer noch früh am Tag, doch Nuran wusste nun, dass sie aus dem Viertel verschwinden musste, bevor ihr Vater und ihre Brüder nach Hause kamen.

Nuran ging zum Spielplatz der Grundschule, die sie selbst besucht hatte, und wartete, bis die Schüler herauskamen. Vielleicht konnte sie eines der Mädchen überreden, sie mit zu sich nach Hause zu nehmen. Stundenlang stand sie da, doch es kam niemand, den sie kannte, weder in der Pause noch nach Schulschluss. Es war, als habe die

Erde sich aufgetan und jeden ihr bekannten Menschen verschluckt. Verzweifelt wartete Nuran, bis auch der letzte Schüler vom Spielplatz verschwand und nach Hause ging. Dann ging auch sie. Ziellos lief sie durch die Straßen, bis sie plötzlich eine fremde Hand auf ihrer Schulter fühlte. Erschrocken fuhr sie herum. Es war ihre frühere Grundschullehrerin. Als die Frau Nurans Verzweiflung sah, erkannte sie sofort, dass hier etwas Schlimmes vorging. Schließlich fand sie heraus, dass Nuran von zu Hause weggelaufen war. In höchstem Grade alarmiert, redete sie auf Nuran ein, sofort ins Haus ihres Vaters zurückzukehren, und gab dem Mädchen ein bisschen Geld. Um sicherzustellen, dass Nuran dies auch tun würde, begleitete sie das Mädchen sogar bis zur Straßenecke.

Doch Nuran trickste sie aus. Sie hatte nicht die geringste Absicht, nach Hause zurückzugehen. Niemand ahnte auch nur, welche Hölle sie dort durchlebte. Und so tat sie nur so, als ginge sie ins Haus. In Wirklichkeit aber verbarg sie sich in einer Nische, bis ihre frühere Lehrerin ihr den Rücken kehrte. Sobald sie außer Sicht war, schlug Nuran den Weg in eine Gegend ein, die ihr weitgehend unbekannt war. Nun hatte sie vergleichsweise viel Geld in der Tasche. Sicher würde es für den Bus nach Van reichen.

Sie fragte Passanten und stieg mehrmals von einem Bus in den anderen um. Am Ende aber schaffte sie es, zum Busbahnhof zu gelangen. Dieser war so groß, dass ihr davon beinahe schwindlig wurde. Das einzige Busunternehmen, das sie dem Namen nach kannte, war Özvan, doch sie fand deren Fahrzeuge nicht. Nuran wusste, dass es bald dunkel werden würde, und bekam allmählich Angst. Schließlich war die Straße kein sicherer Ort. Die Menschen am Bahnhof begannen, ihr düstere Blicke zuzuwerfen. Fragwürdig aussehende junge Männer belästigten sie mit zweideutigen Bemerkungen. Da änderte Nuran ihre Meinung. Sie würde nicht nach Van fahren. Sie würde vielmehr auf schnellstem Wege nach Hause zurückkehren und ihre Mutter bitten, ihrem Vater nichts zu sagen. Dann merkte sie, dass jemand neben ihr herging. Als sie sich umdrehte, sah sie, dass es ein Junge war, der kaum älter zu sein schien als sie und sie ansprach.

»Welches Busunternehmen suchst du denn? Wohin willst du?«, fragte er. Er erzählte Nuran, dass er am Bahnhof arbeite. Und dass sie vor ihm keine Angst zu haben brauche.

Sofort fühlte Nuran die Hoffnung wieder in sich aufsteigen. Der Junge schien vertrauenswürdig, und er erinnerte sie an Harun. Sie sagte ihm, dass sie nach Van wollte, wo ihr älterer Bruder auf sie warte. Die Geschichte mit ihrem Bruder erzählte sie nur, damit er nicht merken sollte, dass sie weggelaufen war. Naiv, wie sie war, merkte sie nicht, dass ebendiese Lüge dem Jungen zeigte, wie schutzlos sie war.

»Du hast Glück«, meinte er. »Unser Unternehmen fährt nach Van. Ich besorge dir eine Fahrkarte und sage dem Fahrer, er soll auf dich aufpassen. Schließlich ist es eine lange Fahrt.«

Nuran zog das Geld aus der Tasche und händigte es dem Jungen aus. Aus Angst, es könne vielleicht nicht reichen, sagte sie nervös: »Ich gebe dir das Geld für die Fahrkarte lieber gleich.«

Der Junge nahm das Geld, das Nuran aus der Tasche zog, und zählte es ab. Es waren fünfzehn Millionen Lira. Er nahm zehn Millionen und gab ihr den Rest zurück. »Das genügt«, meinte er. »Ich kenne den Fahrer. Ich sorge dafür, dass er dich für weniger mitfahren lässt. Du solltest ein bisschen Geld übrig behalten.«

Nun glaubte Nuran allmählich, Gott habe ihr ein Wunder geschickt. Ihre Zweifel waren wie weggeblasen, ja, sie schalt sich selbst, weil sie so schnell den Mut hatte sinken lassen. Schließlich war hier ein freundlicher Mensch, der sich nach Kräften bemühte, ihr zu helfen. Vielleicht hatte er ja auch eine Schwester und dachte an sie, während er ihr zur Seite stand. Nuran dachte an Harun und kräuselte die Nase. Sie waren wie Zwillinge aufgewachsen. Harun litt am allermeisten, wenn ihr Vater sie schlug. Doch auch er war nicht frei. Da Nuran ein Mädchen war, war ihr Vater zu ihr stets strenger als zu ihren Brüdern. Aber auch diese zogen den Kopf ein, wenn der Vater im Haus war. Nie hatten sie ihm auch nur einmal den Gehorsam verweigert. Sie händigten ihm ihre mageren Einkünfte aus, und er gab ihnen Taschengeld. Ohne seine Erlaubnis durften sie nirgendwohin, länger ausbleiben durften sie schon gar nicht. Nur ihre Verwandten durften die Brüder besuchen, und dort konnten sie nur mit den Kindern reden.

Nuran war selbst erstaunt, dass sie einem vollkommen Fremden all die Geschichten über Harun und ihre Brüder erzählte. Sie wollte aufhören, aber sie redete immer weiter und weiter. Ihr Instinkt sagte ihr, dass es sie stärker wirken ließ, wenn sie von ihren älteren Brüdern berichtete. Ihr Gehirn allerdings sagte ihr, dass es nicht angemessen war, mit jemandem, den sie nicht kannte, über ihre Familie zu reden. Wieder schüttelte sie ihre bösen Vorahnungen ab und sprach weiter. Ihr ältester Bruder, Alihan, war wie ihr Vater. Ein harter, jähzorniger und verschlossener Mann. Doch obwohl sie nie miteinander gesprochen hatten, wusste Nuran, dass auch Alihan es nicht leicht hatte.

Wenn es um religiöse Dinge ginge, so meinte Nuran, sei ihr Vater mit seinen Söhnen sehr streng. Nie durften ihre Brüder beim Freitagsgebet fehlen oder die Bayram-Gebete beziehungsweise die Rezitation des *taraweeh** auslassen. Sie hatten zwar keine weiterführende Bildung genossen, aber die Gebete konnten sie alle auswendig. Sie waren so fromm, wie Nuran es gerne gewesen wäre, aber nie hatte sein können. Ihre Brüder verachteten alles, was der Glaube verbot, aber verbot er nicht alles, was Nuran liebte? Lachen, Ausgehen, Spielen, Fernsehen, Singen, den Schulbesuch, kurz gesagt: alles, was ihr wirklich Spaß machte.

»Das kann doch nicht richtig sein. Bestimmt ist da irgendwo ein Fehler«, sagte sie zu dem Jungen neben sich, der nicht antwortete.

Nuran spürte, dass sie jetzt keinesfalls mehr weitersprechen durfte. Also versuchte sie, das Thema zu wechseln: »Wie ist dein Vater denn so?«

Doch statt auf ihre Frage zu antworten, lenkte der Junge Nuran mit belanglosem Geplauder ab, während er mit ihr in weitem Halbkreis um den Busbahnhof herumlief. Als der Junge im Büro eines der Busunternehmen verschwand und sie bat, auf ihn zu warten, hatte Nuran vollkommen die Orientierung verloren. Es war längst dunkel geworden, der Bahnhof war überall hell erleuchtet. Langsam bekam Nuran Angst. Doch als der Junge wieder aus dem Büro kam, hatte er eine Fahrkarte in der Hand. Wieder schob Nuran ihre unterschwelligen Befürchtungen beiseite. Nichts konnte sie nun noch von ihrer Fahrt nach Van ab-

* Ein besonderes Gebet, das im Fastenmonat Ramadan rezitiert wird. In diesem Monat wird jede Nacht ein Dreißigstel des Koran rezitiert, so dass am Ende des Monats der gesamte Koran gelesen wurde.

bringen. Woher sollte sie auch wissen, dass der Junge nur einen noch nicht ausgefüllten Gepäckschein in der Hand hielt? Sie hatte ja noch nie eine Fahrkarte gesehen.

»Hat das Geld gereicht?«, fragte sie.

»Mach dir darum keine Sorgen«, gab der Junge zurück. »Allerdings geht dein Bus ziemlich spät. Du kannst dorthin mitkommen, wo ich arbeite. Dort kannst du warten.«

Damit zerstreute er Nurans letzte Befürchtungen. Ohne weitere Fragen folgte sie ihm durch dunkle Ecken, ging mit ihm um die Rückseite des Bahnhofs herum in ein Haus, das wie ein Lagerhaus aussah. Draußen war es nun stockfinster, aber im Lagerhaus schien es noch dunkler zu sein. Nuran wollte wieder zurück in den Busbahnhof, weil sie sich dort im Licht sicherer fühlte, aber sie wagte nicht, dergleichen von ihrem Wohltäter zu verlangen. Sie wusste ja, dass sie ohnehin schon zu viel geredet hatte.

Sie setzten sich auf den Boden. Der Junge gab ihr seine Jacke zum Draufsetzen. Eine Weile saßen sie still da. Dann spürte Nuran plötzlich, wie eine Hand sich ihre Beine hinaufschob. Angst befiel sie, doch sie blieb einfach stocksteif sitzen, als wäre sie aus Stein. Sie wusste überhaupt nicht, was sie jetzt tun sollte. Die Hand schob sich weiter ihr Bein hinauf. Dann drückte der Junge sie auf den Boden und legte sich auf sie. Plötzlich bemerkte Nuran, wie unangenehm er roch. Er versuchte, in sie einzudringen. Nuran dachte, sie würde vor Angst und Abscheu sterben, doch kein Laut kam aus ihrer Kehle. Die Schuldigen, sagte ihr Vater immer, hatten keine Schreie. Und Nuran war schuldig. Damit zumindest hatte ihr Vater recht gehabt. Auf der Straße lebte das Böse. Und dieser stinkende Mann, der auf ihr lag und ihr wehtat, war der Teufel. Gott strafte sie nun, weil sie von zu Hause weggelaufen war.

Tränen strömten über Nurans Gesicht, weil es so schmerzte. Sie konnte sich nicht vorstellen, wie sie dies ihrem Vater erklären sollte. Er würde sie sicher töten. Jetzt wollte sie nur noch nach Hause. Die Idee, nach Van zu fahren, und alles, was sie sich am Morgen, als sie weglief, noch erträumt hatte, kam ihr plötzlich abartig vor. Nie wieder würde sie ihrem Vater den Gehorsam verweigern. Nie wieder würde sie sich nach sündigen Dingen sehnen. Jahrelang hatte sie sich ein Leben jenseits der Grenzen ihrer vier Wände erträumt, doch am Tag, als dieser Traum hätte Wahrheit werden können, wünschte sie sich mit der Kraft der Verzweiflung dorthin zurück. Etwas Warmes rann über ihre Beine. Voller Scham dachte sie, sie habe sich vor einem Fremden nass gemacht. Ach, könnte sich doch nur die Erde auftun und sie verschlingen!

Der Junge rollte von Nuran herunter und blieb neben ihr liegen. Dabei ließ er die Hand auf ihrem Körper liegen. Als er einige Minuten später wieder grunzend in Nuran eindrang, war es noch schmerzhafter als vorher. Sie wusste nicht, wann er endlich aufstand und schweigend das Lagerhaus verließ. Sie blieb einfach in der vollkommenen Dunkelheit auf dem Rücken liegen. Die Innenseite ihrer Schenkel war klebrig. Brüste und Lenden schmerzten heftig. Die Nässe auf ihren Lippen fühlte sich an, als blute auch ihr Mund. Mit weit aufgerissenen Augen lag Nuran da, gegen das Schwindelgefühl ankämpfend, das sie dann und wann erfasste. Wenn sie wirklich einnickte, kamen die Alpträume. Sie träumte, ihr Vater wolle sie töten, und sie bettele um ihr Leben. Wenn sie dann schweißgebadet wieder aufschreckte, fand sie sich immer noch allein in dem stockfinsteren Lagerhaus wieder, was ihr noch mehr Angst einjagte als ihre Albträume. Schließlich kam der Morgen.

Von draußen drangen Motorengeräusche herein, die Nuran nicht einordnen konnte.

Als der erste Strahl Sonnenlicht ins Lagerhaus fiel, merkte Nuran, dass sie Durst hatte. Ihr war kalt, und sie hatte noch mehr Angst als zuvor. Obwohl das Lagerhaus noch im Halbdunkel lag, sah sie, dass ihre Beine voll getrockneter Blutflecken waren. Nuran stand auf und strich Haare und Kleider glatt. Sie sollte nur noch eines: nach Hause. Dort würde sie ihren Vater um Vergebung anflehen.

Die Türen des Lagerhauses öffneten sich. Einige Männer kamen herein. Es waren Lagerarbeiter, die bei Nurans Anblick ebenso erschraken wie sie. Sie sagte ihnen, sie habe sich verlaufen und deshalb hier die Nacht verbracht. Einer von ihnen führte sie vor die Tür und zeigte ihr, welchen Bus sie nehmen musste, um nach Hause zu kommen.

Als Nuran nach einer mehrstündigen Busfahrt endlich zu Hause ankam, schlich sie sich in das Wohnhaus, das sie gewöhnlich im Laufschritt erstürmt hatte. Sie wollte nicht, dass jemand sie in diesem aufgelösten Zustand sah. Sie schickte ein Stoßgebet zum Himmel, dass ihr Vater und ihre Brüder doch nicht zu Hause sein mochten, und klopfte an die Tür. Zahide öffnete, die Augen vom Weinen geschwollen. Ebenfalls in Tränen ausbrechend schlang Nuran ihr die Arme um den Hals. Doch Zahide, die wusste, welches Schicksal ein Mädchen erwartete, das eine Nacht nicht zu Hause verbracht hatte, stieß ihre befleckte Tochter von sich.

Als Harun den Kopf aus dem Zimmer steckte und seine Schwester in diesem Zustand sah, war er fassungslos. »Wie eine Bettlerin siehst du aus!«, rief er aus. Aber Harun konnte sie nicht umarmen, denn Nurans Vater stand mit ausdruckslosem Gesicht hinter ihm.

Keines der Familienmitglieder war zur Arbeit gegangen. Alle Verwandten waren gekommen. Man sperrte Nuran in eines der Zimmer. Niemand durfte mit ihr sprechen. Da man allerdings herausfinden wollte, was mit ihr passiert war, nahm es Nurans älteste Tante auf sich, mit ihr zu sprechen. Sie kam in das Zimmer und fragte das Mädchen, was denn geschehen sei. Stotternd versuchte Nuran, alles zu erklären. Den Großteil der Fragen allerdings konnte sie nicht beantworten.

»Wie heißt der Vergewaltiger?«, fragte die Tante.

»Ich weiß nicht«, sagte Nuran, was der Wahrheit entsprach.

Als ihre Tante den Raum verließ, hörte Nuran, wie sie zu den anderen sagte: »Sie will uns seinen Namen nicht sagen.« Dann erinnerte sie sich an nichts mehr, denn sie wurde vor Angst ohnmächtig.

Mehmet Mirza hatte nicht wenige Probleme, alle Verwandten unterzubringen. Diejenigen, die aus den Stadtvierteln Kartal, Tuzla und Türkoba angereist waren, fuhren in den frühen Morgenstunden wieder nach Hause. Aber die Verwandten aus Van mussten in Istanbul übernachten. Es waren durchweg Männer, und die Tradition verbot, dass sie in einem Haus schliefen, in dem unverheiratete Töchter lebten. Feuer und Pulver sollten, so die Familie, niemals zusammen gelagert werden. Und selbst wenn es keinerlei Anlass gab, die töchterliche Ehre bedroht zu sehen, so galt es doch, in solch heiklen Dingen jedes Gerede zu vermeiden. Mehmet Mirza musste also einige Mühe aufwenden, um in den Wohnungen seiner Verwandten Männer und Frauen fein säuberlich voneinander zu trennen und trotzdem alle unterzubringen.

Das Ausmaß der Tragödie rechtfertigte, dass niemand zur Arbeit ging. Die Schuhputzerkästen standen verlassen auf dem Balkon des Hauses, obwohl die Familie selbst in guten Zeiten nur über ein geringes Einkommen verfügte. Wenn es hart auf hart kommt, dann steht die Verwandtschaft zusammen. Aber Zahide war immer noch die Gastgeberin, und so musste sie nicht nur mit ihrem eigenen Kummer fertig werden, sondern auch noch für zahllose Verwandte sorgen. Allerdings schien ein schier endloser Strom von *börek* und *dolma* auf den Haushalt niederzuregnen.

Jeden Abend schickten die älteren Frauen und Männer die jüngeren Frauen hinaus und debattierten, was nun zu tun sei. Doch sie konnten sich nicht zu einem gemeinsamen Entschluss durchringen. Natürlich lag die Entscheidung letztlich bei Mehmet Mirza, aber dieser hörte einfach nur zu und sagte nicht, ob und wie er sich entschieden habe. Seine älteste Schwester schlug vor, Harun solle Nuran töten, denn er würde ein mildes Urteil erhalten, weil er noch so jung war. Einer der Neffen bot an, diese Aufgabe zu übernehmen: Er würde sie im Park töten und dort liegen lassen, damit niemand von der Familie in die Straftat verwickelt würde. Alihan meinte, es seine Pflicht als ältester Sohn, die Ehre der Familie wiederherzustellen. Der jüngste Neffe, der aus Van kam, vertrat die Ansicht, dass es besser sei, sie im Dorf an einen alten Mann zu verheiraten, als sie zu töten. Auf diese Weise bekäme niemand Ärger, und sie wären das Mädchen trotzdem für immer los. Wie versteinert hörte Mehmet Mirza sich all die Vorschläge an.

Eine Woche lang führte er *namaz* aus, las den Koran und betete zu Gott um Erleuchtung. Dabei weinte er wie ein Kind. Sein ganzes Leben lang war nichts, was *haram* war, je über seine oder die Lippen seiner Kinder gekommen.

Nie hatte er voller Verlangen eine andere Frau betrachtet. Nie hatte er etwas begehrt, was seinen Mitmenschen gehörte. Nach bestem Wissen und Gewissen hatte er sich als Gläubiger an jedes einzelne Gebot des Islam gehalten. Er wusste nicht, warum Gott ihn so strafte.

»Warum hast du mir diesen Teufel von einem Kind gesandt, mein Allah?«, fragte er in seinen Gebeten. »Nie habe ich eines deiner Gebote missachtet. Warum hast du meine Stirn mit diesem Mal gezeichnet?«

Schließlich fasste er sich ein Herz und rief nach dem nachmittäglichen *namaz* Frau, Söhne, Brüder und Neffen zusammen. Zweiunddreißig Menschen saßen mit gekreuzten Beinen in dem winzigen Wohnzimmer, als hörten sie einer Predigt zu.

Mehmet Mirza sagte: »Diese Aufgabe obliegt mir ganz allein.«

Er fügte hinzu, dass es nicht richtig sei, das Leben seiner Söhne zu ruinieren: Sie waren jung, und sie sorgten für den Lebensunterhalt. Wenn einer von ihnen ins Gefängnis müsse, würde Zahide vor Kummer sterben.

Als Alihan protestierte, warf Mehmet Mirza ihm einen Blick zu, der ihm zu gehorchen befahl. Es war klar, dass er seine Entscheidung von niemandem in Frage stellen ließ.

»Ich werde diese Sache selbst bereinigen«, war sein letztes Wort.

Daraufhin neigten alle schweigend ihre Häupter. Harun spürte, wie sich ihm das Herz zusammenzog, doch gleichzeitig wusste er, dass seine Schwester nun in ewiger Sünde würde leben müssen. Er konnte nichts dagegen tun. Und sogar wenn er etwas hätte dagegen unternehmen können, so war es doch nicht richtig, mit einer Missetäterin gemeinsame Sache zu machen.

»Ich werde heute Nacht bei Fatma bleiben. Meine Neffen mögen mich dorthin bringen, bevor es zu spät ist«, sagte Mehmet Mirza und begann, den Gebetskranz durch seine Finger laufen zu lassen. Jeder wusste, was dies bedeutete. Sie würden Nuran nicht in diesem überfüllten Wohnhaus töten, wo jedermann hören konnte, was geschah. Man würde die Tötung vielmehr im *gecekondu* ihrer Tante vollziehen. Dort gab es einen großen, von einer Mauer eingefassten Garten.

Am Tag, als Nuran weggelaufen war, hatte die Familie die Polizei informiert. Dass sie zurückgekehrt war, war hingegen geheim gehalten worden. Die Brüder warteten so lange, bis die Straße leer war. Dann stießen sie Nuran eilig ins Auto. Niemand im Wohnhaus hatte Nuran zurückkommen sehen, und niemand sah, wie man sie wegbrachte.

Nuran wusste, welches Schicksal sie erwartete, und sie war halb tot vor Angst. Ihre Albträume bewahrheiteten sich, und doch fehlte es ihr an Kraft, ihren Vater um Verzeihung anzuflehen. Selbst wenn sie diese gefunden hätte, hätte ihre Vater doch kein Wort mit ihr gesprochen oder ihr auch nur ins Gesicht gesehen. So verlangte es die Tradition. Wo er herkam, hieß es, dass derjenige, der einem befleckten Menschen ins Gesicht sah, selbst der Befleckung anheimfiel.

Man schaffte Nuran wie ein lästiges Gepäckstück aus der Wohnung ihres Vaters und brachte sie ins Haus ihrer Tante. Ihre Tante und deren Kinder waren bei Zahide geblieben, so dass nur noch ihr Onkel im Haus war. Mit einem Messer schnitt Mehmet Mirza das Kabel von einem alten Bügeleisen ab und zog die Drähte heraus. Seine Tochter saß mit vor Angst weit aufgerissenen Augen vor ihm. Sie wusste, dass sie gleich sterben würde, hatte aber nicht gedacht, dass ihr Vater fähig wäre, sie zu töten. In Gottes Augen, so dachte sie, müsste ihre Angst sie doch von allen Sünden reinwaschen.

Mehmet Mirza kniete hinter Nuran nieder. Er legte ihr die Drähte um den Hals. Nuran wusste, dass nicht einmal ein Wunder sie jetzt noch würde retten können. Ihre Todesangst gab ihr die Worte ein, ihren Vater um Gnade anzuflehen: »Ich tue alles, was du sagst. Vergib mir, mein Vater. Bitte töte mich nicht.«

Mehmet Mirza schenkte seiner Tochter kein Gehör. Er hatte Angst, dass sein fester Entschluss ins Wanken geraten und er sie am Ende verschonen würde. Als sie noch ein kleines Mädchen gewesen war, hatte er sie gelehrt, dass sie einst so tugendhaft werden müsse wie ihre Mutter. Er wollte, dass sie begriff, wie sehr ihr Körper der Hort der Familienehre war. Doch das Mädchen hatte nie einsehen wollen, dass es eine Schande war, ein Mädchen zu sein.

Mehmet Mirza dachte über Nurans Sünden nach. So wurde er taub gegenüber ihren Bitten. Dann erstarb die Stimme des Mädchens. Ihr zarter Körper zuckte ein paar Sekunden lang, dann war sie still. Mehmet Mirza wartete eine Weile und blieb in derselben Haltung knien wie vorher. Als er die Drähte losließ, stürzte der leblose Körper mit einem dumpfen Laut vor ihm zu Boden. Irgendwie schien das Mädchen im Tode geschrumpft zu sein. Nun hatte er seine Familie vom Teufel befreit. Er wusste, dass er seine zur Sünde bereite Tochter davor bewahrt hatte, andere, noch schlimmere Schandtaten zu begehen.

Sie hüllten den toten Körper Nurans in einen Sack, den der Onkel bereithielt. Er war gleichsam ihr Leichentuch. Dann trugen sie sie zum Auto.

»Wir sollten sie so weit wegbringen wie nur möglich«,

sagte der Mann seiner Schwester. »Dann verdächtigt man uns nicht.«

Die beiden älteren Männer bestiegen den Wagen des Neffen und befahlen diesem, in den Wald zu fahren, in dem sie im Sommer des Öfteren ein Picknick veranstalteten.

»Aber jetzt ist es mitten in der Nacht, Onkel«, wandte der Neffe ein. »So etwas sollte man nicht um diese Uhrzeit tun, denn nachts gibt es viele Verkehrskontrollen. Bestimmt werden wir erwischt. Lassen wir uns Zeit bis zum Morgen. Dann wird uns niemand bemerken.«

Mehmet Mirza nickte. Dann befahl er seinem Neffen, ihn nach Hause zu bringen. Schweigend fuhren sie heim, den Körper der toten Nuran im Kofferraum. Als Harun seinem Vater die Tür öffnete, wusste er schon, dass das Mädchen nicht mehr am Leben war. Doch er vermochte es nicht, ihn danach zu fragen. Auch niemand anderer aus der Familie. Schweigend gingen alle zu Bett. Mehmet Mirza aber wusste, dass die Leiche seiner Tochter im Kofferraum des Autos lag, das unten vor dem Haus geparkt war. Und so rezitierte er vor dem Einschlafen die Sure Al Fatiha, damit die Seele des Mädchens Frieden finden möge.

Gegen Mittag des folgenden Tages fuhren sie mit Spaten bewaffnet los. Sie fuhren bis zu dem abgelegensten Waldstück auf der Asien zugewandten Seite Istanbuls, an der Küste zum Schwarzen Meer. Für Februar war es noch sehr kalt, daher war das Waldstück mehr oder weniger menschenleer. Abgesehen von einem kichernden Pärchen in einem geparkten Auto war niemand zu sehen. Und diese beiden nahmen keine Notiz von den beiden alten Männern, die dort ein Loch gruben. Den Kleidern nach zu urteilen waren es ohnehin nur Waldarbeiter. Die beiden hätten sich wohl nie träumen lassen, dass neben ihnen der

Körper eines jungen Mädchens verscharrt wurde, während sie sich fern von den Augen der Familie liebten.

Im dritten Stock des besagten *gecekondu* in Avcilar ging das Leben wieder seinen gewohnten Gang. Nur Mehmet Mirza arbeitete nicht mehr. Er verließ nicht einmal mehr das Haus. Seine Söhne gingen arbeiten, doch er und Zahide verbrachten ihre Tage damit, das *dhikir* zu sprechen und darauf zu warten, dass die Kinder heimkamen. Die Verwandten hatten ihre Besuche eingestellt. Die Familie war nun mit ihrem Geheimnis allein. War die Atmosphäre in Mehmet Mirzas Haus schon vorher bedrückend gewesen, so wurde sie jetzt, da die Familie mit dem Geheimnis des Todes befleckt war, nahezu unerträglich.

Plötzlich schrillte eines frühen Morgens die Türglocke. Draußen stand die Polizei. Es ging um das vermisste Mädchen. Im Wald von Beykoz war ein Leichnam gefunden worden, teilte man Mehmet Mirza und Zahide so schonend wie möglich mit. Es bestand die Möglichkeit, so hieß es, dass es sich dabei um Nuran handele. Mehmet Mirza solle mitkommen und sie identifizieren. Der Schuhputzer begleitete die Polizisten in die Leichenhalle der Gerichtsmedizin. Ja, sagte er. Dies sei Nuran, seine Tochter.

Mehmet Mirzas offensichtliche Ungerührtheit beim Anblick seiner toten Tochter weckte das Misstrauen der Beamten. Sogar wenn Nuran von zu Hause weggelaufen war, so war sie doch immer noch seine Tochter. Es wäre also normal gewesen, wenn er gefragt hätte, wer sie getötet hatte. Die Polizei begann also, sich in der Nachbarschaft umzuhören. Bald konzentrierte sich der Verdacht auf die Familie. Eines Abends wurden alle Söhne der Familie einzeln verhört. Harun war der Erste, der zusammenbrach.

Man legte ihm Handschellen an und brachte ihn vor den Staatsanwalt. Dieser ließ ihn unter Arrest stellen und ins Gefängnis bringen. Daraufhin wurden Haruns ältere Brüder sowie sein Onkel verhaftet. Am Ende holten sie auch seinen Vater. Von seinem Vater hörte Harun, dass seine Mutter und seine Tante in ein Frauengefängnis gebracht worden waren. Harun war am Boden zerstört: Alle Mitglieder seiner Familie, die vorher nicht einmal eine Polizeidienststelle von innen gesehen hatten, saßen nun im Gefängnis.

Über zwei Jahre zogen sich die Verhöre hin. Obwohl Mehmet Mirza die volle Verantwortung für den Mord übernahm, ließ sich der Richter nicht davon überzeugen, dass er die Tat allein begangen hatte, und behielt die ganze Familie in Arrest. Stück für Stück trug man Beweise zusammen. Am Ende wurden Haruns Vater, sein ältester Bruder und sein Onkel zu lebenslangen Haftstrafen verurteilt. Das Gericht sprach seine Mutter, seine Tante, seine anderen Brüder und ihn selbst frei.

Die vier jungen Männer waren nun also für den Lebensunterhalt der Mutter, aber auch für den von Vater und Bruder verantwortlich. Nuran war tot. Haruns Vater und ältester Bruder saßen im Gefängnis. Die Existenz der Familie, die immer schon bedroht gewesen war, war nun ernstlich gefährdet. Harun selbst bereute zutiefst. Sein Herz war vor Kummer schwer. Er wünschte sich sehnlichst, irgendjemandem erzählen zu können, wie sehr er Nuran vermisste. Als er in unserer Fernsehsendung die reuigen Worte eines Häftlings hörte, der seine Mutter getötet hatte, beschloss er, zu uns Kontakt aufzunehmen.

Ich wusste ihm keinen Trost.

Bevor er ging, legte er ein zusammengeknülltes, verblichenes Stück Papier neben unsere Kaffeetassen auf den Tisch. Ein alter, nicht ausgefüllter Gepäckschein. Harun hatte das Einzige, was von Nuran noch da war, getreulich aufbewahrt. Ich fragte mich, ob Haruns Bürde irgendwie leichter geworden war, nachdem er uns von Nurans Schicksal erzählt hatte. Doch als er den Schuhputzkasten nahm, sich den Riemen diagonal über die Brust legte und davonging, wurde deutlich, dass niemand ihn von dieser Last würde befreien können.

Nie wieder habe ich so viel Kummer und Leid bei einem einzigen Menschen gesehen.

Aysel

Wir fuhren auf der Autobahn Istanbul–Edirne ins Stadtzentrum: Rundherum türmte sich der Abfall zu Bergen, dessen schrecklicher Gestank in unseren Wagen drang. Nachträglich erfuhren wir, dass die Stadtverwaltung sich mit irgendeiner anderen Behörde stritt, wer für die Abfallbeseitigung zuständig war. Solange der Streit nicht beigelegt war, würde die Stadt Tag für Tag mehr einer Müllhalde gleichen.

Wir vermuteten, dass die Situation in der Strafanstalt am Stadtrand wohl noch schlimmer sein würde. Doch als wir dort ankamen, lag das Gebäude inmitten eines sauberen Grundstücks vor uns, was uns positiv überraschte. Irgendwie schien es, als hätten wir eher ein Rehabilitationszentrum als eine Haftanstalt vor uns.

Die Strafanstalt betrieb eine Landwirtschaft. Für das Interview mit Ilyas hatte der Direktor des Gefängnisses zur Bedingung gemacht, dass wir zuerst die landwirtschaftlichen Gebäude besichtigten müssten. Während er uns herumführte, erzählte er stolz: »Unsere Kunden stehen Schlange, um von uns Milch, Butter und Eier zu bekommen. Unsere Produkte sind bekannt.«

Zum Abschluss unseres Rundgangs führte der Direktor uns in einen großen Garten auf der Rückseite des Hauptgebäudes. Dort servierte uns ein schmächtiger, blonder Gefangener, der sich vor Respekt dem Direktor gegenüber kaum zu bewegen wagte, Ayran sowie Knabbereien und Früchte. Wir wurden das Gefühl nicht los, dass der Direktor der Strafanstalt für uns eine Show inszeniert hatte. Uns interessierte eigentlich mehr, ob Ilyas mit uns sprechen würde. Er war der letzte Häftling auf unserer Liste.

Doch dann machte der Direktor, während er auf den jungen Mann zeigte, der uns die Erfrischungen serviert hatte, eine Bemerkung, die uns überraschte: »Das ist Ilyas. Ich werde Sie jetzt hier mit ihm allein lassen, falls er mit Ihnen sprechen möchte.«

Dieses Mal musterten mein Kameramann und ich den Häftling ein wenig gründlicher. Keiner von uns hatte damit gerechnet, dass dieser Mann Ilyas sein könne. Irgendwie hatten wir einen dunkelhaarigen, stämmigen Typ erwartet, denn verfolgte man die jüngsten Medienberichte zu Ehrenmorden, so entsprach der Täter meist diesem Bild. Ilyas widersprach vollständig unserer Vorstellung von der Person, die wir uns nach der Lektüre seiner Akte gemacht hatten. Einen Augenblick lang fragte ich mich, ob sich vielleicht der Gefängnisdirektor geirrt hatte, doch dem war nicht so. Dieser Mann, den ich, wäre ich ihm auf der Straße begegnet, ohne zu zögern, als warmherzigen, traurigen Menschen bezeichnet hätte und der harte Zeiten durchmachte, hatte seine Schwester getötet.

Bevor ich mit meinen Nachforschungen zu den Ehrenmorden begann, kam es mir recht merkwürdig vor, dass die Täter sich immer als »Opfer des Schicksals« bezeichneten. Ich ging davon aus, sie suchten nur nach einem Schlupfloch, um sich der Verantwortung für ihre Verbrechen zu entziehen. Als ich jedoch Ilyas kennenlernte, erkannte ich, welch enormen Einfluss die veralteten Vorstellungen von Recht und Unrecht – also keineswegs das Schicksal – auf Menschen wie ihn hatten. Als ich ihn interviewte, kam ich mir vor wie die Komplizin eines Verbrechens und nicht wie eine Journalistin, die einen Kriminellen interviewte.

Als ich ihn fragte, ob er denn mit uns reden würde, senkte Ilyas ergeben das Haupt.

»Sie werden es am besten wissen«, sagte er.

Aber natürlich war es einzig und allein seine Entscheidung, die zu treffen er im Übrigen lange brauchte. Die Gefängnisbeamten ließen uns schließlich allein. Ich lehnte mich gegen einen Walnussbaum. Der Geruch von Gras und Akazien lag über dem Garten, der nur für wichtige Besucher, nicht für Häftlinge wie Ilyas angelegt worden war. Währenddessen hatte der junge Mann sich zu seiner Entscheidung durchgerungen. Er würde mit uns sprechen.

Zuerst erzählte er uns, dass er zwei verschiedene Geburtsorte hatte, der eine läge im Bezirk Pinarhisar in der Stadt Kirklareli, der andere im Uskudar-Viertel in Istanbul.

Er sagte: »Ursprünglich wurde ich in Uskudar geboren, in einem Krankenhaus mit dem Namen Uskudar Zeynep Kamil. Nachdem ich zur Welt kam, lebte ich in Istanbul, in Umraniye. Aber ich wurde auch in Pinarhisar geboren, in dieser Gegend.«

Als wir gerade resignierend die Frage nach dem Geburtsort aufgeben wollten, mischte sich ein Aufseher ins

Gespräch, der unsere Unterhaltung mit angehört hatte. Er erklärte uns, dass Ilyas' tatsächlicher Geburtsort Uskudar sei. Was er uns mit seinen Ausführungen hatte sagen wollen, war, dass in seiner Familie die Kinder auch ins Geburtenregister von Pinarhisar eingetragen wurden.

Angesichts dieser Unterstützung legte sich Ilyas' Schüchternheit ein bisschen, wofür ich dankbar war. Ich wollte nicht, dass mein Interview sich zum Verhör auswuchs, nur weil der Gefangene so scheu war. So bat ich ihn, er möge sich wie ich im Schneidersitz ins Gras setzen, statt respektvoll auf den Knien zu verharren. Ich wollte nicht, dass er sich mir unterlegen fühlte. Außerdem erklärte ich ihm, dass er, wenn er sich mit untergeschlagenen Beinen hinsetze, leicht Krämpfe bekommen würde. Schließlich nahm er im Schneidersitz Platz, doch lehnte er sich nicht, wie ich, mit dem Rücken an einen Baumstamm. Er hatte Angst, respektlos zu wirken.

Ilyas erlaubte uns, seinen Namen zu nennen. Auch seine wahre Identität und seine ganze Geschichte. Sogar sein Gesicht sollten wir filmen. Während er seine Unterschrift unter die Vereinbarung setzte, meinte er: »Wenn Sie meine Geschichte senden, hält das vielleicht einige Menschen von ihren Plänen ab. Dann werden vielleicht auch mir meine Sünden vergeben.«

Ilyas saß seit sieben Jahren im Gefängnis, doch war er erst vor zehn Monaten vom Zentralgefängnis in Istanbul hierher in diese Vollzugsanstalt in Edirne mit ihrem angeschlossenen landwirtschaftlichen Betrieb verlegt worden. Schicksalsergeben neigte er sein Haupt: »Wir sind hier so glücklich, wie wir es erwarten können.«

Der volle Krug Ayran und das Tablett voller Leckereien, das uns seine Zellengenossen geschickt hatten, sorgten dafür, dass Ilyas sich offensichtlich wohler fühlte. Gemeinsam zu essen ist meist ein guter Weg, um Barrieren abzubauen.

Auf dem Bauernhof des Gefängnisses trug Ilyas die Verantwortung für die Schafe. Er war nun Schäfer. Die Milchprodukte »seiner« Schafe hatten ihm mehr Selbstbewusstsein gegeben. Er fühlte sich erfolgreich, wie er es in seinem Leben als freier Mann nie war. Denn der Ayran, den wir tranken, war aus der Milch und dem Joghurt »seiner« Schafe gemacht. Daher fühlte er sich weniger unterlegen, wenn er uns trinken sah. Als wir über Milch, Käse und Ayran sprachen, wuchs Ilyas' Selbstsicherheit. Nun wusste ich, dass Ilyas' Stolz auf seine Schafe und ihre Produkte mir helfen würde, einen Weg zu seinem Herzen zu finden, wenn ich das Gespräch in die richtige Richtung lenkte.

Nicht selten bat Ilyas uns, die Kamera auszuschalten, wenn er seine Tränen nicht mehr zurückhalten konnte. Natürlich kam mein Kameramann seiner Bitte nach. Er zeichnete erst wieder auf, wenn Ilyas aufgehört hatte zu weinen. Daher vermittelt der Film den fehlerhaften Eindruck, Ilyas sei ein glücklicher Mensch. Erst wenn man genauer hinsieht, erkennt man die Tränen in seinen Augen. Selbst wenn sie im Film nie zu sehen sind, so sind sie doch immer da.

Ilyas war schon über fünfunddreißig, doch sein helles Haar ließ ihn jünger aussehen. Wie alle Türken thrakischer Herkunft sprach er das H am Wortanfang nicht. Daran änderte auch die Tatsache nichts, dass er in Istanbul aufgewachsen war. Seine Familie, die von Pinarhisar nach Istanbul gezogen war, hatte die Grenzen der Enklave, in der sie sich niedergelassen hatte, nie überschritten, und so war Ilyas nie mit anderen Sprechweisen in Berührung.

Ilyas wuchs mehr oder weniger in geschlossener Gesellschaft auf. Dort redeten die Menschen nicht viel miteinander. Jeder direkte Ausdruck war ihm zuwider. Angesichts einiger meiner Fragen und der Antworten, die er darauf würde geben müssen, erbleichte er. Doch das Lächeln auf seinem Gesicht verschwand nie, auch wenn ich mich mitunter für die Direktheit meiner Fragen entschuldigte. Dann sagte er nur: »Nicht der Rede wert, gar nicht der Rede wert.«

Mein Kameramann legte laufend neues Filmmaterial ein. Als Ilyas' Tragödie, die Tragödie eines vom Unglück Verfolgten, an diesem wie zum Hohn wunderschönen Frühlingstag in ihrem ganzen Ausmaß offenbar geworden war, verließen wir das Gefängnis. Die Geschichte dieses Mörders berührte uns tiefer als je eine andere zuvor.

Die Thraker sind ein großherziges, sanftes Volk, bei dem noch die Ärmsten der Armen wundervolle, fröhliche Hochzeiten feiern, bei denen Männer und Frauen zusammen den Tag genießen. Um niemanden zu stören, begraben sie ihre Toten ohne laute Klage. Was man bei Thrakern selten findet, sind: heftige Streitigkeiten, brennender Ehrgeiz oder leidenschaftliche Wünsche. Sie schätzen ihr gewöhnliches Leben und sind es zufrieden.

Ilyas' Familie gehörte zu diesen sanften Zuwanderern, die es nach Istanbul verschlug. Sein Vater arbeitete in einer Fabrik, die Teil der Koç-Holding war. Wir reden hier von der Zeit, in der die Löhne der Arbeiter noch nicht wie durch eine geheime Revolution diejenigen der Beamten hinter sich gelassen hatten. Damals gehörten Arbeiter in der Türkei noch nicht zur Mittelklasse.

Ilyas' Familie hatte in Umraniye das Erdgeschoss eines

dreistöckigen, illegal errichteten Gebäudes gemietet. Sie hatten nicht den Mut, einfach selbst ein Haus zu errichten. Stattdessen waren sie nun Mieter in einem jener Slumhäuser, die von Einwanderern aus dem Osten hingestellt worden waren.

Ilyas' Vater war ein gelassener, friedlicher Mann. Er achtete die Gesetze und war ein treuer Ehemann. Er ging morgens zur Arbeit und kehrte vor Sonnenuntergang wieder. Weder trank noch spielte er. Diesen Mangel an offenkundigen Lastern glich er durch übermäßiges Rauchen aus. Er rauchte so viel, dass sich zwischen seinen Vorderzähnen eine kleine Lücke bildete, was ihm ein unangenehmes, düsteres Aussehen verlieh. Davon abgeschreckt, fing kein Mitglied der Familie das Rauchen an, obwohl die ganze Nachbarschaft es tat.

Ilyas und seine fünf Geschwister wuchsen unter den steten Klagen seines Vaters auf. So beschwerte er sich beispielsweise: »Ah, ich hätte hier selbst ein Haus bauen sollen. Heute hätte ich vermutlich schon die Erlaubnis, drei Stockwerke mehr daraufzusetzen. Ich wäre schon längst reich.«

Ilyas wunderte sich immer, dass ein Mann, der stets bedauerte, kein *gecekondu* errichtet zu haben, seinen Blick in aller Seelenruhe auf das um sie herumwachsende Häusermeer richten konnte, ohne selbst zur Maurerkelle zu greifen. Doch natürlich wagte er nicht, dem Vater diese Frage zu stellen. In einer Nachbarschaft von gegen die Vorschriften verstoßenden Bauherren waren sie die Einzigen, die offensichtlich niemals bereit waren, selbst das Gesetz zu brechen.

Ilyas Vater setzte sich mit fünfzig Jahren zur Ruhe, doch zu jener Zeit sah er bereits so alt und verbraucht aus, dass man meinte, er müsse schon am nächsten Tag sterben. Von morgens bis abends ermahnte er seine Kinder: »Meine Rente hat nicht einmal ausgereicht, um ein Haus zu kaufen. Wir sind immer noch Mieter, aber ich habe es euch an nichts fehlen lassen. Ein Haus zu bauen ist gar nichts. Wichtig ist, dass die Familie anständig und harmonisch lebt. Und so habe ich euch erzogen. Seht euch nur unsere Nachbarn an: Jeder hat mehr als ein *gecekondu*, aber um ihre Töchter und Schwiegertöchter gibt es ständig Gerede. Meine Töchter sind vollkommen rein. Denn wenn eine Familie nicht anständig ist, wenn sie nicht von einem echten Mann geführt wird, dann wird es ihr schlimm ergehen. Ich aber stehe hinter euch. An der Ehre und Würde unserer Familie gibt es nichts zu rütteln.«

Als sein Vater an Zahnfleischkrebs starb, wurde Ilyas klar, dass es nicht reichte, wenn in der Familie die Moral stimmte. Sie hatten seinen kränklichen Vater von einem Krankenhaus zum anderen gebracht, doch aufgrund mangelnder Zahlungsfähigkeit nahm keines ihn auf. Ilyas' Vater starb am achten Tag des achten Monats des Jahres '88, an Ilyas dreizehntem Geburtstag. Einen Monat später folgte ihm Ilyas' Großmutter, die ihren Sohn zu Grabe hatte tragen müssen und mit diesem Schicksalsschlag nicht fertig wurde.

Zumindest deutete Ilyas dies so, wenn er den Gesprächen der Kondolierenden lauschte. Auf Geheiß seiner Mutter trat Ilyas in seines Vaters Fußstapfen. Das Gefühl, vom Schicksal benachteiligt zu werden, verließ ihn nie, doch er konnte diesem Eindruck keinen Namen geben. Ein Jahr nach seines Vaters Tod begann Ilyas, in einer Textilfabrik zu arbeiten. Seine Familie lebte hauptsächlich von seinem Lohn. Doch die Familie wohnte immer noch zur Miete.

Danach heirateten Ilyas' drei ältere Schwestern. Als kurvenreiche Blondinen in einem Viertel, in dem es sonst fast nur dunkelhaarige, recht dicke Kurdinnen gab, konnten sie ohne Schwierigkeiten an junge Männer aus der Gegend verheiratet werden. Schließlich lebten nur noch Ilyas und zwei jüngere Geschwister im Haus.

Bevor Ilyas seinen Militärdienst antrat, verheiratete man ihn mit einem taubstummen Mädchen. Behinderte und Straßenhunde wurden von den Kindern auf der Straße verhöhnt und misshandelt. Keiner beaufsichtigte die Kinder, während sie auf der Straße spielten, und so stellten sie alles Mögliche an: Sie rammten Nägel in die Ohren der Straßenhunde oder verfolgten Behinderte nach Hause, um sie mit Steinen zu bewerfen. In solch einer Umgebung bekam auch Ilyas' Frau ihren Anteil an wohlgezielten Grausamkeiten ab. Jahre hatte man sie verfolgt, ihr »Taubstumme! Taubstumme!« hinterhergerufen und sie mit Steinen beworfen. Glücklicherweise hatte sie von den Steinen nur ein paar leichte Narben im Gesicht davongetragen. Als sie Ilyas heiratete, war sie schon älter, und so war sie für die Kinder nicht mehr von Interesse.

Ilyas' Mutter allerdings interessierte sich durchaus für das Mädchen, das fleißig, sorgfältig und klug war. Sie war nicht respektlos wie die anderen Mädchen in der Nachbarschaft, sondern anständig und bescheiden. Außerdem lebte das Mädchen mit seiner Mutter in einem Haus, das den beiden gehörte – auch wenn es nur ein *gecekondu* war. Ilyas zog zu seiner Frau und seiner Schwiegermutter, die nur einige Blocks von seiner Familie entfernt wohnten. Seine Mutter hatte immer gesagt: »Wenn jemand kein Mieter ist, sondern im eigenen Haus wohnt, dann kann er sogar von Zwiebeln leben. Er muss sich weiter nicht anstrengen, um seinen Lebensunterhalt zu verdienen, denn er hat ja keine Miete zu bezahlen.«

Unmittelbar nach der Hochzeit wurde Ilyas zum Militär eingezogen. Dabei sah er zum ersten Mal den Osten des Landes. Er spürte den eisigen Frost und sah die verfallenden Städte, aus denen seine Nachbarn und sein Schwager stammten. Während des Militärdienstes verfluchte Ilyas sich selbst, weil er nicht zur Schule gegangen war und keinerlei Bildung hatte. Soldaten, die eine höhere Schule besucht hatten, wurden sofort Sergeant. Diejenigen, die einen Führerschein besaßen, wurden gar Fahrer für die Generäle. Sie erfreuten sich gewisser Privilegien, von denen er nur träumen konnte. Doch als der Militärdienst sich langsam dem Ende zuneigte, beschloss er, dass diese Zeit für jeden Menschen eine wichtige Erfahrung war, ganz gleich, wie er sie verbracht hatte. Ilyas ließ sich nicht beurlauben, sondern sammelte seinen Urlaub, um am Ende früher entlassen zu werden.

Als Ilyas nach Hause zurückkehrte, stellte ihn der ehemalige Chef seines Vaters ein. Die Fabrik produzierte farbige, teure Pullover und Westen. Allmählich begann Ilyas zu leben wie sein Vater. Er ging zur Arbeit und kam nach Hause. Etwas anderes tat er nicht. Seiner Frau und seiner Schwester, die sich gerne herausputzten, brachte er gelegentlich neue Stricksachen mit, weil er ihnen eine Freude machen wollte. Sein einziger Luxus war das Fußballspiel mit seinen Nachbarn auf einem künstlich angelegten Platz am Wochenende.

Die erste Katastrophe in Ilyas würdevollem, aber ärmlichen Leben ereignete sich neun Jahre nach dem Tod seines Vaters. Die jüngste seiner älteren Schwestern, die gerade erst geheiratet hatte, wurde auf grauenhafte Weise ermordet, als ihr Ehemann gerade nicht zu Hause war. Ilyas, der vorher noch nie mit einem Verbrechen, schon gar nicht mit einem Mord, in Berührung gekommen war, der noch nie mit der Polizei oder dem Gericht zu tun gehabt hatte, konnte es nicht ertragen, als er den Leichnam seiner Schwester in der Leichenhalle identifizieren musste. Vor den Augen des Polizisten fiel er in Ohnmacht und stürzte nieder auf den Marmorboden. Der Beamte machte ihm Vorwürfe: »Sollte je Ihre Würde beleidigt werden, wie wollen Sie Ihre Ehre wiederherstellen, wenn Sie schon bei einer solchen Kleinigkeit in Ohnmacht fallen?« Doch die verkohlte Leiche seiner Schwester ging Ilyas monatelang nicht aus dem Kopf. Sie verfolgte ihn bis in seine Träume.

Der Mord war angeblich von einem jungen Mädchen verübt worden, einer engen Freundin seiner Schwester. Sie war die Tochter eines Nachbarn und hatte es auf die fünf Armbänder abgesehen, die Ilyas' Schwester zu ihrer Hochzeit bekommen hatte. Das Mädchen wartete, bis Ilyas' Schwester allein zu Hause war. Dann streckte sie die Siebenundzwanzigjährige mit sieben Messerstichen zu Boden. Für Ilyas hatten diese Zahlen etwas Schicksalhaftes, das ihn nervös machte.

Um den Mord zu vertuschen, zog die Mörderin der Frau Armbänder und Ehering vom Finger, hüllte sie in eine dicke Decke, übergoss diese mit Benzin und steckte das Bündel dann in Brand. Das Feuer breitete sich über das ganze Haus aus. Die Wohnung seiner Schwester brannte nieder, und mit ihr verbrannte der Leichnam.

Wenn das Mädchen es nicht so eilig gehabt hätte, den Ehering zu verkaufen, auf dem Name und Hochzeitstag der Toten eingraviert waren, hätte wohl nie jemand gemerkt, dass die arme Frau von einer Freundin ermordet worden war. Aber die Halbwüchsige brachte keine Geduld auf und verkaufte Ehering und Armbänder nur wenige Tage nach dem Mord an den einzigen Goldschmied der Gegend. Und dieser erinnerte sich an die Besitzerin des schmalen Goldreifs, der erst vor wenigen Monaten anlässlich des freudigen Ereignisses bei ihm gekauft worden war.

Die Polizei verhaftete das Mädchen. Obwohl sie geständig war, konnte Ilyas nicht glauben, dass ein Mensch fähig war, einen anderen zu töten. Noch viel weniger leuchtete ihm ein, dass ein junges Mädchen eine ihr nahestehende Person so kaltblütig abschlachten konnte. Solch eine Bestialität war für Ilyas unvorstellbar.

Während der Beileidsbesuche kamen Nachbarn zu Ilyas, die er vorher nur vom Grüßen kannte. Sie brachten große Teller mit Essen vorbei und sagten zu Ilyas, wie leid ihnen seine unglückliche Schwester täte. Darauf folgten rätselhafte Kommentare wie: »Gott nimmt die Guten zu sich und lässt die Schlechten hier.« Ilyas begriff, dass mit den »Guten« seine ermordete Schwester gemeint war, auf wen aber bezog sich die Bezeichnung »schlecht«?

Die Trauerzeit ging allmählich vorüber, die Kommentare der Nachbarn aber änderten sich nicht. Irgendwann überhörte er sie einfach. Er konnte sich nicht vorstellen, dass jemand aus seiner Familie für »schlecht« gehalten werden könnte.

An einem seiner freien Tage tat Ilyas etwas, das er nur selten tat: Er ging in das Kaffeehaus in der Nachbarschaft. Dort wollte er ein oder zwei Gläser Tee trinken und dann wieder gehen, doch die jungen Männer im Kaffeehaus ließen es ihm gegenüber an Respekt fehlen. Ilyas fühlte sich unwohl, doch er tat, als habe er nichts bemerkt. Schließlich wollte er keinen Ärger. Als er aufstand, hielt einer der

Tagediebe ihn auf und sagte: »Kümmerst du dich um das Haus nebenan? Wenn ja, dann musst du uns ein Almosen geben.«

Ilyas wusste, dass mit »Almosen« Schutzgeld gemeint war, doch was es hieß, sich um ein »Haus zu kümmern«, war ihm nicht klar. Ilyas ließ sich nicht provozieren, sondern verließ schweigend das Kaffeehaus. Unmittelbar im Anschluss suchte er seine Schwester auf und erzählte ihr, was ihm gerade widerfahren war. Er sagte: »Was zum Teufel meinen diese Bastarde nur?« Ein wenig verärgert antwortete seine Schwester: »Nimm dir das noch nicht so zu Herzen, Bruder. Auf das Gerede völlig Fremder brauchst du doch nichts zu geben. Die sollen sich lieber um die Moral ihrer eigenen Töchter kümmern. Nur weil niemand etwas merkt, wenn etwas heimlich getan wird. Lass es einfach gut sein.«

Die Antwort seiner Schwester erregte Ilyas' Verdacht. Offensichtlich stellte man ihre Ehre in Frage, aber wieso?

Da seine Frau taubstumm war, konnte er sie nicht bitten, sich in der Nachbarschaft umzuhören. Seine Schwiegermutter wiederum lebte sehr zurückgezogen, so dass es unwahrscheinlich war, dass sie den Klatsch aus dem Viertel kannte. Und selbst wenn sie ihn gekannt und geglaubt hätte, hätte sie nicht gewollt, dass ihre Familie entehrt würde. Doch Ilyas' Ungewissheit sollte nicht lange andauern. Bald fand er heraus, dass die Nachbarn seine Schwester Aysel als Prostituierte betrachteten.

Gerüchte gingen um, doch Ilyas trat ihnen den eigenen Zweifeln zum Trotz tapfer entgegen. Er wollte einfach nicht glauben, dass es in seiner Familie ein unanständiges Mädchen geben konnte. Außerdem hatte er keine Beweise, dass seine Schwester ein liederliches Leben führte. Also verschloss er seine Ohren vor den ehrenrührigen Behauptungen und sagte: »Das ist doch nur Gerede. Kein Körnchen Wahrheit steckt darin. Außerdem sollte sich jeder um seine eigenen Angelegenheiten kümmern.«

Doch jedes Gerücht, das ihm zu Ohren kam, hinterließ in Ilyas' Seele eine Narbe. Als das Mitleid der Nachbarn, das der Familie aufgrund des tragischen Todesfalls entgegengebracht wurde, allmählich nachließ, zog Ilyas sich noch mehr zurück. Die giftigen Dämpfe der Gerüchteküche sorgten dafür, dass Ilyas zu einem Schatten seiner selbst wurde, obwohl er nie vollkommen überzeugt war, dass seine Schwester vom rechten Weg abgekommen war. Doch in den Augen der Nachbarn litt Ilyas' Ruf, einfach weil er der Flut von Gerüchten um Aysel keinen Einhalt gebot.

Die Straßenkinder, die einst seine Frau mit Steinen beworfen und Dosen an den Schwanz der freilaufenden Hunde gebunden hatten, nahmen sich nun des schmächtigen Mannes an. Sie wussten zwar nicht, worum es bei all den Gerüchten wirklich ging, doch sie bekamen schnell mit, dass Ilyas nun eine Art Ritter von trauriger Gestalt geworden war. Und als solcher musste er ihre Anwürfe wehrlos über sich ergehen lassen. Mit der Zeit grüßten ihn immer weniger Nachbarn. Am Ende war Ilyas vollkommen isoliert. Und mit ihm seine gesamte Familie.

Der schlechte Ruf breitete sich aus wie eine ansteckende Krankheit. Bald war es nicht nur Aysel, die angeblich eine Prostituierte war, sondern alle Frauen aus Pinarhisar. Und schließlich alle Frauen aus der Region. Die Kluft zwischen der angeblich ehrlosen thrakischen Minderheit, deren Töchter als Schlampen galten, und der kurdischen Mehrheit, deren Töchter verhüllt gingen, um ihre Ehre zu schützen, weitete sich immer stärker aus.

Obwohl Ilyas ständig so tat, als bekomme er nichts mit, litt er doch sehr unter den beleidigenden Blicken der Nachbarn, die sich über ihn lustig machten und ihn als Feigling betrachteten. Diese Blicke machten ihn krank. Dabei wollte er doch nur mit seiner Frau und seinem neugeborenen Sohn in Ruhe gelassen werden. Er konnte nicht verstehen, wieso Aysels Benehmen einen Keil zwischen ihn und die Nachbarn treiben konnte. So einfach, als spalte man eine Wassermelone.

Ilyas wagte nicht, Aysel zu fragen, ob sie wirklich eine Prostituierte war, doch allmählich begann auch er, sie schlecht zu behandeln. Er unterbrach sie bei jeder Gelegenheit und legte ihr gegenüber dieselbe feindselige Haltung an den Tag, wie die Nachbarn es ihm gegenüber taten. Aysel hingegen schwor, dass die Tatsache, dass sie blond war, einfach nur den Neid der weniger gut ausgestatteten Mädchen der Umgebung erregte. Das sei alles.

Irgendwie hoffte Ilyas auf ein göttliches Wunder, doch Gott wollte ihn nicht erhören. Andererseits konnten sie auch nicht umziehen, denn Ilyas konnte sich eine Wohnung in einem anderen Viertel nicht leisten. Außerdem war seine Frau noch nie von ihrer Mutter getrennt gewesen. Ilyas' Schwiegermutter ersetzte ihrer Tochter Mund und Ohren. Darüber hinaus kümmerte sie sich um das Baby. Schließlich konnte seine Frau das Kind ja nicht hören, wenn es schrie. Ilyas wusste, dass die alte Frau glaubte, sie selbst trage die Schuld an dem Zustand ihrer Tochter. Daher hatte sie ihr ganzes Leben der Tochter und jetzt dem Enkelkind gewidmet, was Ilyas fremd war.

Seine Schwiegermutter hatte ihren Cousin geheiratet. Drei ihrer Kinder starben noch im ersten Lebensjahr. Nur das letzte Kind war am Leben geblieben. Ilyas' Schwiegermutter war am Boden zerstört gewesen, als die Ärzte ihr mitgeteilt hatten, dass das kleine Mädchen weder hören noch sprechen konnte, weil sie die Ehe mit einem nahen Verwandten eingegangen war. Seit diesem Tag versuchte sie, die Behinderung ihrer Tochter auszugleichen. Für Ilyas hingegen hatte die Behinderung seiner Frau keinerlei Bedeutung. Sie war genauso geschickt wie ihre Mutter. Die lebensfrohe Frau verließ sich stets auf ihre Intuition, was Ilyas einfach wunderbar fand. Außerdem war Ilyas selbst kein großer Redner. Er hätte ein glückliches und zufriedenes Leben geführt, wäre da nicht die Sache mit den Nachbarn gewesen.

Mittlerweile erhielt Ilyas auch handfestere Botschaften, vorzugsweise in der Nacht. Mit Vorliebe wurden Fensterscheiben eingeworfen, doch da seine Frau nichts hörte, hatte sie auch keine Angst. Erst am Morgen stellte sie traurig fest, dass die Scheiben zerbrochen waren. Seine Schwiegermutter und sein Sohn allerdings fürchteten sich sehr. Jede neue Attacke versetzte sie in Angst und Schrecken. Ilyas kümmerte sich sofort um den Ersatz der Fensterscheibe, um die Unannehmlichkeiten so gering als möglich zu halten. Er blieb lange auf, um Wache zu halten, doch diejenigen, die seine Fensterscheiben einwarfen, machten sich ohnehin nicht die Mühe, ihre Identität zu verschleiern. Es handelte sich um kurdische Jugendliche, die für sich in Anspruch nahmen, über die Moral der Mädchen in der Nachbarschaft zu wachen. Sie brüsteten sich offen damit, dass sie kein unanständiges Mädchen in ihrer Umgebung dulden würden. Ilyas vorwiegend thrakische Nachbarn aber wollten nicht riskieren, in den Verdacht mangelnder Moral zu kommen, und zeigten ihm deshalb ebenfalls die kalte Schulter.

Ilyas bekam allmählich heraus, dass die Wurzeln all der alptraumhaften Gerüchte in die Zeit zurückreichten, als er seinen Militärdienst geleistet hatte. Da er im Osten des Landes war, kamen Gerüchte auf. Schließlich lebte zu jener Zeit kein Mann im Haus, der den Frauen vorstand. Da Thraker aber nicht in riesigen Clans zusammenlebten wie die Kurden, sahen seine entfernteren Verwandten keinen Grund, in Ilyas' Abwesenheit nach den Frauen zu sehen.

Als die Nachbarn dann begannen, ihm ins Gesicht zu spucken, hatte Ilyas die Grenzen seiner Leidensfähigkeit erreicht. Er beschloss, Aysel auf die Frage anzusprechen und das Thema ein für alle Mal aus der Welt zu schaffen. Ilyas glaubte an die Welt der Zahlen. Als er am Morgen zur Arbeit ging, dachte er: »Heute ist der Todestag meines Vaters und damit auch mein Geburtstag. Der achte Tag des achten Monats im Jahr '88. Möge Gott uns vor Unheil bewahren.« Dann aber redete er sich selbst gut zu: »Was kann Hungerleidern wie uns schon groß passieren? Großes Unglück befällt nur hohe Tiere. Was haben wir schon zu verlieren?« Für die Erkenntnis, dass auch arme Menschen großes Leid erfahren können, bezahlte Ilyas einen hohen Preis. Es sah ganz so aus, als habe der Gott, in den er sein Vertrauen setzte, seinen Untergang beschlossen.

An diesem unglückseligen Tag spielte Ilyas Fußball auf dem künstlich angelegten Platz in der Nachbarschaft. Er war gerade nach Hause gekommen, wo er Aysel auf dem Sofa vorfand, das Baby im Arm. Sie roch nach Schnaps. Zum ersten Mal sah Ilyas ein Mitglied seiner Familie betrunken. Dass es auch noch seine Schwester war, setzte ihm noch mehr zu. Aysel sagte Ilyas, sie sei in sein Haus gekommen, weil ihre Mutter sich nur Sorgen machen würde, wenn sie ihre Tochter sturzbetrunken sah. Ilyas merkte, dass seine Schwiegermutter sie beide ängstlich musterte. Seine Frau verstand nicht recht, was vorging, fühlte aber, dass etwas nicht stimmte. In Zeichensprache signalisierte sie Ilyas, er möge doch nicht allzu wütend werden.

Doch nun brach sich die ganze Scham Bahn, die sich in Ilyas mittlerweile aufgestaut hatte. Er nahm Aysel seinen Sohn aus den Armen und reichte ihn seiner Schwiegermutter. Schließlich wollte er das unschuldige Kind nicht erschrecken. Zu seiner Schwester sagte er: »Reicht es noch nicht, dass du uns in den Augen der Nachbarn entehrt hast? Willst du mich jetzt auch noch vor meiner Schwiegermutter jeder Ehre berauben?« Aysel zog ein paar zusammengerollte Geldscheine aus der Tasche und hielt sie ihm hin: »Geld entschädigt doch bekanntlich für alles, oder?«, sagte sie. »Lass mich für deinen Unterhalt aufkommen, Bruder. Diese Welt gehört jenen, die Geld haben ... Niemand reißt das Maul auf, wenn du Geld hast.«

Als seine Schwester anfing, mit dem Geld vor seiner Nase herumzuwedeln, hatte Ilyas das Gefühl, als würde ihm der Boden unter den Füßen weggezogen. Er kam sich wie ein vollkommener Versager vor. Seine Schwiegermutter sagte zu ihm, das Mädchen sei betrunken. Er solle doch am nächsten Morgen mit ihr reden, wenn sie wieder nüchtern sei. Doch Ilyas hörte nicht auf sie.

Stattdessen fragte er: »Schwester, warum trinkst du denn? Denkst du nicht daran, dass dies deiner Ehre schaden kann?«

Sie erhob ihren Kopf vom Sofa und schrie ihn an: »Glaubst du, ich frage dich, ob ich trinken darf?«

Ilyas verfluchte seine Schwester: »Geh mir aus den Augen und mach deinen Frieden mit Gott.« Damit drehte er sich um. In den ruhigen Stunden vor dem Sturm sah die

Familie wortlos fern. Ilyas' Schwiegermutter wiegte den Kleinen in den Schlaf und zog sich in ihre Räume zurück. Gegen Mitternacht holte seine Frau das Kind und nahm es mit in ihr gemeinsames Bett, weil sie fand, es solle die Liebe der ganzen Familie erfahren. Doch davor schob sie Ilyas fast mit Gewalt in den gemeinsamen Schlafraum, als wolle sie ihn beschützen. Alle gingen früh schlafen. Aysel lag auf dem Sofa, schlief und schnarchte. Sie stank immer noch nach Schnaps.

Als seine Frau den Jungen aus dem Zimmer ihrer Mutter holte, erhob sich Ilyas lautlos. Er konnte ohnehin nicht einschlafen. Also ging er ins Esszimmer und ließ sich dort auf einen Stuhl fallen. Dort stützte er den Kopf in die Hände. Sein Blick richtete sich auf Aysels geschwollenes Gesicht. Ilyas dachte über alles nach, über seine Frau, seine Schwiegermutter, seine Schwester und darüber, wie schwierig es war, dass er allen so eng verbunden war. Und darüber, warum er niemals glücklich war. Er brauchte doch so wenig zum Glück, und nicht einmal dies wollte Gott ihm gewähren. Ilyas dachte an all die unehrlichen, betrügerischen Leute, die in schönen Häusern lebten und keinerlei Mühe hatten, ihren Lebensunterhalt zu verdienen. Während er und seine Familie, die nie auch nur eines von Gottes Geboten missachtet hatten, von Gott vergessen worden waren. Er wollte doch nur, dass die Nachbarn endlich das Interesse an Aysel verloren, dass sie sie vergaßen. Aber das taten sie nicht. Sie klatschten sogar jenen gegenüber, die wirklich vergessen wollten.

Ilyas wünschte sich nichts sehnlicher, als seine Schwester sagen zu hören, dass alle Geschichten über sie nichts als Lügen seien. Selbst wenn sie das nicht sagte, hätte er gerne zu ihr gesagt: »Geh schlafen. Wir reden morgen früh darüber.« Doch kein Wort kam über seine Lippen. Als er da so saß, erinnerte er sich daran, welche Köstlichkeiten Aysel immer gekocht hatte. Vor allem die leckeren Fleischbällchen, die sie für die Abendmahlzeiten im Fastenmonat Ramadan zubereitet hatte. In diesem Monat war dies das einzige Vergnügen: abends zusammenzukommen und gemeinsam die besten Mahlzeiten zu verzehren. Und Aysel war stets die Königin des Ramadan gewesen.

Als er daran dachte, legte sich der Aufruhr in Ilyas' Herzen ein wenig. Eine Stimme in seinem Innern sagte: »Ilyas, du hast eine Familie, für die du sorgen musst. Deine Frau kann nicht sprechen, dein Sohn ist zu klein, deine Mutter krank. Und du bist für alle verantwortlich. Denk nicht mehr an all die leeren Worte. Kümmere dich um deine Angelegenheiten. Zeig Verantwortungsbewusstsein. Sorge für deine Familie. Dass die Leute sich das Maul zerreißen, kannst du ohnehin nicht verhindern. Wenn du ein wenig Geld sparst, dann kannst du dieses Viertel voller Klatsch und Tratsch hinter dir lassen. Dann wächst dein Sohn in einer besseren Umgebung auf, und du kannst all das vergessen. Du wirst dich nicht einmal daran erinnern.«

Doch da war noch eine andere Stimme in seinem Kopf, die ihn aufstachelte: »Feigling. Du bist entehrt. Bist du denn kein Mann? Wie willst du den Nachbarn je in die Augen sehen? Und wenn es dich nicht stört, was wird aus deinem Sohn? Glaubst du, er wird dir verzeihen, wenn er erst erwachsen ist? Diese Geschichten über deine Schwester sind wahr. Sieh doch nur hin: Da liegt sie – sturzbetrunken. Wie willst du in der Gesellschaft ehrenwerter Menschen je wieder mit erhobenem Haupt einhergehen?«

Und so kam es, dass Ilyas sich plötzlich über Aysel beugte, mit seinen Händen ihren Hals umklammerte und zudrückte. Dabei hatte er das Gefühl, er sitze immer noch da, den Kopf in die Hände gestützt. Die Hände, die Aysel gerade erwürgten, gehörten jemand anderem. Er würde nie in Erfahrung bringen, was ihn genau zu der Tat getrieben hatte, denn gewöhnlich tat er keiner Fliege etwas zuleide. Dass er je jemanden erwürgen sollte, war unvorstellbar.

Als Ilyas Aysels Hals losließ, der langsam anschwoll und große violette Male bekam, hatte sie aufgehört sich zu bewegen. Es hatte keinerlei Geräusche gegeben. Aysel hatte ihm keinen Widerstand entgegengesetzt, als habe sie in Wirklichkeit sterben wollen.

Aufmerksam sah Ilyas zu den Türen der Schlafzimmer seiner Frau und seiner Schwiegermutter hin. Er lauschte eine Weile. Ob sie etwa aufgewacht waren? Aber nein, es war nichts zu hören. Die Schlafenden hatten nicht bemerkt, dass ihr Leben sich im Zimmer nebenan auf einmal vollkommen verändert hatte.

Ilyas öffnete die Tasche seiner Schwester. Eine Brieftasche, ein Feuerzeug in Form von weiblichen Brüsten und ein Päckchen Zigaretten fielen heraus. Ilyas öffnete die Zigarettenpackung und sah die dünnen Zigaretten, welche die Lebedamen im Film stets rauchten. Da wusste er, dass er seine Schwester nicht wegen irgendwelcher unbewiesener Gerüchte getötet hatte. Sie war eine Verlorene und hatte den Tod verdient. Ilyas' Zorn auf die Nachbarn legte sich. Sie waren also im Recht gewesen. Mit solch einer Frau konnte eine Familie nicht leben.

Der schmächtige Mann, der noch nie geraucht hatte, zündete sich nach einigen fehlgeschlagenen Versuchen mit dem busenförmigen Feuerzeug eine Zigarette an. Bis zum Morgengrauen rauchte er eine Zigarette nach der anderen. Während der Rauch den Raum erfüllte, spähte Ilyas zum Leichnam seiner Schwester hin. Er schluchzte nicht, weil die offenen Augen und der vom Atem verlassene Körper seiner Schwester ihn erschütterten, sondern weil er sie nicht davor hatte bewahren können, auf die falsche Bahn zu geraten. Gelegentlich wurde er wütend auf die tote Frau vor ihm, weil sie ihn gezwungen hatte, sie zu töten. Dann versetzte er der Leiche einen hoffnungslosen Schlag. So wie er jetzt, waren Ilyas und seine Frau gesessen und hatten bis zum Morgengrauen geschluchzt, als ihr Sohn zur Welt gekommen war und der Arzt ihnen gesagt hatte, dass das Kind ganz normal hören und sprechen konnte. Tränen, bemerkte Ilyas, machten keinen Unterschied zwischen Glück und Unglück.

Als der morgendliche Aufruf zum Gebet erklang, hörte Ilyas auf zu weinen. Innerlich war er seltsam ruhig. Die Leiche, er selbst und Gott waren nun allein im Raum. Gott half ihm, sich zu beruhigen. Er streckte die Arme gen Himmel und betete. Leider konnte er nicht mehr um Glück beten, aber er dankte Gott, der seinem Sohn eine glänzende, glückliche Zukunft bescheren würde. Denn dieser hatte es verdient.

Ilyas betete, bis die ersten Sonnenstrahlen durch die Baumwollvorhänge einfielen und die ersten Geräusche des beginnenden Tages durch die dünnen Wände des Hauses zu ihm drangen. Er betete für alle, die in Sünde gestorben waren, auch für Aysel. Dann schlich er zum Haus seines Nachbarn und klopfte dort an die Tür. Als dieser öffnete und sich erstaunt die Augen rieb, flüsterte Ilyas ihm zu: »Aysel ist tot. Ich kann nicht telefonieren, weil bei mir noch alles schläft. Bitte holen Sie die Polizei.«

Der Mann verstand kaum, was Ilyas ihm da sagte, griff aber automatisch zum Telefon. Auf Zehenspitzen schlich

Ilyas wieder nach Hause. Dort bedeckte er das Gesicht seiner Schwester mit einem Tuch, weil er sie nicht mehr länger ansehen konnte. Dann machte er sich für die Arbeit fertig: Er dachte, er könne zur Arbeit gehen wie immer. Auch ihm war nicht klar, dass sein Leben sich gerade für immer gewandelt hatte.

Als die Nachbarn mit der Polizei kamen, wollte Ilyas gerade das Haus verlassen. Dass die Polizisten in sein Haus eindrangen, war ihm gleichgültig, doch die Geschwindigkeit, mit der sich die Nachricht gerade bei jenen Leuten verbreitet hatte, die andererseits kein böses Gerücht vergaßen, erstaunte ihn dann doch.

Ein Polizeibeamter zog Aysel das Tuch vom Gesicht und begann, Fotos zu machen. Einmal mehr ließ Ilyas sich in den Stuhl fallen und stützte den Kopf in beide Hände. Einmal mehr wusste er nicht, was zu tun war.

»Sie ist meine Schwester. Sie war eine Verlorene«, sagte er zu den Beamten, die Fotos machten.

Doch die Polizisten wollten von Ilyas zunächst einmal gar nichts wissen. Also ging er ins Schlafzimmer und weckte seine Frau. In Zeichensprache sagte er ihr, dass die Polizei im Haus war. Erschrocken sprang sie auf und zog instinktiv ihr Baby an die Brust. Mit dem Kind lief sie ins Wohnzimmer. Als sie sah, was geschehen war, weinte sie laut. Ilyas Schwiegermutter kam erst gar nicht aus ihrem Zimmer, obwohl es unmöglich war, den Lärm zu überhören. Anscheinend wollte die alte Frau einfach liegen bleiben, bis der Sturm vorüber war.

Ilyas sollte sie nie mehr wiedersehen.

Die Polizeibeamten legten ihm Handschellen an. Sie führten ihn aus dem Haus und zu dem Polizeiwagen, der draußen wartete. Die Nachbarinnen versammelten sich an den Fenstern und schimpften auf Ilyas herab. Vor Trauer um die unglückliche, ermordete Aysel schlugen sie sich auf die Brust und machten Gesten, als wollten sie Ilyas erwürgen. Er konnte nicht glauben, dass sie seine Schwester so sehr geliebt hatten. Zumindest hatten sie vorher nichts dergleichen erkennen lassen. Die Menschen schienen ihm wie ausgewechselt. Hatten sie Aysel nicht stets verflucht? Eine Horde Kinder tauchte auf und schubste sich gegenseitig, während sie sich um das Auto herum Verfolgungsjagden lieferten. Ilyas konnte nicht verstehen, wie sie so früh aufwachen und von dem Vorfall hatten hören können. Zum letzten Mal warf er einen Blick auf sein Haus. Nun würde er das Viertel, das er so sehr hasste, ein für alle Mal hinter sich lassen. Auch seine Frau und seinen Sohn sollte er niemals wiedersehen.

In der Polizeistation brachte man Ilyas in die Abteilung für Gewaltverbrechen. In den Zellen dort erfuhr er, wie viele Verbrechen in seiner Stadt begangen wurden. Da waren perverse Männer, die ihren eigenen Körper mit dem Messer bearbeitet hatten; Betrunkene mit blutverschmierten Gesichtern; Zigeuner, die wegen Diebstahls verhaftet worden waren; weibliche Drogendealer und Prostituierte; die unterschiedlichsten Menschen, die sich durch die Nacht in den Morgen treiben ließen und die Polizeibeamten entweder anflehten, sie frei zu lassen, oder sie mit Flüchen und wüsten Beschimpfungen eindeckten. Noch vor der Mittagsstunde wurde Ilyas dem Staatsanwalt vorgeführt.

Dort legte er ein einfaches und umfassendes Geständnis ab. Seine Aussage erschöpfte sich in drei Sätzen. Nachdem er die Niederschrift und jeden einzelnen Durchschlag unterzeichnet hatte, brachte man ihn zum Staatsanwalt in Uskudar. Was dieser zu ihm sagte, überstieg Ilyas Begriffsvermögen, doch als man ihm ein zweites Mal Handschellen anlegte, begriff er, dass er nun verhaftet worden war. Die Maßnahmen, die künftig sein ganzes Leben bestimmen sollten, liefen reibungslos und systematisch ab. Hätte es keinen Stau in der Innenstadt gegeben, dann hätte der Transport vom Büro des Staatsanwalts zum Gefängnis höchstens fünf Minuten gedauert. Nur wegen des dichten Verkehrs zog sich Ilyas' Einlieferung ins Staatsgefängnis bis zum Abend hin.

Der Wachbeamte nahm väterlich Ilyas' Habseligkeiten an sich. Dann wurde er aus Sicherheitsgründen geröntgt. Das Wachpersonal sagte zu ihm: »Möge Gott dich segnen.« Dann brachte man ihn in die Zelle, die während der Verhandlung seine neue Heimat sein würde. Als er in die Zelle kam, stellte er zu seinem Erstaunen fest, dass alle anderen Gefangenen um seine Schuld wussten. Immer wieder überraschte ihn die Geschwindigkeit, mit der manche Nachrichten sich verbreiten.

Da Ilyas seine Ehre verteidigt hatte, zollte man ihm im Gefängnis Achtung und störte ihn nicht. Seine Zellengenossen drückten ihm sein Beileid aus und hielten sich dann von ihm fern. Bedauerlicherweise hatte Ilyas kein Bett, denn das hatte jeder Gefangene selbst zu stellen. Ein älterer Gefangener überließ ihm eine Matratze. Als er sie auf dem Betonboden ausbreitete und sich niederlegte, fiel er sofort in Schlaf. Irgendwie hoffte er, dass sich beim Aufwachen alles als Albtraum erweisen würde. Doch als er erwachte, wurde ihm schmerzhaft bewusst, dass alles Wirklichkeit war. Das geschwollene Gesicht seiner Schwester schien ihn durchs Zellenfenster herein anzublicken. Der Augenblick, in dem seine Schwester starb, hatte sich tief in Ilyas' Gedächtnis eingegraben. Nun wusste er, dass er diesen Augenblick immer wieder würde durchleben müssen.

Die Verhandlung dauerte ein ganzes Jahr. Diese Zeit verbrachte Ilyas im Bett in seiner Zelle, ausgenommen natürlich die Verhandlungstage. Er konnte sich nicht daran gewöhnen, in Gruppen von mehreren Personen im Gefängnishof auf und ab zu traben. Er zog es vor, die Zelle zu putzen oder stundenlang auf einen bestimmten Punkt zu starren. Seine kostbarsten Momente waren die, in denen er auf der Matratze lag und an die Zellendecke starrte. Dann sah er seine beiden toten Schwestern, eine verkohlt, die andere erwürgt. Hand in Hand blickten sie von der Decke des Raumes zu ihm herab.

Die Anwaltschaft von Istanbul stellte Ilyas einen kostenlosen Verteidiger zur Seite, doch dieser meinte gleich, dass man in Ilyas Fall nichts tun könne. Und so wurde Ilyas zu zwanzig Jahren Zuchthaus verurteilt. Doch nichts, weder die gerichtlich verhängte Strafe noch sein zerstörtes Leben, konnten Ilyas den Schmerz nehmen, der in ihm erwachte, als er die Ergebnisse der gerichtsmedizinischen Untersuchung zu hören bekam. Seine Schwester, die monatelang Anlass der bösartigsten Gerüchte gewesen war, war in Wirklichkeit bei ihrem Tod noch Jungfrau gewesen. Ilyas' Anwalt legte gegen dieses Gutachten Widerspruch ein, doch auch der zweite Gerichtsmediziner kam zu demselben Urteil. An diesem Tag begriff Ilyas, dass er sein Leben für nichts weggeworfen hatte. Seine Schwester war eine jungfräuliche Prostituierte gewesen.

Da verstand Ilyas, dass die Nachbarn die eigentlichen Mörder waren. Die Nachbarn teilten Liebe und Leid miteinander. Sie feierten alle hohen Feste zusammen, doch wer immer wagte, anders zu sein, der war ihnen verhasst. Erkannten sie sich im anderen wieder, waren sie sanft wie der Tiger zu seinen Jungen, doch wurden sie ebenso wild wie das Raubtier, wenn es um Menschen ging, die ihr Anderssein lebten. Ilyas dachte, dass ihm seine familiären Tragödien durchweg erspart geblieben wären, hätte er irgendwo alleine leben können.

Nur sein Bruder besuchte Ilyas im Gefängnis. Der Rest seiner Familie hatte beschlossen, ihn zu vergessen. Sein Bruder erzählte Ilyas, dass die Gerüchte in der Nachbarschaft immer noch nicht verstummt waren. Niemand glaubte an Aysels Jungfräulichkeit. Offensichtlich war man der Ansicht, die Familie habe die Gerichtsmediziner bestochen, um so Aysels Ehre zu retten. Diese Nachricht betrübte Ilyas zutiefst. Anscheinend vermochte nicht einmal Aysels Tod dem bösen Gerede ein Ende zu setzen.

Sobald das Urteil ergangen war, schickte man Ilyas in ein Gefängnis in Bandirma. Dort blieb er fünf Jahre und vier Monate. Als man ihn probehalber nach Edirne schickte, war Ilyas' Sohn neunzehn Jahre alt. Seine Frau, die ihn nicht einmal im Gefängnis besucht hatte, reichte die Scheidung ein.

In Edirne begann Ilyas, hart zu arbeiten, als wäre er nach wie vor ein freier Mann. Er kümmerte sich um die Schafe, und wenn er sie in den Unterstand brachte oder sie herausholte, zählte er sie immer und immer wieder. Er führte sie hinaus auf die Weide. Er molk sie und stand ihnen bei der Geburt der Lämmer bei. Alles im Gefängnis von Edirne. Gleichzeitig versuchte er, seine Frau von der Scheidung abzubringen. Er bat seinen Bruder, den *hodja* in der Nachbarschaft zu kontaktieren. Doch dieser weigerte sich zu helfen. Er ließ ihm ausrichten, dass es das gute Recht seiner Frau wäre, sich von ihm scheiden zu lassen, wenn er im Gefängnis saß. Da gab Ilyas auf. Von nun an versuchte er anzunehmen, was das Leben für ihn bereithielt. So erlangte er einen inneren Frieden, der nur durch die Hingabe an Gott zu erfahren ist. Er beschloss, der beste Schäfer des Gefängnisses zu werden. Sein Einsatz für die Tiere gab ihm das Gefühl, endlich für seine Sünden Buße tun zu können. Die Liebe, die er ihnen entgegenbrachte, heilte allmählich seine wunde Seele.

Morgens um sechs Uhr stand er auf, nahm ein Glas Milch, ein Stück Brot und etwas Käse zu sich. Dann füllte er das Futter in die Tröge und trug sie zum Unterstand. Dort trennte er die Schafe von den Lämmern. Die Schafe brachte er zum Grasen auf die Weide und achtete darauf, dass sie vor Mittag gefressen hatten, denn in der Hitze der prallen Mittagssonne sollten sie nicht grasen. Zur Mittagszeit kehrte Ilyas mit den Schafen in den Unterstand zurück. Bis zum Nachmittag durften sie dann bei ihren Lämmern bleiben. Waren die Lämmer gesäugt, führte Ilyas die Schafe nochmals auf die Weide hinaus. Erst spät am Abend kehrte er zum Unterstand zurück.

Während er seine Herde bewachte, spielte er nicht Flöte wie andere Hirten, sondern sang Volkslieder. War das Lied traurig, blieben die Schafe auf der Wiese, war es hingegen fröhlich, sammelten die Schafe sich zum Gang in den Unterstand. Dieser Umstand hatte Ilyas auch in anderen Gefängnissen bekannt gemacht. Es hieß, er habe die Schafe mit seinen Volksliedern abgerichtet. Und so wurde Ilyas immer öfter gebeten, seine Dressurkunststücke vor hochgestellten Besuchern des Gefängnisses vorzuführen.

Als er noch jung war, hatte auch Ilyas viele Träume, doch niemals war es ihm in den Sinn gekommen, dass er einmal als armer Gefängnisschäfer enden könnte. Dabei hatte er sich in seinen Träumen nie verstiegen. Sparen hatte er wollen und eine Strickmaschine kaufen, an der er und seine Frau, die viel gelernt hatte, wunderschöne Pullover und Cardiganwesten gestrickt hätten. Dann hätten sie die Sachen in der Nachbarschaft verkauft und sicher leicht davon leben können.

Doch war keiner ihrer Träume in Erfüllung gegangen. Ilyas wollte kein zweites Kind. Er wollte all seine Ersparnisse für seinen Sohn zurücklegen, damit dieser – zum Gedenken an Ilyas Vater, der ja an Zahnfleischkrebs gestorben war – Zahnarzt werden sollte. Andererseits begriff Ilyas im Gefängnis auch, dass sein Vater sich geirrt hatte. Ilyas wünschte, er hätte das Viertel verlassen, sobald die ersten Gerüchte über Aysel zu zirkulieren begannen. Er als Mieter hätte ja jederzeit ausziehen können. Als Mieter besaß man große Freiheit, nur der Eigentümer war an sein Haus gebunden. Als Mieter hätte er hinziehen können, wo immer er wollte.

Wären sie doch nur, so dachte Ilyas, umgezogen, irgendwohin, wo niemand sie kannte. Dann hätte er die wachsende Scham nicht erdulden müssen, die auf ihm lastete. Er hätte mit seiner Schwester reden und sie auf den rechten Weg zurückbringen können. Zeit heilt alle Wunden, auch die ihren. Doch ebendiese Zeit hatten sie sich nicht genommen.

Ilyas sprach, als habe er die Kamera vollkommen vergessen. Er wischte sich die Tränen weg, die ihm über das Gesicht strömten. Dann nahm er die leeren Ayrangläser vom Boden auf.

»Könnten Sie nicht meine Frau aufsuchen und sie bitten, mir zu vergeben?«, bat er uns leise, ohne uns anzusehen.

Dann aber änderte er plötzlich die Meinung. Das Datum auf den Filmkassetten schien ihn an etwas zu erinnern.

»Nein«, sagte er. »Ich möchte nicht, dass Sie das tun. Niemals.«

Dann stand er auf und ging langsam mit hängendem Kopf zu den Unterständen der Schafe. Er sagte uns nicht auf Wiedersehen.

Wir schrieben den achten Tag des achten Monats.

Naile

Bahri wusste, dass der Kaffeehausprediger eine einflussreiche Persönlichkeit war. Jeden Freitag ging er hin, um seine Predigt im Kaffeehaus zu hören. Nicht in der Moschee. Da Bahri sich meist nicht merken konnte, was der Prediger gesagt hatte, wollte er sich eigentlich Notizen machen, doch er wagte nicht, dies im Kaffeehaus zu tun, weil er wusste, dass man ihn missverstehen würde. Es galt als auffällig, ja verdächtig, im Kaffeehaus etwas mitzuschreiben. Niemand in dieser Stadt schrieb, ausgenommen die Lehrer. Und jedes Mal, wenn Bahri etwas mitschreiben wollte, hatte er weder Papier noch Bleistift bei sich. Außerdem lag seine Schulzeit schon so lange zurück, dass er Papier und Bleistift ansah, als wären dies Gerätschaften, die er zwar kannte, aber nicht zu gebrauchen wusste.

Also wiederholte er in Gedanken die Worte des Predigers, wenn er zur Arbeit ging, doch er erinnerte sich einfach nie an alles, was dieser gesagt hatte.

»Wenn du einem Wolf eine Lammhaxe hinlegst, würde

der Wolf dann sagen: ›Nein, danke.‹ Ganz im Gegenteil: Er würde sie sofort verschlingen. Wer also ist schuldig? Der Wolf, der das ihm dargebotene Fleisch verschlingt? Oder der, der seinen Appetit erregt? Natürlich können Sie sagen, der Wolf sei wild. Er würde auch ein ganzes Lamm fressen, wenn man ihn ließe. Doch wir können auch die Katze als Beispiel nehmen. Wenn Sie Fleisch vor die Tür legen, kommt die Katze und frisst es. Wer ist dafür verantwortlich: die Katze oder das Fleisch?

Ich werde diese Frage nicht beantworten. Sie müssen selbst darüber nachdenken. Ein Mensch, der nicht denkt, unterscheidet sich nicht vom Tier. Sie aber werden nachdenken und sich der Tatsache entsinnen, dass Sie ein Mensch sind. Sie werden nachdenken und so die Wahrheit herausfinden.

Der Mann, der seine Tochter geschminkt und mit unbedecktem Haupt vor die Tür gehen lässt, unterscheidet sich in nichts von dem, der dem Wolf eine Lammhaxe unter die Nase hält. Wenn ein Mann, der frei von Sünde ist, sein Kind als Sünder aufwachsen lässt, wird er selbst zum Sünder. Wenn wir unsere Töchter ausgehen lassen, geschminkt und so gekleidet, dass die intimsten Teile ihres Körpers zu sehen sind, dann verderben wir damit kommende Generationen. Und nicht nur sie. Ein Mädchen, das daran denkt, sich zu schminken und die intimsten Teile ihres Körpers zu zeigen, wird unweigerlich vom rechten Weg abkommen! Sie ist verloren! Die wahre Gefahr aber ist, dass auch ihre Töchter Verlorene sein werden. Gott befahl der Frau, sich zu bedecken zum Zeichen der Treue und Tugend. Sich zu bedecken bedeutet Keuschheit.«

Zufrieden nickte Bahri. Seine Mutter und seine vier Schwestern legten niemals Make-up auf oder ließen die intimsten Teile ihres Körpers sehen. Nicht einmal eine Haarspitze. Seine Familie erzog Mädchen zu keuschen Mitgliedern der Gesellschaft. Heiße Liebe zu seinen Schwestern, die die Ehre der Familie aufrecht hielten, wallte in Bahri auf. Allerdings ging es seiner mittleren Schwester schlecht, so dass der Vater sie zum Arzt bringen musste. Bahri hoffte sehr, dass es sich mit Gottes Hilfe um nichts Schlimmes handelte. Bevor er das Kaffeehaus verließ, betete er um den heilenden Segen des Predigers. So würde seine Schwester sich schnell erholen. Dann ging er eilig nach Hause. Er war gespannt, ob der Arzt Nailes akute Kopf- und Magenschmerzen kuriert hatte.

Ihr Vater ging so schnell, dass Naile kaum hinterherkam. Der Matsch, der durch das Loch in der Sohle in den Schuh eindrang, durchnässte ihre Wollsocken, was ihr das Gehen erschwerte. Niemand, der sie in ihrem *ihram* sah, der sie von Kopf bis Fuß verhüllte, hätte sie für fünfzehn gehalten. Die meisten dachten vermutlich, sie sei die erwachsene Frau des dunkelhaarigen älteren Mannes, der schnell vor ihr herging.

Nachdem sie sich durch den Matsch der ungepflasterten Straßen gekämpft hatten, erreichten sie das Krankenhaus der Provinzstadt. Dort warteten zahllose Invalide, hustende ältere Menschen und schreiende Babys darauf, dass sie an die Reihe kamen. Mürrische Krankenschwestern und dunkelhäutige Krankenpfleger kamen und gingen. Sie eilten an der wogenden Menge vorbei, ohne den Wartenden auch nur einen Blick zu schenken. Das Krankenhaus wirkte mehr wie ein Feldlazarett unter Beschuss als wie die Klinik einer kleinen Stadt, die seit über hundert Jahren in Frieden lebte.

Yusuf drehte sich um und hielt Ausschau nach seiner Tochter, konnte sie aber unter all den Frauen in ihrem dunklen *ihram* nicht erkennen. Naile sah, dass ihr Vater nach ihr suchte, darum trat sie einen Schritt vorwärts. Er winkte ihr, ihm zu folgen, ohne dabei auch nur seinen Gesichtsausdruck zu verändern. Dann bahnte er sich einen Weg durch die Menge und steuerte auf die von einem stämmigen Krankenpfleger bewachte Tür zu. Es war Alim. Er stammte aus demselben Dorf wie Yusuf und versprach, dass er sie sofort zum Arzt bringen würde. Dafür reichte Yusuf ihm einen streng riechenden Sack mit Kräuterkäse, den er bislang unter dem Arm verborgen gehalten hatte. Eine kleine Gegengabe für den großen Gefallen, den Alim ihm tat. Ein zweiter, weit größerer Sack war für den Arzt bestimmt. Denn Yusuf hoffte aus ganzem Herzen, dass seine Tochter nicht ernstlich krank war.

Naile ging durch die halb offene Tür und folgte wortlos ihrem Vater. Am Ende des dunklen Korridors betraten sie einen Raum. Naile war noch nie im Untersuchungsraum eines Arztes gewesen. Ein schmutziger weißer Plastikvorhang teilte den Raum in zwei Hälften. Auf der einen Seite standen ein Schreibtisch, ein paar Arzneimittelschränke und eine Reihe von Gegenständen, die Naile noch nie zuvor gesehen hatte. Auf der anderen Seite eine von einem schmutzig weißen Laken bedeckte Liege. An einem Ende befanden sich zwei Stangen, auf denen abgewinkelte Plastikschalen saßen. Am Tisch saß ein verdrießlich wirkender junger Mann in weißer Jacke. Neben ihm eine junge Krankenschwester, die den Kopf hob, als Alim eintrat.

Lächelnd zeigte Alim auf Yusuf und Naile, die respektvoll in der Tür warteten: »Herr Doktor, hier sind die nächsten Patienten.«

»Lassen Sie uns allein«, befahl der Arzt.

»Zuerst muss ich Ihnen noch sagen, was meine Tochter hat«, meinte Yusuf. »Sie hat ständig Kopf- und Magenschmerzen, Herr Doktor. Das Kind leidet sehr unter dieser chronischen Krankheit. Ich hoffe, Sie können ihr helfen.«

»Wir werden ja sehen«, gab der Arzt zur Antwort.

Dann schob Alim Yusuf aus dem Raum, um ihn am Weiterreden zu hindern. Die Krankenschwester führte Naile hinter den Vorhang und befahl ihr, sich auszuziehen. Nach langem Zögern nahm Naile zuerst ihren *ihram* ab. Dann zog sie den handgestrickten Pullover aus. Sie zog den Rock mit dem Gummiband in der Taille nach unten. Als sie die Socken auszog und feststellen musste, dass sie voller Schlamm waren, schämte sie sich.

»Da musst du ja Kopf- und Magenschmerzen bekommen, wenn du ständig in so nassen Socken herumläufst«, murmelte der Arzt, der neben ihr stand. Dann untersuchte er mit der Hand zuerst Nailes Rücken, dann den Magen und den Hals. Er stellte ihr Fragen. Wenn Naile nicht antwortete, ließ er die Krankenschwester die Frage wiederholen. Naile war schrecklich verlegen, weil sie völlig nackt vor dem Arzt stand. Darüber hinaus war sie wütend, weil sie nicht wusste, wie sie auf so intime Fragen antworten sollte. Leise flüsterte sie der Krankenschwester ins Ohr, dass sie bereits zu menstruieren begonnen hatte. Als der Arzt sie nach dem Datum ihrer letzten Periode fragte, wusste sie aber keine Antwort. Nicht weil sie zu schüchtern war, sondern weil sie es einfach nicht wusste.

Der Arzt fragte Naile: »Hast du ein *imam nikah** ge-

---

*Ein *imam nikah* ist eine Heirat durch religiöse Übereinkunft, die vor dem Gesetz nicht zählt.

schlossen?« Das Mädchen zog die Beine an und bedeckte das Gesicht mit den Händen, so erregt war sie. Jemand hatte also ihr Geheimnis erraten, das sie seit über einem Jahr vor allen verbarg. Nun wusste sie nicht mehr, was sie tun sollte. Als die Krankenschwester auf einer Antwort bestand, sagte Naile nur: »Bitte, Herr Doktor, sagen Sie meiner Familie nicht, dass ich verheiratet bin.«*

Der Arzt winkte der Krankenschwester, ohne Naile eine Antwort zu geben. Diese legte Nailes Füße in die Plastikschalen. Naile hatte diese vom anderen Ende des Raumes her gesehen, ohne sich vorstellen zu können, wozu sie dienten. Naile hatte das Gefühl, in dieser Stellung gleich in Ohnmacht zu fallen. Sie lag nackt vor dem Arzt und der Krankenschwester, die Beine weit gespreizt in der Luft. Für Aziz hatte sie die Beine mit Freude gespreizt, doch hier empfand sie Scham.

Dann spürte Naile, wie kaltes Metall in sie eindrang. Sie war so nervös, dass der Arzt die Krankenschwester bitten musste, ihr zu sagen, sie solle sich doch entspannen. Als er die Untersuchung beendet hatte, sagte der junge Mann zu Naile, sie solle sich anziehen. Angezogen war Naile wieder kalt – vor Scham und weil die nassen Socken sie frösteln ließen. Der Arzt lächelte nicht, als er zu ihr sagte: »Wir zwei müssen jetzt ganz offen miteinander reden. Da du ohnehin bald Mutter wirst, brauchen wir keinen Vermittler mehr. Wir werden uns von nun an häufig sehen.«

Als Naile nicht antwortete, wiederholte er, was er gesagt hatte.

---

* Mit einem Mann zu schlafen gilt als Sünde. Daher wird der betreffende Mann als »Ehemann« bezeichnet, auch wenn das Paar gar nicht oder nur »durch religiöse Übereinkunft« verheiratet ist.

»Begreifst du, dass du schwanger bist?«

Naile nickte, sagte aber immer noch kein Wort. Der Arzt sah ihr direkt in die Augen und eröffnete ihr: »Du bist in der zweiundzwanzigsten Woche schwanger. Mit dem Baby scheint alles in Ordnung zu sein, aber nächstes Mal solltest du deinen Ehemann mitbringen, nicht deinen Vater.«

Wieder nickte Naile, ohne eine weitere Reaktion zu zeigen. »Herr Doktor, vor dem Gesetz ist das Mädchen nicht verheiratet«, warf die Krankenschwester ein.

Da wurde der Arzt wütend: »Wenn du schon den Mut hast, in dieser Stadt schwanger zu werden, ohne verheiratet zu sein, solltest du auch den Mut aufbringen, mit mir zu reden. Ich bringe dich wenigstens nicht um. Wie alt bist du?«

Als er immer noch keine Antwort bekam, fuhr er fort: »Wenn dein Vater gleich hereinkommt, müssen wir ihm sagen, dass du schwanger bist. In ein paar Wochen wird er es ohnehin sehen. Was also willst du tun? Wer ist der Vater des Kindes? Sprich mit mir, dann kann ich dir auch helfen.«

Doch Naile sagte nicht ein Wort. Als hätte eine unsichtbare Hand ihr für immer die Lippen versiegelt. Der Arzt vermochte nicht einmal zu sagen, ob sie das Geschehene bedauerte, ob sie gerade erst erfahren hatte, dass sie schwanger war, oder ob sie einfach nur unter Schock stand.

In seiner Hilflosigkeit bat er die Krankenschwester, doch Yusuf hereinzuholen. Er wusste nicht, was er dem Mann sagen sollte. Sobald ihr Vater und sein Bekannter aus dem Dorf den Raum betraten, stand Naile von dem Stuhl auf, auf dem sie saß, und legte ihren *ihram* an. Mit gesenktem Kopf wartete sie neben der Tür.

Unbehaglich sah der Arzt zuerst Alim und dann Yusuf an. Yusuf legte den Sack mit dem Käse auf den Tisch. Er sagte: »Den hat meine Frau selbst gemacht, Herr Doktor. Der Kräuterkäse aus unserem Dorf ist hier sehr beliebt.« Der Arzt fand den starken Geruch ekelerregend, wollte jedoch nichts sagen, um nicht abzulenken. Er wusste nicht, ob er in Alims Gegenwart sprechen konnte, doch vielleicht verschlimmerte er das Problem ja noch, wenn er Alim hinausschickte. Außerdem konnte Alim ja helfen, falls der Mann die Nachricht von der Schwangerschaft seiner Tochter nicht ruhig und gelassen aufnehmen würde. Vielleicht konnte er ihn ja beruhigen.

»Danke für den Käse«, sagte er unbehaglich. »Yusuf Efendi, hat Ihre Tochter ein *imam nikah* geschlossen?« Nun verstand Yusuf, weshalb er sich seit Tagen so schlecht fühlte. Er hatte einen dementsprechenden Verdacht gehegt, aber stets gehofft, dass dieser sich als unbegründet herausstellen würde.

Zum ersten Mal, seit er das Krankenhaus betreten hatte, nahm er seine Kappe ab. Als Atatürk das Land reformierte und verbot, irgendetwas anderes als normale Hüte zu tragen, begannen die vormaligen Ottomanen und jetzigen Türken, die es nicht gewohnt waren, barhäuptig zu gehen, aus Europa importierte Kappen zu tragen. Die Einwohner der Städte allerdings gewöhnten sich schnell daran, sich den Wind durchs Haar streichen zu lassen, doch die Dorfbewohner mochten die Kappen, und so wurde das, was ursprünglich Zeichen beginnender Modernität war, nun zum Ausweis der Zugehörigkeit zur Bevölkerungsgruppe der Dorfbewohner und Kleinstädter. In diesem Augenblick aber war die Kappe, die Yusuf in seinen Händen zusammenknüllte, Symbol der seiner Familie drohenden Katastrophe.

»Ihre Tochter ist schwanger, und zwar in der zwanzigsten bis zweiundzwanzigsten Woche«, fügte der Arzt hinzu.

Alim, der einfach nur dastand, brach in lautes Gejammer aus, was die Dinge noch verschlimmerte. Als der Arzt ihm einen wütenden Blick zuwarf, war er sofort still, als habe man auf einen Knopf gedrückt. Hoffnungsvoll stürzte Yusuf sich auf das Wort »Wochen«.

»Aber wenn es erst seit ein paar Wochen ist, dann können Sie doch eine Abtreibung durchführen«, entgegnete er.

»Das geht nicht«, gab der Arzt zurück. »Zwanzig Wochen ist zu spät für eine legale Abtreibung. Da Ihre Tochter verliebt ist, ist es besser, nach dem Vater zu suchen und sie zu verheiraten.«

Mit seiner Tochter wollte Yusuf nicht reden. Er sah sie nicht einmal an. Sie war befleckt. Und sie war eine bösartige Tochter, die Schande über ihre Familie gebracht hatte.

Der Arzt rief Naile. Mit sanftem Zwang nahm er ihr den *ihram* ab, so dass er ihr Gesicht sehen konnte. »Sag mir, wer dein Mann ist, dann können wir dich heiraten lassen«, sagte er. Er lebte noch nicht lange in Osmaniye, doch er wusste bereits, dass Worte wie »Freund« oder »Liebster« hier nicht benutzt wurden. Man sprach von der betreffenden Person unter allen Umständen als »Ehemann«.

Als Naile immer noch schwieg, traten zuerst Yusuf, dann Alim voller Zorn auf das Mädchen ein. »Wenn du uns nicht sagst, wer es ist, wirst du diesen Ort als Leichnam verlassen.«

Entsetzt stürzte der Arzt auf Naile zu, um sie vor weiteren Tritten zu schützen, doch das Mädchen hatte zu sprechen begonnen. In diesem Moment wurde dem Arzt klar, dass seine Vorstellung, wenn das Mädchen nur den Mund aufmache, würde sich alles auf die ein oder andere Weise regeln lassen, vollkommen falsch gewesen war. Naile war mit Aziz zusammen gewesen, dem Ehemann ihrer Tante. Darüber hinaus glaubte sie, seine rechtmäßige zweite Frau zu sein. Er habe ihr versprochen, sie durch religiöse Übereinkunft zu ehelichen. Mehrere Male fragte der Arzt sie, ob der Mann ihrer Tante sie vergewaltigt habe. Doch Naile sagte immer wieder, sie würden sich lieben, auch wenn er noch nichts von dem Baby wisse. Nailes Selbstvertrauen, die Unbedingtheit und Tapferkeit, mit der sie den geliebten Mann verteidigte, erstaunten den Arzt. Von einem Mädchen, das vollkommen hilflos erschien, wenn es schwieg, hätte er das nicht erwartet. Diese abgelegene Kleinstadt barg für ihn immer wieder Überraschungen. Das junge Mädchen, das so verliebt schien und so stark in ihren Überzeugungen war, beeindruckte ihn tief.

Schließlich gewann Yusuf die Fassung wieder. Er nahm sein Taschentuch aus der Innentasche der Weste, wo er es mit einer Sicherheitsnadel befestigt hatte, und faltete es auf. Dann nahm er ein paar Scheine aus dem Bündel Banknoten, das er hineingeknotet hatte, und hielt dem Arzt die zerknitterten Papierfetzen hin. »Herr Doktor, Sie kennen doch bestimmt die richtigen Leute. Bitte nehmen Sie sie ins Krankenhaus auf. Wir sagen einfach, sie habe eine akute Krankheit. Wenn sie das Kind zur Welt gebracht hat, komme ich und hole sie. Das Kind bringen wir ins Waisenhaus. Damit muss die Angelegenheit ein Ende haben. Wenn ich das Mädchen mit diesem Bauch nach Hause bringe, wird man sie erschießen. Und auch die Familie ihrer Tante wäre für immer zerstört. Vielleicht lügt sie ja auch, und es war gar nicht der Mann ihrer Tante, der sie geschwängert hat.

Bitte, Herr Doktor. Nur Sie können uns helfen. Wir brauchen hier eine Lösung.«

Der Arzt wusste nicht, wie er sich aus dieser eigenartigen Affäre ziehen sollte. Er war ja noch jung. Er war in Izmir zur Welt gekommen, wo er auch studiert und seine Praktika absolviert hatte. In Izmir hatte er sich in eine seiner Kolleginnen verliebt, war aber als Assistenzarzt in diese Kleinstadt versetzt worden und merkte schnell, dass er nichts vom Leben dort wusste. Bis zu diesem Zeitpunkt hatte er gedacht, die ganze Türkei lebe mehr oder weniger so, wie man es in Izmir tut. Er erkannte die Frauen in den langen *ihrams* nicht, die ihn nur mit einem unbedeckten Auge ansahen, wenn er ihnen auf der Straße begegnete. Nie zuvor hatte er sich durch Straßen kämpfen müssen, in denen der Schlamm kniehoch stand. Auch die erbarmungslosen Schneestürme dieser Gegend waren ihm fremd. Und mit Landmädchen, die im Alter von fünfzehn Jahren plötzlich schwanger wurden, hatte er schon gar keine Erfahrung. Ehrenmorde waren ihm ebenso fremd wie stinkende Käsepakete. Tatsächlich hatte er keine Ahnung, wie die Menschen hier lebten. Allmählich aber dämmerte ihm, dass sie im 19. Jahrhundert zu leben schienen und nicht im 21.

Ratlos ließ er den Kopf in seine Hände sinken. Er wollte ja helfen, nur wusste er nicht, wie. »Stecken Sie Ihr Geld wieder ein«, sagte er. »Wenn Sie möchten, kann ich in der Akte vermerken, dass das Mädchen vergewaltigt wurde. Dann wird man ihr vielleicht eine Abtreibung erlauben.«

Yusuf, der annahm, der Arzt wolle mehr Geld, zog noch mehr Noten aus seinem Bündel. »Wir sind in Ihrer Hand, Herr Doktor. Denken Sie nicht, wir seien arm, nur weil wir so ärmlich gekleidet sind. Wir sind Dörfler. Bei uns zieht man sich so an. Aber ich habe noch drei Töchter wie diese da. Die ältere ist immer noch nicht verheiratet. Ich könnte sie an einen der Landbesitzer verkaufen und eine gute Mitgift bekommen. Sie müssen also nicht denken, dass wir kein Geld haben.«

»Stecken Sie Ihr Geld wieder ein«, sagte der Arzt noch einmal. »Hier geht es doch nicht um Geld, Yusuf Efendi. Wir müssen nur überlegen, wie wir dem Mädchen und Ihrer Familie am besten helfen können.«

Nun fühlte Yusuf sich von dem Arzt beleidigt. »Nun, dann tun wir eben, was wir können«, entgegnete er. »Sagen Sie nur niemandem ein Wort. Wir erzählen einfach, sie wurde von irgendeinem Feigling vergewaltigt.« Dann fiel ihm ein, dass ja noch ein Zeuge im Raum war. Er drehte sich zu Alim um.

»Du, Alim, hältst den Mund. Du weißt ja sehr gut, dass dies unser aller Ende sein könnte.« Mit einer Geste gab Alim sein Versprechen: Er führte die rechte Hand an den Mund und dann ans Herz. Während Naile ihren *ihram* eng um sich zog, schlug Yusuf sie mit aller Kraft ins Gesicht. »Nie wieder wirst du den Namen des Ehemanns deiner Tante nennen. Jemand hat dich vor sechs Monaten tagsüber entführt und dich dann vergewaltigt. Geh jetzt.«

Als sie den Raum verließen, versuchte Yusuf noch, der Krankenschwester Geld zuzustecken, damit sie den Mund hielt, doch diese drehte sich zu einem der Schränke um und räumte die Arzneiflaschen auf.

Als sie wieder zu Hause waren, sagte Yusuf seiner ängstlich wartenden Frau, dass Naile akut erkrankt sei. Sie dürfe keine Hausarbeit verrichten und müsse häufig zum Arzt. Als er sich ins Kaffeehaus begab, schärfte er seiner Frau ein, dass Naile keinesfalls allein aus dem Haus dürfe.

Das ungewöhnliche Verhalten ihres Ehemannes erregte gleich Hediyes Verdacht, doch sie wollte den Mann, der sich solche Sorgen um das Mädchen machte, nicht weiter erzürnen. Sie glaubte nicht, dass Naile Kopf- und Magenschmerzen hatte. Ihrer Ansicht nach heckte sie etwas aus, um bald mit einem Mann durchzubrennen. Nailes stille Rebellion hatte von jeher Hediyes Zorn erregt, war sie doch ganz anders als ihre anderen Töchter. So oft sie konnte, verließ sie das Haus. Am liebsten war sie offensichtlich bei ihrer Tante. Außerdem hatte sie in letzter Zeit begonnen, den *ihram* sogar im Haus zu tragen und sich auch in Gegenwart ihrer Brüder zu bedecken. Hediye war sicher, dass Naile Unglück über die Familie bringen würde, doch im Moment konnte sie nur wachsam sein und genau aufpassen, mit wem Naile sprach.

Yusuf hatte weder Zeit noch Lust, seine Tochter im Auge zu behalten. Er ging zum Morgengebet aus dem Haus, sammelte in den umliegenden Dörfern Milch ein und schaffte sie zusammen mit Bahri in die Produktionsgenossenschaft. Zum Abendgebet kehrte er nach Hause zurück und ging dann früh zu Bett. Hediye begriff nicht, weshalb Yusuf Aziz nicht mochte, war dieser doch wie ein Vater zu Naile und wachte über sie, wie Yusuf dies eigentlich hätte tun sollen.

Weder ihre Söhne noch ihre Töchter hatten irgendeine Art von Ausbildung erhalten. Den Koran allerdings konnten sie alle rezitieren. Außer Yusuf aber betete niemand regelmäßig. Die anderen fasteten und beteten im Monat Ramadan, dann kehrten sie wieder zu ihrem normalen Leben zurück. Die Mädchen der Familie trugen alle den *ihram*. Nicht, dass Hediye besonders religiös gewesen wäre. Sie wollte ihre Töchter nur vor der Versuchung bewahren.

Erstaunlicherweise fanden die emanzipierteren Mädchen in der Vorstadt allerdings recht schnell einen Mann und verließen das Haus. Ihre tiefverschleierten Töchter aber wollte offensichtlich niemand zur Frau. Und obwohl Yusuf in der Verwandtschaft geäußert hatte, was er sich als Mitgift für die Mädchen vorstellte – womit er gleichzeitig zu verstehen gab, dass er sie verheiraten wollte –, hatte noch keine von ihnen einen Bewerber.

Hediye wollte ihre zwei ältesten Mädchen mit ihren Neffen vermählen, doch da die beiden in Deutschland arbeiteten, stellte sich dieses Vorhaben als schwierig heraus. Die beiden älteren Schwestern Hediyes arbeiteten ebenfalls in Deutschland. Sie hatten Hediye vorgeschlagen, Bahri eine der Schwestertöchter zur Frau zu geben und den Jungen mit nach Deutschland zu nehmen. Hediye lehnte ab, als sie hörte, dass das Mädchen nicht zu ihnen ins Dorf ziehen wolle. Sie hatte nichts dagegen, dass die Mädchen das Haus verließen, den Sohn allerdings wollte sie gerne in der Nähe haben. Außerdem hatte Bahri seinen Militärdienst noch nicht geleistet. Wenn Hediye ihre Mädchen an die Söhne ihrer älteren Schwestern verheiraten konnte, dann konnte sie mit der Mitgift für Bahri eine wunderbare Hochzeit ausrichten. So war Hediye klar, dass sie zuerst ihre Töchter würde verheiraten müssen. Am allerdringendsten aber war es, Naile endlich aus dem Haus zu bekommen.

Hediye hatte das Gefühl, Naile sei verflucht. Seit dem Tag ihrer Geburt hatte das Mädchen nur Unglück über die Familie gebracht. Hediye war nicht sicher, wann sie mit Naile schwanger geworden war, doch sie glaubte, dass es in einem der seltenen Augenblicke gewesen war, in denen Yusuf mit ihr das Bett geteilt hatte, ohne vorher seine

Waschungen vollführt zu haben. Dieser Fluch musste von ihrem Haus abgewendet werden.

Erst als ihre ältere Schwester Raziye wutentbrannt in ihr Haus gestürmt kam, wurde Hediye klar, dass etwas Schreckliches passiert war. Eine Woche lang war Naile im Haus ihrer Tante Raziye gewesen. Sie hatte dort geholfen, das Haus neu zu streichen. Dann aber fragte eine von Raziyes Nachbarinnen, ob Naile das Kind schon zur Welt gebracht habe. Ihr Mann Alim habe mit angehört, dass der Arzt Naile im Krankenhaus untersucht habe. Sie sei im sechsten Moant schwanger. Doch sie dürfe nicht sagen, wer der Vater sei, denn dies habe sie ihrem Mann geschworen.

Als Raziye nach Hause lief, um Naile mit den Neuigkeiten zu konfrontieren, stellte sie fest, dass das Mädchen ihren *ihram* und auch ihren Kopfschal abgelegt hatte. Sie lag auf dem Sofa, und ihr dicker Bauch war gut zu sehen. Was noch schlimmer war: Raziyes Ehemann, Aziz, war zu Hause und hatte Nailes Bauch gesehen. Raziye schlug sofort auf Naile ein, doch Aziz ging dazwischen und meinte: »Schlag sie nicht. Sie hat etwas Dummes getan. Lass uns das nicht an die große Glocke hängen. Das sollte unter uns bleiben.« Raziye aber band Naile Hände und Füße zusammen und ging zu ihrer Schwester, um sich mit ihr zu beraten. Sie erzählte Hediye, dass Yusuf nach Ansicht von Alims Frau sehr wohl von der Schwangerschaft wisse.

Als sie die Neuigkeiten hörte, fiel Hediye in Ohnmacht. Als sie wieder zu Bewusstsein kam, begann sie zu klagen, schlug immer wieder verzweifelt auf ihre Knie und verfluchte ihre Tochter. Raziye hatte die größten Schwierigkeiten, ihre Schwester zu beruhigen. Wenn sie nicht aufhörte zu jammern und zu klagen, würden ihre Söhne etwas merken, die bald nach Hause kämen. Doch sie und Hediye mussten nun entscheiden, was mit dem Mädchen geschehen sollte.

Hediye schickte ihren jüngsten Sohn zum Kaffeehaus, um Yusuf zu holen. Dann legte sie ihren *ihram* an und ging mit Raziye zu deren Haus. Dort schlug sie ihre Tochter und zog sie an den Haaren. Immer wieder ließ sie das Nudelholz auf den Rücken ihrer Tochter niedergehen. Vier Nudelhölzer brach Hediye so entzwei, doch Naile gab nicht nach. Sie sprach kein Wort. Schon gar nicht enthüllte sie, wer der Vater ihres Kindes war. Aziz ging gelegentlich dazwischen, doch Hediye schwor, dass sie nicht eher ruhen würde, als bis sie erfahren hatte, wer der Vater des Bastards im Bauch ihrer Tochter war. Da Yusuf nicht kam, zerrten Hediye und ihre Schwester Naile mit geschwollenem Gesicht und gefesselten Füßen durch die Straßen nach Hause.

Als sie dort ankamen, fanden sie Yusuf rauchend neben dem Holzofen. Er hatte einen traurigen Gesichtsausdruck. Sofort stürzte Hediye sich auf den Mann, dem sie zwanzig Jahre lang gehorcht hatte, und beleidigte ihn. Naile, so schimpfte sie, habe die Ehre und Würde der Familie untergraben. Von nun an könne sie ihren Nachbarn nicht mehr in die Augen sehen. Außerdem fände sich niemals eine Braut für Bahri. Wenn Yusuf schon vor zwei Monaten erfahren habe, dass Naile schwanger war, weshalb habe er dieses Geheimnis für sich behalten? Außerdem war er nicht zu Raziyes Haus gekommen, um seine Tochter nach Hause zu holen. Yusuf, der bis zu diesem Moment geschwiegen hatte, stand nun auf und schlug Hediye mitten ins Gesicht. Der Vorwurf, dass er nicht in Raziyes Haus gekommen war, setzte dem Faß die Krone auf.

»Nicht nur ich werde mich dort nicht mehr sehen lassen. Auch du wirst keinen Fuß mehr in dieses Haus setzen«, sagte er. »Naile wird nie mehr wieder dorthin gehen. Keiner von euch wird sich dort je wieder blicken lassen.«

»Was stimmt denn nicht mit dem Haus meiner Schwester?«, gab Hediye zurück. »Kümmere dich erst einmal um diese Schlampe von einer Tochter. Sieh dir mal ihren Bauch an!« Mit diesen Worten ließ Hediye erneut ein Nudelholz auf Nailes Bauch niedersausen. Dies aber war für Yusuf zu viel. »Frag deine Tochter doch mal, wer der Vater ist!«, schrie er seine Frau an.

Hediye schrie zurück: »Ich frage sie schon seit drei Stunden. Ich habe sie mit dem Nudelholz geschlagen, aber diese Schlampe hält fest den Mund. Wenn Bahri nach Hause kommt, werde ich sie noch einmal fragen, was sie darin so fest verschlossen hält.«

Da drehte Yusuf sich um und packte Raziye am Arm. »Das Baby im Bauch des Mädchens ist von deinem verlogenen Ehemann.«

Einen Augenblick lang stand Raziye bewegungslos da, dann fing sie an, auf sich einzuschlagen. Mit den Fäusten hämmerte sie auf ihren Kopf. »Dir reicht es nicht, dass du selbst eine Schlampe bist. Du musst auch noch andere ins Gerede bringen«, sagte sie. »Du bist durch und durch böse und wirst in der Hölle landen, du Hure!«

Man ließ Aziz holen. Yusuf spuckte ihm ins Gesicht, doch Aziz behauptete, Naile lüge, und führte dann noch an, wie viel es ihn gekostet habe, ihr ein halbwegs ordentliches Benehmen beizubringen. Nie habe er sie auch nur mit der Fingerspitze angerührt. Dies verschlimmerte Nailes Lage beträchtlich. Nun schlug jedes Mitglied der Familie sie, weil sie angeblich gelogen hatte.

Dann fiel die Entscheidung: Man würde alle Onkel und Tanten in Deutschland anrufen und den Familienrat einberufen. Bis dahin würde man Naile zu Hause behalten, mit einem Seil am Knöchel gefesselt. In einem Monat sollte das Baby zur Welt kommen.

Hediye erzählte den Nachbarn, Naile sei von einem Fremden vergewaltigt worden, und riet ihnen, auf ihre Töchter zu achten. Am selben Abend brachte Yusuf seine Tochter wieder ins Krankenhaus. Dort brachte sie eine Tochter zur Welt. Offensichtlich hatten die Schläge die Wehen ausgelöst. Yusuf sah das Kind nicht einmal an und hinderte auch Naile daran, ihre Tochter zu sehen. Man ließ das Kind im Krankenhaus. Von dort aus sollte es direkt ins Waisenhaus gebracht werden. Ein Kind ohne Vater hatte in dieser Familie nichts zu suchen.

Am nächsten Tag sollte über Nailes Schicksal entschieden werden. Alle Verwandten, die in Deutschland lebten, waren gekommen. Als Yusuf ins Krankenhaus zurückging, um Naile abzuholen, hörte er, der Arzt habe verboten, dass Naile wieder zu ihrer Familie zurücksollte. Er hatte die Polizei und das Büro des Staatsanwalts informiert, dass das Mädchen vielleicht Opfer eines Ehrenmordes werden könnte, wenn man sie ihrer Familie zurückgab.

Am Abend stürmte der ganze Clan, auch die Verwandten aus Deutschland, das Krankenhaus. Man bedrohte den Arzt, doch dieser ließ sich nicht erweichen, da er sicher war, dass Naile getötet werden würde, wenn er sie mit ihren Verwandten gehen ließ.

Daher nahm Hediye am nächsten Morgen Yusuf mit ins Büro des Staatsanwalts. Diesen bat sie inständig, ihre geliebte Tochter doch wieder zu ihr zu lassen. Niemand würde wagen, Hand an Naile zu legen. Und das Mädchen müsse sich doch jetzt, nach der schweren Geburt, erholen.

Der Staatsanwalt glaubte ihr, als sie ihm versicherte,

dem Mädchen würde kein Leid geschehen. Er ließ beide Eltern auf den Koran schwören, dass sie ihr nichts antun würden. Dann gab der Mann Befehl, Naile zurück zu ihrer Familie zu lassen.

Mittags wurde Naile entlassen. Der besorgte Arzt rief beim Staatsanwalt an, doch dieser beruhigte ihn und meinte, er müsse sich keine Sorgen machen. Die Familie sei ja offensichtlich religiös, und selbst wenn sie ihn täuschen sollten, so ließe sich Allah doch nicht betrügen.

Am Nachmittag brachte man Naile nach Hause und sperrte sie sofort mit gefesselten Händen und Füßen in eines der Zimmer. Die gesamte Familie und einige Nachbarn bildeten den Familienrat. Doch es waren keine langen Diskussionen nötig. Man beschloss, dass die Identität des Vaters bekanntgegeben werden und Naile auf offener Straße erschossen werden sollte – als abschreckendes Beispiel für andere Mädchen.

Jeder stimmte dem Beschluss zu, nur Yusuf nicht. Trotz allem, was er in den letzten drei Monaten durchgemacht hatte, wollte er nicht, dass seine Tochter getötet wurde. Daraufhin verfluchten seine Verwandten Yusuf. Sie warfen sämtliche Fenster des Hauses mit Steinen ein. (In solchen Gemeinden ist es üblich, die Häuser derer, die die Ehre ihrer Töchter nicht wiederherstellen wollen, mit Steinen zu bewerfen.) Hediye befahl Bahri, seinen Vater in ein anderes Zimmer zu sperren. Währenddessen brachte Hediye Naile nach draußen. Dann befahl sie ihrem Sohn, zu ihr zu kommen, um ihm seine Anweisungen zu geben. Er solle schnell machen. Was getan werden musste, sollte er bei Tageslicht tun, damit jeder, der wollte, Zeuge des Mordes werden konnte.

Bahri blieb an einer Stelle der Straße stehen, die von allen Häusern aus eingesehen werden konnte. Seine Schwester, die einige Schritte hinter ihm herging, blieb ebenfalls stehen. Da drehte Bahri sich um und feuerte dreimal. Der erste Schuss ging daneben, doch der Schuss in den Kopf reichte aus, um sie zu töten.

Die jungen Männer, die verheirateten und alten Frauen der Vorstadt, die den Mord durchs Fenster beobachtet hatten, applaudierten Bahri um seiner Tapferkeit willen. Auch Aziz und Raziye klatschten laut Beifall. Die alten Männer und die jungen Mädchen aber beugten ihr Haupt in Trauer.

Hediye lief sofort zu ihrem Sohn. Liebevoll umarmte sie ihn. Dann ließ sie ein verknotetes Taschentuch in seine Jackentasche gleiten und sagte: »Mein tapferer Sohn! Nun lauf weg und komm nie wieder zurück, sonst wird die Polizei dich schnappen. Wir lassen dir eine Nachricht zukommen, wenn sich alles wieder beruhigt hat.«

Während die Sonne unterging, verließ Bahri die Stadt.

Mitten auf der Straße aber lag der Leichnam einer jungen Frau, die niemand zu kennen schien.

Hediye ließ die Mauern ihres Hauses neu streichen und verkündete überall, dass ihre Ehre nun wiederhergestellt sei.

Die Verwandten aus Deutschland fuhren ab, Bahri aber ertrug das Leben als Flüchtiger nicht. Nach einem Monat stellte er sich der Polizei, obwohl er stets leugnete, dass der Mord vom Familienrat beschlossen worden war. Er behauptete, er sei von selbst auf die Idee gekommen. Während der Verhöre sagte er zum Richter, dass Türken nicht in Unehre leben können. Wenn die Ehre eines Türken verletzt worden war, dann durfte er kein Wort mehr sagen, nicht einmal, wenn man einen Fluch über ihn aussprach.

Der Staatsanwalt ordnete an, dass der Kindsvater festgestellt werden sollte. Der einzige Verdächtigte war Aziz, und so führte man die Tests durch, die am Ende zweifelsfrei ergaben, dass er es war, der Naile geschwängert hatte. Da der untersuchende Arzt sicher war, dass Aziz' Leben gefährdet wäre, sollte diese Tatsache bekannt werden, beantragte er, dass diese Information nicht im Prozess benutzt werden sollte.

Während eines Verhörs gestand Aziz unter Tränen, dass er und Naile sich geliebt hatten und mehr als ein Jahr lang zusammen gewesen waren. Sie waren nur deshalb nicht offen füreinander eingestanden, weil sie Angst gehabt hatten, sonst getötet zu werden. Yusuf verachtete Aziz, doch in seinen Augen hatte es keinen Sinn, noch einen Mord zu begehen und den Vater seiner drei Nichten und Neffen zu töten. Weder würde dies seine Tochter zurückbringen noch ihre Ehre wiederherstellen.

Bei der Verhandlung gab man an, Naile sei vergewaltigt worden. Yusuf und Aziz schworen auf den Koran, dass sie das Geheimnis von Nailes Liebschaft für sich behalten würden.

Bahri wurde zu sechzehn Jahren Haft verurteilt, doch weil er noch minderjährig war, erließ man ihm sechs Jahre seiner Gefängnisstrafe.

Kurz darauf kamen Hediye und ihre Schwestern zu einer Übereinkunft, was Bahris künftige Ehefrau anging. Hediyes ältere Schwester würde für ihre jüngste Tochter keinen Ehemann suchen. Sie würde warten, bis Bahri aus dem Gefängnis entlassen würde. Die beiden jungen Leute wussten nun, dass sie einander unter allen Umständen würden heiraten müssen. Da Bahri als ehemaliger Strafgefangener nicht nach Deutschland würde gehen können, würde man die Braut von Deutschland in Bahris Dorf bringen. Dort würden die Verwandten Bahri einen Laden einrichten, mit dem die jungen Leute glücklich werden sollten.

Hediye glaubte, nun die Worte des Propheten verstanden zu haben, denen zufolge alles Böse ein gutes Ende nehmen würde. Wäre all dies nicht geschehen, wäre es nicht so einfach gewesen, Bahri mit seiner Cousine zu verheiraten. Die Tochter ihrer Schwester, die in Deutschland aufgewachsen war, hätte sich vielleicht sogar geweigert, Bahri zu heiraten und sich stattdessen in einen Ungläubigen verliebt. Obwohl es einen Todesfall gegeben hatte, war in Hediyes Augen ihrer aller Leben gerettet worden. Ihre Familie hätte ein tragisches Ende genommen, hätte sie nicht diesen Handel mit ihrer Schwester abgeschlossen, denn nach allem, was mit Naile passiert war, konnte sie für ihre anderen drei Töchter keine Mitgift mehr verlangen. Wenn ein Mädchen entehrt ist, geraten alle Mitglieder dieser Familie sozusagen unter Generalverdacht.

Die Stadtverwaltung setzte Naile anonym auf dem Stadtfriedhof bei. Und obwohl Yusuf ihr ins Gewissen redete: »Das Mädchen ist tot. Lass sie doch wenigstens in Frieden ruhen!«, schickte Hediye ihre Verwandten, um einen schwarz gestrichenen Stein auf Nailes Grab zu errichten.

Bahri sagte uns, er würde uns ohne Erlaubnis seiner Familie kein Interview geben. Und so begleitete Yusuf uns in die Strafanstalt.

Im Besucherraum wartete ein Kind auf uns und keineswegs ein zorniger, selbstbewusster Mann. Er hatte glänzend schwarzes Haar und das runde Gesicht, das für Leute aus dem Osten des Landes so typisch ist. Seine Schuhe hatten Löcher. Er trug ein altes Holzfällerhemd. Alles an ihm erweckte den Eindruck, als sei er extrem arm. Die größte

Perle seines Gebetskranzes hielt er zwischen Mittel- und Zeigefinger. Den Rest des Perlenkranzes ließ er um den Mittelfinger herumgleiten. Dies verlieh ihm eine Aura des Mystischen, gleichzeitig aber war nur zu offensichtlich, wie unsicher und schüchtern er war. Als hätte man ihn aus Versehen ins Gefängnis gesteckt. Er war ja auch noch sehr jung, neunzehn Jahre alt.

Ohne mich anzusehen, sagte er: »Hier geht es um sehr tiefgreifende Dinge.« Dann hob er den Kopf. »Warum lebt ein Mensch? Für seine Ehre, seine Würde und sein tägliches Brot, könnte man sagen.« Dann hielt er inne und wartete meine Bestätigung ab. Er benahm sich, als sei sein Vater gar nicht anwesend.

»Alles, was Familien wie unsere anfangen, scheitert am Ende«, fügte er hinzu. »In unserer Familie hat man keine Arbeit, die einen glücklich macht. Wir haben auch kein Geld wie die Leute, die in Deutschland arbeiten. Sollen wir da auch noch unsere Ehre und unsere Würde aufgeben? Unsere Gesellschaft erwartet von ihren Frauen nun einmal Moral und von ihren Männern Würde. Eine Gesellschaft mit unmoralischen Frauen und unehrenhaften Männern ist vom rechten Weg abgewichen. Wenn ich im Gefängnis verrotten muss, um unsere Ehre und Würde zu retten, dann ist das gut so. Dann verrotte wenigstens nur ich und nicht unsere ganze Gesellschaft.«

Er fuhr fort: »Die Herrschaft der Familie über die Mädchen hätte gelitten, hätte ich Naile nicht erschossen.«

Wie alle anderen Männer, die ich interviewt hatte, versuchte er meiner Ansicht nach, die Schwere des Vorfalls abzumildern, indem er »erschossen« sagte statt »ermordet«. Er wandte sich an einen Kameramann. Vielleicht, weil ich eine Frau war.

»Würden Sie es einfach so hinnehmen, wenn Ihre Schwester unverheiratet schwanger würde? Wenn sie mit einem Mann ins Bett ginge, ohne Sie vorher zu fragen. Wäre das nicht, als würde sie jedem ins Gesicht sagen, was sie von Ihrer Familie hält? Können Sie dann die anderen Mädchen noch unter Kontrolle halten, wenn Sie die eine nicht strafen, die sich unmoralisch verhalten hat? Wenn Sie die der Unmoral Verfallene nicht erschießen, dann setzen Sie damit die Moral der anderen aufs Spiel. Alle Mädchen in der Familie werden befleckt. In solch einer Situation können Sie selbst so unschuldig sein, wie Sie nur wollen, doch Sie begehen eine Sünde, wenn Sie zulassen, dass andere eine Sünde begehen.«

»Sie glauben doch, dass ich eine Sünderin bestraft habe?« Dieses Mal sah Bahri mich an, doch er beantwortete seine Frage selbst. »Nein, ich habe meine anderen Schwestern davor bewahrt, Sünden zu begehen. Ich bin gefallen, doch sie sind gerettet. Und es ist völlig egal, wie lange ich dafür eingesperrt werde«, sagte er. »In den Augen Allahs bin ich unschuldig.«

Wieder erstarb seine Stimme. Er senkte den Kopf und flüsterte: »Der Ehemann meiner Tante hat meine Schwester vom rechten Weg weggelockt.«

Dann drehte er sich um, ohne ein Wort zu sagen, und verließ die Besucherzelle. Mitten hinein in die Dunkelheit des Gefängnisses. Zu seinem Vater hatte er nicht ein Wort gesagt.

Also packten wir unsere Sachen. Doch gerade, als wir gehen wollten, sagte Yusuf: »Weder Hediye noch Bahri reden noch mit mir, weil ich ihnen zwei Monate lang verschwiegen habe, dass das Mädchen schwanger war.« Dann murmelte er traurig: »Anscheinend weiß der Junge, wer der Vater von Nailes Kind ist. Wenn Bahri entlassen wird, wird er den Schuft erschießen. Dann wird unsere Familie noch mehr auseinanderfallen.«

Nigar

Wenn du eines Tages meine Stimme nicht mehr im Wind,
in den Flüssen und dem Getriller der Vögel vernimmst,
dann sagt der Gesang des Windes,
der Flüsse und der Vögel dir,
dass ich tot bin.
VOLKSLIED

In Batman, der konservativsten Stadt im Südosten der Türkei, nahmen die Selbstmordversuche junger Mädchen in besorgniserregendem Maße zu. Sogar in dieser männerbeherrschten Gesellschaft, in der die Tötung »entehrter« Frauen außer Frage steht, war man deswegen schockiert.

In einem Monat hatten sich sieben junge Mädchen mehr oder weniger auf die gleiche Art umgebracht. Die Einwohner von Batman waren außer sich vor Zorn. Schließlich beschmutzten diese Mädchen den Ruf der Stadt.

Als die als fortschrittlich geltende Regierung (auf westlichen Druck hin) begann, bei Ehrenmordprozessen auf härtere Bestrafung zu drängen, erhoben sich Gerüchte, die Familien drängten Mädchen, die ihre Keuschheit verloren hatten, zum Selbstmord, so dass die Männer einer Bestrafung entgingen. Diese Vorwürfe konnten jedoch nie belegt werden.

Ich habe Batman schon des Öfteren besucht, doch ich muss gestehen, dass ich mir nie Gedanken über die Not der jungen Mädchen dort gemacht habe. Wenn ich in dieser Stadt war, dann nur, um mit den Vertretern der türkischen Hisbollah zu sprechen, die berühmter sind als der Ort selbst. Die Frauen blieben unsichtbar, also wurden sie ignoriert. Die Stadt war gleichsam eine »frauenfreie Zone«. Obwohl die landesweiten Nachrichten fast täglich über die Selbstmorde berichteten, war die Stimmung in der Stadt mehr oder weniger normal. Es war kaum zu glauben, dass unter der scheinbar ruhigen Oberfläche Dutzende junger Mädchen beschlossen, aus Zorn, Rache oder Liebe aus dem Leben zu scheiden.

Nicht ganz einen Monat vor meiner Ankunft in Batman hatte Nigar Demir ihrem Leben ein Ende gesetzt, indem sie Unmengen an Bleichmittel trank. Nun waren wir auf dem Weg ins Haus ihres Vaters. Er hatte mir über einen meiner Kollegen, der für die örtliche Zeitung arbeitete, mitgeteilt, er müsse mich unbedingt sprechen.

Wir stolperten durch dunkle, schlammige Straßen. Mein Kollege führte uns und amüsierte sich prächtig über unsere mangelnde Erfahrung mit Provinzstädten. Als wir den vernachlässigten Hof eines nur spärlich erleuchteten Hauses durchquerten und an der Tür läuteten, erklärte er uns, dass die Fenster im Obergeschoss nur deshalb dunkel blieben, weil im Haus Trauer herrschte: Nigar war in einem der Räume im Obergeschoss gestorben. Daher brannte nur in Küche und Wohnzimmer Licht.

Als wir unsere schlammbespritzten Schuhe abstreiften

und das Wohnzimmer betraten, flüsterte unser Führer, dies sei das erste Mal, dass Männer und Frauen hier in einem Raum zusammensäßen. Die strikte Geschlechtertrennung war auf Anweisung von Nigars Vater durchbrochen worden. Trotzdem war der trauernde Vater neben den in Tränen aufgelösten Tanten und Cousinen des Mädchens der einzige Mann im Raum. Die anderen Männer des Haushalts waren verschwunden. Ansonsten waren nur noch der Kameramann und unser Führer anwesend.

Wie alle Männer dieser Gegend lächelte Nigars Vater stets ein wenig verschämt, wenn er mit Fremden sprach. In diesem Lächeln drückte sich eine Mischung aus Achtung, Scheu, Wärme und Zurückhaltung aus. Nicht einmal die Trauer hatte vermocht, dieses Lächeln ganz zu verscheuchen. Er sagte: »Jeder geht mit Kummer auf seine Weise um. Familien, die den Vorschriften der Religion treu bleiben wollten, opferten irrigerweise ihre Töchter. Nigar aber hatte beschlossen, ihr Leben zu geben, um zu zeigen, dass solches Handeln im Koran keinerlei Grundlage hat.«

Das Gespräch wurde bald vertrauter, die Frauen der Familie begannen, das Essen aufzutragen. Trotz ihrer offensichtlichen Armut war die Familie über die Maßen großzügig zu uns. Während die Frauen kamen und gingen, redeten sie nur von Nigar: über ihre dichten, kohlrabenschwarzen Brauen, ihre riesigen schwarzen Augen. Sogar Menschen, die täglich mit ihr Umgang hatten, sahen ein zweites Mal hin, wenn sie erschien. Und wenn sie ihren Kopfschal mit den roten Blumen trug, war sie noch hübscher. Dann legte sich ein geheimnisvoller Zauber über ihre Schönheit.

So erzählte Nigars Familie uns ihre Geschichte.

Nigar war eine außerordentlich gute Hausfrau. Sie hatte schon als junges Mädchen die Verantwortung für die

Küche übernommen. Wie alle anatolischen Frauen war sie daran gewöhnt, die köstlichsten Mahlzeiten spartanisch anzurichten. Was sie kochte, wurde serviert, wie es aus den Töpfen kam. Speisen so auf den Tisch zu bringen, wie man es manchmal im Fernsehen sah, wäre für Nigar Blasphemie gewesen, ein Herumspielen mit Gottes Gaben. Nachdem die Familie sie einige Male wegen ähnlicher Experimente gescholten hatte, verzichtete sie ganz auf Neuerungen in der Küche.

Sie stand früh auf und putzte das Haus. Noch vor dem Mittagsgebet standen schon die Gerichte für das Abendessen auf dem Herd. Nachmittags nahm Nigar Nadel und Garnspulen zur Hand und fertigte in der Gluthitze Spitze für ihre Aussteuer. Die anderen Mädchen betrachteten Nigars Spitzen stets mit Neid und baten sie, ihnen doch etwas abzugeben. Dann hob Nigar stolz den Kopf und sagte: »Ich werde doch meine Aussteuer nicht verschenken. Wenn ich erst verheiratet bin, werde ich damit mein Heim schmücken.«

Im Fernsehen sprach der Premierminister über Batman, doch deshalb hatte Nigar nicht eingeschaltet. Sie wartete auf ihre Lieblingsshow. In dieser Folge sollte das Oberhaupt eines Dorfes, das sich in eine arme junge Frau verliebt hatte, in der Sendung Hochzeit feiern. Seltsamerweise war aber plötzlich der Premierminister im Fernsehen und begann, über die Stadt zu reden, in der sie lebte.

Der Premierminister sagte: »Früher hatte Batman einen schlechten Ruf, obwohl die Einwohner der Stadt dies nicht verdient hatten. Es gibt dort viele achtbare, mitfühlende Menschen, die bereit sind, die Vergangenheit hinter sich zu lassen. Die Menschen in Batman wollen sich dieser Zeiten nicht mehr erinnern. Sie wollen einen Schlussstrich unter die Vergangenheit ziehen und heutige Werte in schöpferischem Gelingen erblühen lassen. Solidarisch versuchen Reich und Arm, das Klima der Negativität zu überwinden. Dies ist einer der Siege, den unsere Regierung erzielt hat.«

Nigar dachte: »Was für ein Unsinn! Die Menschen in Batman wollen nicht in der Gegenwart leben! Sie wollen die Gegenwart sogar noch schlimmer machen als die Vergangenheit.« Zwischen dem, was der Premierminister sagte, und dem, was Nigar im täglichen Umgang erlebte, klaffte ein riesiger Abgrund. Sie fragte sich, welche Einwohner der Premierminister wohl meine: ihre Altersgenossinnen, von denen täglich eine Selbstmord beging, oder die Männer, die ständig zwischen Moschee und Kaffeehaus hin- und herpilgerten, ohne sich je um die Nöte der Mädchen zu kümmern?

Da vernahm Nigar das Geräusch von Schritten. Schnell schaltete sie den Apparat aus, um nicht beim Fernsehen ertappt zu werden. Sie war nie erwischt worden, trotzdem war es besser, auf der Hut zu sein. Also legte sie das Spitzendeckchen wieder auf den Fernseher und stellte die Vase mit den Plastikblumen darauf. Der Fernseher stand scheinbar unberührt in der Ecke. Als die grausamen Wächter ihres Unglücks eintraten – ihre Onkel, ihr Vater, ihre Brüder und Cousins –, war Nigar in der Küche und bereitete die Abendmahlzeit zu. Dabei fragte Nigar sich, wovor sie und die Männer in der Nachbarschaft sie und die anderen Mädchen der Familie eigentlich beschützen wollten. Die Beschützer waren eine kleine Armee, doch die Männer, vor denen Nigar und die anderen behütet werden sollten, waren doch schließlich dieselben.

Diese Männer, die ihre eigenen Töchter gegen jeden männlichen Blick abschirmen wollten, begafften hemmungslos die Töchter anderer Väter. Und sie schlossen haarsträubende Ehen für diese Mädchen! Erst im Jahr zuvor, als seine Frau gestorben war, hatte Nigars ältester Onkel Unsummen für die Ehe mit seiner vierzehnjährigen Patentochter gezahlt. Weil das Mädchen so jung war, konnte man sich keine offizielle Heiratsurkunde ausstellen lassen. Und obwohl alle im Haus das Mädchen mir Respekt behandelten und sie *yenge* nannten*, lebte die junge Braut im Haus wie ein gefangenes Tier. Darüber hinaus wurde trotz ihrer weiten Kleider nur zu bald klar, dass sie schwanger war. Nigars Onkel, der bereits neun Kinder hatte, würde zum zehnten Mal Vater werden. Nigar betete, dass das Kind ein Junge würde. Wenn ihre neue Tante ein Mädchen zur Welt brachte, würde alle Welt sie mit Verachtung strafen.

Als die Männer das Haus betraten, eilten Nigar und die anderen Mädchen, um Vater und Onkel die Schuhe auszuziehen. Sie nahmen die fadenscheinigen Jacken der Männer in Empfang, die nach billigem Tabak rochen. Unter den Männern waren einige, welche die Frauen nicht kannten, doch das war normal. Es war nun einmal Brauch, spontan Gäste zum Abendessen einzuladen. Je mehr Gäste eine Familie bewirtete, desto angesehener war sie.

Für die Frauen des Hauses hatte damit die abendliche Plackerei begonnen: Sie mussten das Essen warm machen, das sie nach Anweisungen der Männer am Vormittag gekocht hatten. Dann richteten sie die Tabletts her, auf denen das Essen serviert wurde. Diese Tabletts reichten sie ihren

* *Yenge* bedeutet im Türkischen wörtlich »die Frau des Onkels«. Jemanden mit *yenge* anzusprechen heißt, dieser Person Respekt, Achtung und Wärme zu zollen.

Brüdern ins Wohnzimmer, die das Essen bei Tisch auftrugen. Dann bereiteten sie Tee und Kaffee zu. Während die Männer Tee tranken und fernsahen, legten die Frauen die Sitzkissen für die Männer auf. Nigar gehörte zu den reicheren Familien von Batman, doch das war im Grunde nicht von Belang: Wohlstand hieß nicht, dass die Frauen nicht wie Haussklaven behandelt wurden. Und bequemer hatten sie es deshalb auch nicht. Die Familie verdiente zwar Geld, doch sie gab es nicht aus. Sie lebten letztlich nicht anders als eine arme Familie – mit dem einen Unterschied, dass Nigars Familie keine Sorgen hatte. Die Religion verbot es Frauen ohnehin, in Luxus zu schwelgen. Nigar schien es, als sei diese Religion nur für Männer gemacht. Doch dann wurde ihr klar, dass sie damit eine große Sünde beging, und so schob sie alle Gedanken beiseite.

Männer durften fernsehen, was für Frauen streng verboten war. Das Fernsehen, das angeblich die Moral junger Mädchen untergrub, hob die Moral der Männer, indem es ihnen den augenblicklichen Zustand der Welt zeigte.

Wie ihre Geschwister war auch Nigar nicht im Stadtzentrum zur Welt gekommen, sondern in einem Vorort. Die Familie hatte im streng konservativen Einwandererumfeld ein dreistöckiges Haus erbaut, um fern vom Stadtzentrum zu leben, wo, den Ältesten der Familie zufolge, es mit der Moral zusehends bergab ginge. Sechs Brüder lebten mit ihren Familien in den verschiedenen Stockwerken des Hauses. Die Männer aßen gemeinsam im Wohnzimmer, die Frauen in der riesigen Küche. Nigar liebte die Zeit, die sie mit den anderen Frauen in der Küche verbrachte. Während sie zusammen Brot oder *börek* buken und Reisbällchen mit Gemüse füllten, ließen die älteren Frauen alle Tugend fahren. Sie erzählten schmutzige Witze und sexuelle Anekdoten aus der Zeit ihrer Ehe, während die jungen Mädchen verlegen und amüsiert zugleich zuhörten.

Vor zwei Jahren hatte Nigar die Primarschule abgeschlossen. Von da an musste sie im Haus bleiben und ihres Schicksals harren. Und doch hatte sie mehr Glück als ihre weiblichen Verwandten, die meist schon vor Ende der dritten Klasse aus der Schule genommen wurden. Sie hatte es zumindest auf fünf Schuljahre gebracht.

Die Mädchen der Familie sahen im Fernsehen am allerliebsten Melodramen, die irgendetwas mit Bräuten zu tun hatten. Das hatte nichts mit sexueller Neugier zu tun. Vielmehr hofften sie, dass die Ehe endlich ihr äußerst langweiliges Leben verändern würde. Manchmal nahmen die Mädchen ihre dünnen weißen Kopfschals ab und taten, als wäre es ein Brautschleier. Da sie nicht zugeben wollten, dass sie gerne Braut gewesen wären, sagten sie einfach, sie wollten unbedingt einmal ein Hochzeitskleid tragen. Nigar wob den Spitzenschleier, den sie bei der Heirat tragen würde, heimlich. Um ihn vor dem bösen Blick zu bewahren, verbarg sie ihn tief in Mutters Truhe.

Nigars Mutter wurde ärgerlich, weil ihre Tochter mehr Zeit mit ihren Spitzen als im Gebet verbrachte, doch ihr tiefgläubiger ältester Onkel wandte ein, es sei besser, das Kind wende die Augen ihrer Spitzenklöppelei zu als einem Liebhaber.

An diesem Abend sprachen die Männer wie immer über die neuen Alphabetisierungskurse, die Pflicht für alle waren. Nigars Onkel meinte: »Wenn das gut wäre, hätten wir es längst irgendwo gehört oder gelesen.« Da es unhöflich gewesen wäre, dem Ältesten der Familie zu widersprechen, hörten alle ihm aufmerksam zu, während er über die Regierung herzog. Dann schimpfte er auf den Fernsehapparat ein: »Das Land ist voller arbeitsloser junger Männer, und Mädchen sollen zur Schule gehen. Die sollen erst mal Arbeit für jene finden, die bereits eine Ausbildung haben.«

Er fuhr fort: »Da lernen sie dann lesen und schreiben. Doch was passiert mit denen, die lesen können? Ihr Atem stinkt, so sehr leiden sie Hunger. Sie kommen an unsere Tür und flehen uns an, ihnen Arbeit zu besorgen. Wenn Bildung so großartig ist, warum stellt dann niemand einen Gebildeten ein? Zuerst einmal schaffen sie es nicht, den Männern in Batman Arbeit zu besorgen. Und dann sollen auch noch die Mädchen zur Schule gehen. Und uns nennt man dann unwissend! Dabei sind sie es, die keine Ahnung haben. Ist Zeit heute so wohlfeil geworden, dass man sie mit Lernen vertun kann, was niemandem etwas bringt? Holt Nigar herein. Sie wird euch den Koran rezitieren wie ein *hafiz**.«

Als Nigar ihren Vater rufen hörte: »Komm her, mein Mädchen«, setzte sie eilig den Kopfschal auf und ging ins Wohnzimmer. Ihr Onkel händigte ihr das in Arabisch verfasste Gebetsbuch aus und sagte: »Sprich uns diese Passage vor. Ich will sehen, ob du Fehler machst.« Voller Panik rezitierte Nigar die Gebete. Ihr Onkel war erfreut. Er lächelte Nigar an. Dabei lächelte er nur selten. Er musste bester Laune sein. Dann fragte er: »Hat das Gebet dich erhoben?«

Nigar nickte sanft. Sie flüsterte: »Mein Herr hat mein Herz beruhigt, Onkel.«

»Siehst du, wie die Schriften des Koran die Seele erbauen? Jetzt lies diese Schrift der Ungläubigen.«

Nigar wusste, dass sie ihres Onkels Augapfel war. Vor

---

*Ein *hafiz* ist jemand, der den Koran auswendig kann.

allem, nachdem zwei Mädchen der Familie Selbstmord begangen und dadurch die Familie entehrt hatten. Starr vor Angst, im Angesicht der Gäste einen Fehler zu machen und so sein Wohlwollen zu verlieren, stotterte sie, als sie in dem zerfledderten Buch las, das er vor sie hinlegte. Nach einigen Sätzen unterbrach ihr Onkel sie und fragte: »Sag: Hat dieses Buch in der gleichen Weise erbaut?«

Nigar antwortete: »Es hat mich nicht erbaut, Onkel.«

Damit schien ihr Onkel zufrieden. Er sagte: »Nun geh und tu deine Arbeit, mein Mädchen.«

Gefasst verließ Nigar den Raum, doch was auch immer der Koran sagen mochte, das Fernsehen sagte genau das Gegenteil. Ihr Herz gehörte dem Koran, doch tief drin fragte Nigar sich, was denn aus den Seelen der Menschen wurde, die sie im Fernsehen sah. Eigentlich mochte sie es nicht, wie die »Fernsehfrauen« sich kleideten und sich auf sündige Weise mit Make-up vollschmierten. Manchmal fragte sie sich, ob es solche Mädchen denn wirklich gab und ob sie tatsächlich im selben Land lebten wie sie selbst. Was deren Eltern wohl zu ihnen sagen mochten, wenn sie nach Hause kamen. Schließlich ließen die Fernsehfrauen sich mit Männern sehen, ja, sie sprachen gar mit ihnen. Nigar wollte ja gar nicht mit Männern reden, aber sie wäre zu gerne einfach draußen herumgelaufen. Sie wollte sich auch nicht unzüchtig kleiden, doch wenn sie wenigstens nicht mehr ständig ans Haus gebunden wäre. Nur um ihre Freiheit beneidete sie diese Frauen, nicht um ihre Sündhaftigkeit. Sie wollte sein wie sie, ohne sich zu beflecken.

Doch diese Art der Freiheit würde Nigar nie kennenlernen. Ihr Traum konnte gar nicht in Erfüllung gehen. Im Jahr zuvor, als ihre Cousinen Nadire und Halime nacheinander Selbstmord begangen hatten, hatte die Familie über die Schande geklagt. Halime hatte sich das nicht registrierte Gewehr ihres Vaters an den Kopf gehalten und abgedrückt. Nadire hatte sich am Deckenhaken einer Wiege aufgehängt.

Dem Koran zufolge war es eine nicht wiedergutzumachende Sünde, sich das Leben zu nehmen. Nigar wusste, weshalb die Mädchen der Sünde verfallen waren, doch sie begriff einfach nicht, wo sie den Mut dazu hergenommen hatten. Nadire hatte sich in den falschen Mann verliebt. Als die Familie des jungen Mannes kam, um um Nadires Hand anzuhalten, warf Nigars Onkel sie einfach aus dem Haus.

Als Nadire, Nigar und Halime noch klein waren, hatte es böses Blut zwischen den beiden Familien gegeben. Die Familie des Schwiegersohns hatte im Garten von Nigars Onkel Schrott gesammelt. Dabei war der jüngste Sohn des Onkels gestolpert und hatte sich an den Metallteilen Gesicht und Auge verletzt. Daraufhin fielen die beiden Familien vor der restlichen Gemeinde übereinander her. Männer wie Frauen griffen einander mit Stöcken und Steinen an. Schließlich holte man den Imam der Nachbargemeinde, der einschritt und die Familien zum Frieden ermahnte. Doch der Frieden blieb ein künstlicher. In Batman wurde eine Feindschaft nie vergessen, gleichgültig, wie sie begonnen haben mochte. Natürlich versprachen die Menschen vor religiösen Würdenträgern gerne, dass nun alles vergeben und vergessen sei, in Wirklichkeit aber wurden Fehden an die jüngere Generation weitervererbt.

Und so empfand man es in Nigars Familie als Affront, dass die Familie des möglichen Schwiegersohns einfach so um Nadires Hand anhielt, als hätte nie Feindschaft zwischen ihnen bestanden. Da man von den Toten nicht schlecht reden soll, hatte Nigar nie ausgesprochen, dass sie fand, Nadire trage selbst Schuld an ihrer Situation. Wie konnte sie nur vergessen, dass verfeindete Familien ihren Kindern nie die Heirat erlauben würden? Und wie konnte sie sich in den Sohn ihrer Feinde verlieben?

Einen Monat, nachdem die Familie des Jungen von Nadires Vater des Hauses verwiesen worden war, heiratete dieser Junge ein Mädchen aus einer der reichsten Familien. Nadire aber konnte es nicht ertragen, dass der Mann, den sie liebte, ein anderes Mädchen heiraten sollte, und nahm sich das Leben. Nadires Mutter war nur fünfzehn Jahre älter als ihre Tochter. Sie hatte mit dreizehn geheiratet, dann mit vierzehn einen Sohn und mit fünfzehn schließlich Nadire geboren. Im selben Jahr hatte sie ihr neuntes Kind, einen Jungen, zur Welt gebracht. Nadire hatte sich am Haken der Wiege ihres jüngsten Bruders aufgehängt.

Einen Monat nach Nadires Tod erschoss sich die Tochter von Nigars zweitem Onkel. Doch Halime war zum Selbstmord gezwungen worden. Man hatte sie gesehen, als sie auf dem Marktplatz mit einem Jungen herumgealbert hatte. Als man sie deswegen befragte und sie kurz stockte, befand ihre Familie sie für schuldig. Man legte ihr ein Gewehr in die Hand und verließ den Raum. Das sollte bedeuten: Wenn du dich nicht umbringst, tun wir es. Doch Nigar war sich nicht sicher, ob nicht doch einer der Männer der Familie den Abzug betätigt hatte und nicht ihre Cousine selbst. Natürlich konnte sie auch die älteren Frauen in der Familie nicht fragen. Diese würden niemals die Geheimnisse ihrer Männer preisgeben.

Als die Polizei kam, um sie zu verhören, konnte Halimes Vater sich an ihren Namen nicht erinnern: Er hatte ihn vergessen. Als die Zeitungen darüber berichteten, war die Familie in ihrer Ehre gekränkt. Was ging es die Leute an, dass Halimes Vater den Namen der Tochter nicht mehr wusste – war nicht ihr Tod die eigentliche Tragödie? Die beiden Todesfälle wurden in der Familie nicht mehr erwähnt, doch dass es sie gegeben hatte, jagte nicht nur den Mädchen der Familie Angst ein, sondern auch den jungen Frauen in der Nachbarschaft.

Einen Monat davor erst hatte der Gouverneur, dessen Stellung von dieser Selbstmordserie untergraben wurde, versucht, die Ehre der Stadt wiederherzustellen. Er holte mehrere berühmte Sängerinnen für ein Konzert in die Stadt. Natürlich konnten dort nur junge Männer hingehen – Kinder von Beamten oder Offizieren. Welche ortsansässige Familie würde einem Mädchen schon erlauben, ein Konzert zu besuchen? Verbot der Koran es Frauen nicht gar, ihre Stimme vor Männern erklingen zu lassen? Nigar hatte den Gouverneur noch nie gesehen, aber sie hätte Stein und Bein darauf geschworen, dass der Mann nicht besonders gescheit war.

Den Kindern der Familie war verboten worden, über die Gründe für den Selbstmord der beiden Mädchen zu reden. Die Älteren meinten, sie würden einem Mädchen nicht erlauben, die Ehre der Familie zu zerstören. Und sie waren stolz darauf, dass Nadire und Halime sich das Leben genommen hatten, statt wegzulaufen.

Naturgemäß mussten die Mädchen, die jetzt noch übrig waren, noch vorsichtiger sein. Mit einem Jungen zu sprechen, sogar wenn es nur der Sohn der Nachbarn war, konnte gefährlich sein. Sich im Radio einen Song zu wünschen, ins Kino zu gehen und bei einer Hochzeit Hosen zu tragen konnte als Zeichen einer verderbten Seele gedeutet werden. Nigar wusste, dass ein Mädchen in Urfa sich in einer Radiosendung ein bestimmtes Lied gewünscht hatte und es allen, die liebten und geliebt wurden, widmete. Um ein Exempel zu statuieren, wurde sie vor ihrer gesamten Familie hingerichtet. Als ein Mädchen in Mardin zur Frauenmatinee im örtlichen Kino ging und dort entdeckt wurde, zerrte man sie aus dem Saal und prügelte sie auf offener Straße zu Tode. Ein Mädchen aus der Nachbarschaft war in Hosen und ohne Kopfschal auf einer Hochzeit erschienen. Nigar fand es unglaublich, dass solche Kleinigkeiten einem Mädchen das Leben kosten konnten.

Nigars Onkel hingegen war gegen die Selbstmorde. Er sagte: »Sie erweisen dem Buch ihren Ungehorsam, um sich mit denen, die sie lieben, vereinigen zu können. Dies ist die teuflischste von allen religiösen Übertretungen, die nicht einmal Buße vor dem Angesicht Gottes sühnen kann. Tugend bedeutet, den Vorschriften des Islam gemäß zu leben. Die Grenzen der Tugend dürfen nicht überschritten werden. Orte, die Gott uns zu betreten verboten hat, dürfen wir nicht betreten. Die Tugend eines Mannes spiegelt sich nicht nur in seiner Tochter, seiner Frau, Mutter oder Schwester wider, sondern auch in seinen Nachbarn. Ein guter Muslim sollte daher deren Tugend ebenso bewahren wie die eigene.«

Nigars Onkel war die verkörperte Allmacht. Das heilige Buch nämlich verlieh dem Ältesten der Familie unbeschränkte Macht. Manchmal stieg ihm der Stolz so zu Kopf, dass er, nur um der jüngeren Generationen seine »gottgegebene« Macht über Frauen zu beweisen, fadenscheinige Gründe erfand, um Nigars Mutter und Tanten zu schlagen. Nur Nigar und seine junge Braut blieben von Schlägen verschont. Nigar aber glaubte, ihr Instinkt bewahre sie vor Grobheiten, und dankte Gott dafür.

Nachdem sie ihrem Bruder an jenem Abend die letzte Tasse gereicht hatte, schlüpfte sie in die Räume im Oberstock. Sie war müde. Da der einzige Fernsehapparat unten im Wohnzimmer stand, war ihr das Fernsehen verwehrt, doch sie konnte auf dem Bett liegen, in den Tag hineinträumen und ausruhen. Sie holte ihren Spitzenschleier aus seinem Versteck und legte den Kopfschal ab. Vorsichtig befestigte sie den Schleier am Kopf und legte sich aufs Bett.

Sie fragte sich, wen sie wohl heiraten würde. Mittlerweile hatte sie das heiratsfähige Alter erreicht, und solange man sie nicht an einen älteren Mann verheiraten würde wie das Mädchen unten, würde ihr vermutlich überall mehr Freiheit winken als in den eigenen vier Wänden. Wenn sie die Frau des Hauses wäre und den Fernseher einschalten konnte, wann immer sie wollte, was könnte sie vom Leben mehr verlangen? Auf jeden Fall würde sie niemanden heiraten, der sie nicht fernsehen lassen würde. Selbst wenn ihr Vater versuchen wollte, sie gegen ihren Widerstand zu verheiraten, so würde ihr Onkel dies doch niemals zulassen.

Die Schlafzimmertür schwang auf. Ihr Bruder Bekir stand in der Tür: »Unser Onkel möchte, dass du nach unten kommst.« Sie war also ertappt worden, während sie träumte und den Schleier auf dem Kopf hatte. Eiligst schoss sie auf und schob den Schleier unter die Bettdecke. Dann rannte sie an Bekir vorbei die Treppe hinunter. Sie musste einfach vor ihm bei den Ältesten sein. An der Tür des Wohnzimmers hielt sie inne, um den Kopfschal ordnungsgemäß festzustecken. Als sie gerade hineingehen wollte, sah sie, wie ihre Mutter ihr von der Küchentür her winkte. Ein unerklärliches Gefühl der Angst wallte in Nigar auf. Das war noch nie vorgekommen. Ihre Mutter hatte sich noch nie eingemischt, wenn ihr Onkel sie rufen ließ. Irgendetwas Merkwürdiges ging hier vor.

Nigar ging in die Küche. Ihre Mutter zog sie herein, schloss die Tür und sagte: »Da drin ist ein Mann, der dich heiraten möchte. Wenn du den Raum betrittst, darfst du nicht aufschauen, um in sein Gesicht zu blicken. Er war so beeindruckt davon, wie du den Koran rezitiert hast, dass er dich heiraten möchte. Dein Vater ist nicht allzu begeistert von der Sache, doch dein Onkel hat sein Wort gegeben.«

Vor Aufregung wurde Nigar bleich. Endlich wurden ihre Träume wahr. Doch natürlich durfte sie ihre Vorfreude nicht zeigen, sonst wüssten alle, wie sehnlichst sie sich wünschte, endlich zu heiraten.

Sie fragte: »Warum ist mein Vater über die Angelegenheit nicht glücklich?«

Nigars Mutter antwortete nicht, weil Bekir hereinkam und in spöttischem Singsang verkündete: »Man hat Nigar für viel Geld verkauft, und für mich fiel nur ein Trinkgeld ab.«

Nigar zwickte ihn, damit er aufhörte. Doch als sie durch die Küchentür sah, dass ihr Onkel auf sie zukam, ließ sie Bekir los.

»Nigar, mein Kind«, sagte ihr Onkel. »Mit Gottes Erlaubnis hat der Onkel unseres *kirve** um deine Hand angehalten. Er hat gesehen, wie du den Koran rezitiert hast, und war davon sehr angetan. Wir haben unsere Einwilligung gegeben. Es wäre nicht angemessen, dem *kirve* einen Wunsch abzuschlagen. Deine Tage in diesem Haus sind gezählt. Ich werde dich häufig holen lassen. Keines

* Ein *kirve* ist ein Mann, der während der Beschneidung eines Jungen als Pate auftritt und dies dann auch sein Leben lang bleibt.

der Mädchen kann deinen Platz in diesem Haus einnehmen, doch diese Hochzeit ist Gottes Wille. Was können wir tun? Mädchen müssen wie die Vögel einmal ihr Nest verlassen.«

Nigar neigte das Haupt.

Welcher der Gäste mochte wohl der Onkel des *kirve* sein? Da sie höflich sein wollte, hatte sie die Gäste ihres Onkels nicht genau angesehen, als sie aus dem Koran rezitiert hatte. Welcher Mann würde also der ihre werden? Sie fand es zu schade, dass sie nicht aufschauen durfte, wenn sie gleich den Raum betreten würde.

Immer noch mit geneigtem Haupt sah Nigar ein Paar Schuhe auf sie zukommen. Sie dachte: »Das ist er vielleicht.« Der Mann, dessen Gesicht sie nicht sah, versuchte, ihr ein rotes Band mit einem Goldstück daran umzuhängen. Nigar hörte ihn sagen: »Dies ist ein Verlobungsgeschenk.«

Also hob Nigar den Kopf ein klein bisschen, damit er das Band darüberstreifen konnte. Vor ihr stand ein gepflegter, bärtiger, lächelnder Mann. Dies war wohl ihr neuer Schwiegervater. Er sah sehr nett aus. Wie es der Brauch war, küsste man die Hand des Älteren, wenn man ein Geschenk erhielt, und so nahm Nigar die Hand des Mannes, um sie zu küssen. Da entzog er sie ihr heftig. Nigar merkte, dass sie zu weit gegangen war und zu eifrig gewirkt hatte. Ihre Wangen färbten sich rot. Der Mann kehrte ins Wohnzimmer zurück.

»Ich wusste, dass er dir gefallen würde, mein Kind«, sagte ihr Onkel. »Kadir ist ein wirklich guter Mensch. Er wird dich nicht schlecht behandeln wie diese Taugenichtse, die den ganzen Tag im Kaffeehaus sitzen. Er kennt den Wert einer Frau. Und er ist reich. Du wirst niemals Hunger leiden und nicht von der Hand in den Mund leben müssen.

Er wird dich wie eine Rose behandeln. Wie du weißt, habe ich seine Tochter geheiratet, nachdem ich meine Frau, deine Tante, begraben habe. Sie ist die Krone auf meinem Haupt. Du wirst Kadirs Krone sein. Dein Vater hat nichts gesagt, aber er scheint dagegen zu sein. Wer weiß, wieso? Lass dir von ihm nichts einreden. Möge Gott dich zum Lächeln bringen über so viel Glück. Geh nun und ruhe dich aus. Bräute darf man ruhig verwöhnen. Wenn jemand versucht, dich zur Arbeit zu zwingen, werde ich ein Wörtchen mit ihm reden. Von nun an bist du unser Gast.«

Nigar fühlte sich, als habe man ihr heißes Wasser über den Kopf geschüttet. Erging es ihr nun nicht wie dem Dorfmädchen, das ihr einmal so leidgetan hatte? Man hatte sie einem Mann zur Frau gegeben, der älter war als ihr Vater. Sie spürte einen Kloß in der Kehle. Tränen stiegen ihr in die Augen, doch sie wusste, dass sie jetzt nicht weinen durfte.

Mühselig schleppte sie sich nach oben. All ihre Träume waren mit einem Mal zerplatzt wie Seifenblasen. Und so beschloss sie, ihren Träumen ihr Leben folgen zu lassen. Sie wollte niemanden mehr sehen. Das Leben hatte ihr einen üblen Streich gespielt. An einem einzigen Tag hatte sich alles verändert.

Am nächsten Morgen drangen die Geschwister in Nigars Schlafzimmer ein, weil es schon so spät war und ihre Schwester gegen ihre üblichen Gepflogenheiten noch nicht aufgestanden war. Sie fanden sie mit geschlossenen Augen auf dem Bett liegend vor. Ihr Gesicht war violett angelaufen. Sie schüttelten sie, schubsten sie und kniffen sie, doch Nigar wollte nicht erwachen. Das rote Band mit dem schweren Goldstück hing immer noch um ihren Hals.

Bestattungsinstitute trennten nicht zwischen Männern

und Frauen. Tatsächlich wurden Frauen meist sogar respektvoller beigesetzt als Männer. Frauen, die zu ihren Lebzeiten wertlos sind, werden kostbar, sobald sie das Zeitliche gesegnet haben. Nigars Beerdigung und die darauffolgenden Gottesdienste waren da keine Ausnahme. Die Frauen schlugen sich auf die Brust und klagten. Die Männer beschworen ihren Kummer in langen Gesprächen.

Nigars Schicksal wurde immer und immer wieder erzählt. Es entstanden Geschichten darüber, welches Wort, welcher Blick, welche Handlung sie mit so viel Kummer und Hoffnungslosigkeit erfüllt hatte, dass sie sich das Leben nahm. Was hatte sie so sehr erschüttert, was ihr Leben mitten im Lauf zum Halt gebracht?

Nigar war das dritte Mädchen in zwei Jahren, das sich in dieser Familie das Leben nahm. Das Haus schien verflucht. Familie Demir konnte all das nicht mehr ertragen. Ohne die vierzigtägige Trauerzeit abzuwarten, verkaufte man das Haus. Die Familie trennte sich. Nigars Vater, der seinen älteren Bruder für den Tod seiner Tochter verantwortlich machte, ging nach Istanbul. Nie wieder wollte er einen Verwandten sehen.

Die Tatsache, dass diese Mädchen Selbstmord begangen hatten, statt ein unkeusches Leben zu wählen, trug den Familien großes moralisches Prestige ein, doch die Herzen der Überlebenden waren für immer gezeichnet.

Fadime und Yeter

Um zum Gefängnis von Giresun zu gelangen, mussten wir zuerst nach Trabzon fliegen. Dort mieteten wir uns ein Auto und fuhren eineinhalb Stunden lang in die kleine, aber wunderschöne Stadt Giresun am Schwarzen Meer. In Trabzon gab es Spannungen in der Bevölkerung. Drei junge Angehörige der Gesellschaft für Solidarität unter Familien von Strafgefangenen, darunter eine junge Frau, waren fast gelyncht worden, als sie Flugblätter verteilen wollten. Daraufhin stürmten Journalisten die Stadt. Als die Leute meinen Kameramann sahen, waren sie nicht mehr davon zu überzeugen, dass wir nicht hier waren, um einen Filmbericht über die Auseinandersetzungen zu drehen.

Schnell waren wir von einer Menschenmenge umringt. Die Leute wollten gefilmt werden, um allen ihre Empörung zu zeigen und in Interviews ihre Vorstellungen von Ehre darzulegen. Wir waren mehr oder weniger ihre Geiseln. Es blieb uns gar nichts anderes übrig, als dem Willen der Menge zu entsprechen. Man würde nicht zulassen, dass wir die Stadt in ein schlechtes Licht rückten. Das Wort »Ehre« fiel so oft, dass ich mich nicht zurückhalten konnte und fragte, wieso denn die Ehre der Stadt in Gefahr sei, wenn die Familien von Strafgefangenen Flugblätter über die Lebensbedingungen in den Gefängnissen verteilten. Doch meine Frage heizte ihren Zorn noch weiter an, denn wieder war damit ihre Ehre in Frage gestellt.

Was mich jedoch interessierte, war die Frage, wie Ehre denn überhaupt »gemessen« wird. Alle Strafgefangenen, mit denen ich in Berührung kam, ob sie sich nun interviewen lassen wollten oder nicht, verwiesen letztlich auf ihre Ehre, wenn es darum ging, ob die Gesellschaft sie akzeptierte oder nicht. Offensichtlich stand in Trabzon an jenem Tag die Ehre einer ganzen Stadt auf dem Spiel. Ich aber wollte endlich begreifen, was denn »Ehre« nun bedeutete, war sie doch stets das Motiv zum Handeln, ob es nun um die Tötung einer Frau oder die Verteidigung des Ansehens einer ganzen Stadt ging. Anscheinend aber galt allein mein Versuch, sie zu verstehen, den Einwohnern von Trabzon als ehrenrührig. Ehre stand für sie turmhoch über allem anderen. Und so wandten sie sich voller Verachtung von uns ab. Ein Gutes aber hatte mein Fehler: Wir konnten endlich unsere Reise nach Giresun antreten.

Wir fanden einen Wagen und machten uns auf eine beschwerliche Reise abseits der Autobahn. Wir überholten zerbrechliche Frauen, die riesige Holzbündel schleppten. Mein Kameramann meinte, es wäre vielleicht verdienstvoller, einen Dokumentarfilm über das Schicksal dieser Frauen zu drehen, als sich um Tote zu kümmern. Ich wusste nicht, was ich darauf antworten sollte. Als Frau in einem türkischen Dorf geboren zu werden schien an sich schon eine Tragödie zu sein.

Als wir abends die kleine Bucht erreichten, die aussah wie ein feudaler Badeort, sprachen wir immer noch über die menschliche Gewohnheit, die Schätze der Natur in den tiefsten Kreis der Hölle zu verwandeln.

Am nächsten Morgen wurden wir im Gefängnis mit einem wahrhaft königlichen Frühstück begrüßt. Erdnussbutter aus der Region, Gemüsetorte, frisch gepflückte Tomaten, grüne Paprika und Gurken, hausgemachte Butter, Honig und viele verschiedene Käsesorten – alles war da. Draußen vor dem Fenster glitzerte blau das Schwarze Meer.

Der Beamte der Staatsanwaltschaft, der dem Gefängnis zugeteilt war und dem wir nach so einem Frühstück natürlich einen Höflichkeitsbesuch abstatten mussten, bestand darauf, dass wir nur unsere Zeit verschwendeten, wenn wir mit den Gefangenen sprechen würden. Er meinte, sozial gesehen wäre es sehr viel nützlicher, wenn wir über das Arbeitstherapieprogramm oder die Gesangskurse berichteten. Statt ein langes Interview mit einem Mörder zu führen, sollten wir doch besser über die Bemühungen der Gefängnisleitung berichten, besserungswilligen Gefangenen zu einer ordentlichen Stimmbildung zu verhelfen, die ihnen sicher nützen würde.

Allmählich dämmerte mir, worauf der Herr hinauswollte: Er wünschte, dass wir die Kiwiproduktion des Gefängnisses filmten, die in der nationalen Presse noch nicht so das rechte Echo gefunden hatte. Also suchte er nach Öffentlichkeit, sobald er dazu die Gelegenheit bekam.

Mein Kameramann, der eigentlich jede Ablenkung hasst, tat ihm den Gefallen. Als er die Kiwiproduktion filmte, machte ich den Papierkram fertig. Der Gefangene, den ich interviewen wollte, stammte von der Schwarzmeerküste. Sein Zorn war auch nicht vergangen, nachdem er Frau und Tochter getötet hatte. Offensichtlich war dies das erste Mal, dass jemand ihn um sein Einverständnis bat. Er begriff nicht, was dies bedeuten sollte, und meine Erläuterungen schienen dazu auch nichts beitragen zu können. Als ich ihm das Blatt mit der Einverständniserklärung reichte, unterzeichnete er es, ohne es zu lesen. Möglicherweise wollte er aber auch nur verbergen, dass er nicht lesen konnte.

Nevzat war um die fünfzig. Ein schmächtiger Mann mit nur noch wenigen blonden Haaren. Er war aus einem Dorf in der Umgebung nach Giresun gekommen. Bevor ich ihm zu den von ihm begangenen Morden überhaupt nur eine Frage stellen konnte, fasste er sein ganzes Leben in einem einzigen Satz zusammen: »Töchter sind schwierig.«

»Wenn Gott dir eine Tochter gibt«, fuhr er fort, »dann soll sie anständig sein. Doch auch wenn das der Fall ist, sitzt man auf einem Pulverfass, bis man es endlich geschafft hat, sie zu verheiraten. Schließlich kann man nicht einfach zu Ahmed oder Mehmet sagen: ›Komm, heirate doch meine Tochter.‹«

Nevzat verstand nicht, wieso ein Fernsehteam den weiten Weg von Istanbul nach Giresun auf sich nahm, um mit ihm zu sprechen. Doch es schmeichelte ihm, dass jemand ihn um seine Erlaubnis bat, sich anhören zu dürfen, was ihm durch den Kopf ging. Für ihn war dies ein Beleg, dass jemand ihn für wichtig hielt, obwohl er jahrelang über die Ereignisse geschwiegen hatte.

»Warum sind Töchter schwierig?«, fragte ich.

Er seufzte tief. »Eine Tochter ist eine Last auf den Schultern ihres Vaters. Man möchte sie vor dem Unheil bewahren, dabei wird man selbst vom Unheil niedergestreckt.«

Nevzat hatte schon fünfeinhalb Jahre Haft hinter sich,

doch sieben lange Jahre lagen noch vor ihm. Er erzählte seine Geschichte ganz ruhig, als spreche er über jemand anderen. Während des ganzen Interviews bat er uns nicht einmal, die Kamera auszuschalten. Nichts wollte er sagen, ohne dabei aufgenommen zu werden.

Er hatte seine Frau und seine Tochter getötet. Also fragte ich ihn, ob es ihm leidtue.

»Ja, sehr«, gab er zur Antwort. Er wünsche, er hätte gewusst, wie schwierig die Zeit im Gefängnis ist, wenn man über fünfundvierzig ist. Statt sie zu töten und dann selbst im Gefängnis zu leiden, hätte er ihnen in die Beine schießen sollen, so dass sie den Rest ihres Lebens als verdammte Invaliden hätten zubringen müssen. Der Zorn, der sich in diesen Worten Bahn brach, ließ mich erschaudern.

Wut flammte in mir auf. Ich wollte etwas sagen, doch als ich die Lippen öffnete, kam nichts heraus. Ich hätte sagen wollen: »Dieses Geschwätz, dass Sie Ihre Frau und Ihre Tochter am liebsten zu Invaliden gemacht hätten, will ich nicht hören.« Dann wäre ich aufgestanden und hätte den Raum verlassen. Ihn mit seinen »Segenswünschen« allein gelassen. Zum ersten Mal, seit ich begonnen hatte, diese Interviews zu machen – so dachte ich –, sah ich mich einem Mann gegenüber, der wie die Killer in den Filmen war.

Da hörte mein Kameramann auf zu drehen und eilte aus dem Raum. Ich folgte ihm. Sein Gesicht war puterrot, auf seiner Stirn stand der Schweiß. Angespannt rang er die Hände. »Ich halte diesen Kerl nicht aus«, sagte er. »Lass uns dieses Interview beenden. Das ist ein Ungeheuer.«

»Ich meine«, sagte ich, obwohl ich grundsätzlich seiner Meinung war, »wir sollten Geduld haben. Ziehen wir es durch. Aber wenn du willst, machen wir eine Pause.«

Ich redete auf meinen Kameramann ein, dass die Dinge manchmal vielschichtiger seien, als sie auf den ersten Blick schienen. Ich sagte, dass hinter der Fassade, die ein Mensch zeigt, fast immer etwas anderes liege, vor allem bei jemandem wie ihm. Und dass sich hinter diesem emotional abgestorbenen Bauern vermutlich auch ein trauernder Vater verberge. Mein Kameramann ließ sich von mir umstimmen und fasste sich wieder. Dann gingen wir zusammen wieder hinein.

In Nevzats Akte stand, er habe seine Tochter erschossen, weil sie mit ihrem Freund telefoniert hatte. Und seine Frau, weil sie diese Gespräche gestattet habe. Wir tranken Tee und hörten uns eine weitere Geschichte an.

Obwohl Nevzat und seine Frau schon lange in der Stadt lebten, heirateten sie doch nach der Tradition ihres Dorfes. Sie lebten in einem der entlegeneren Stadtbezirke von Giresun, wo sie Nachbarn waren. Beide waren sie ganz normale junge Leute, die weder im Dorf noch im Viertel je besonders aufgefallen waren. Nevzats Frau, Fadime, war ein unauffälliges Mädchen. Und Nevzat war ein nicht weiter bemerkenswerter junger Mann. Sie kamen aus durchschnittlichen Familien, die von dem lebten, was die kleine Nussplantage im Dorf abwarf. Fadime war klein, blond und hässlich. Nevzat war ebenfalls klein, blond und hässlich. Sie schienen mehr wie Geschwister als wie Mann und Frau. In ihrer Beziehung sprühten nicht gerade die Funken der Leidenschaft, also gab es für die Nachbarn auch keinen Anlass zum Tratsch. Dass das Leben noch andere Dinge bereithalten könnte, war ihnen beiden nicht bewusst.

Sie hatten sechs Kinder: zwei Jungen und vier Mädchen. Dabei hatten sie sich nie auch nur einmal geküsst. Nevzat fand Küssen und Umarmen unmoralisch. Ganz besonders schlimm fand er es, wenn solche Dinge im Fernsehen gezeigt wurden. Er hasste es, wenn auf diese Weise Privates öffentlich gemacht wurde. Wie sollte man Kinder noch kontrollieren und sie auf traditionelle Weise erziehen können, wenn es im Fernsehen ständig unmoralische Szenen zu sehen gab. Immer wieder sagte er zu Fadime, dass sie die glücklichsten Eltern der Welt sein würden, wenn sie erst die Mädchen verheiratet hätten. Sein Instinkt sagte ihm, dass er umso glücklicher sein werde, je eher er einen Ehemann für jede seiner Töchter gefunden hätte.

Fadime baute im kleinen Garten vor dem Haus das Gemüse an, das die Familie brauchte: Bohnen, Auberginen, Paprika und Tomaten. Wenn die Zeit der Nussernte gekommen war, fuhr sie mit den Kindern ins Dorf. Fadime verkaufte die Nüsse dann an den Händler. Auf diese Weise sparten sie Geld, doch selbst so war es nicht leicht, mit sechs Kindern über die Runden zu kommen.

Nevzat und seine Brüder führten das Geschäft weiter, das sie von ihrem Vater geerbt hatten – einen kleinen, mobilen Stand für Accessoires. Da ein einziger Stand aber nicht alle Brüder ernähren konnte, hatten sie die Viertel Giresuns und die Dörfer des Umlandes unter sich aufgeteilt: Jeder Bruder verkaufte seine Waren in einer anderen Gegend.

Dabei fiel nicht zu wenig Geld ab. Zusammen mit dem, was Fadime durch den Nussverkauf hereinbekam, schafften sie es, ihren Sohn zum Militärdienst gehen zu lassen. Nach seiner Rückkehr konnten sie ihm sogar Geld für einen Lieferwagen geben, mit dem er ein Ein-Mann-Fuhrunternehmen eröffnete. Sie verheirateten ihn mit der Tochter eines Verwandten, der in Istanbul lebte. Um die lukrative Route zwischen dem Istanbuler Viertel Bayrampasa und Aksaray fahren zu können, musste der Sohn jedoch noch ein wenig sparen, um die Gebühren aufbringen zu können. Den ersten kleineren Angriff auf die Ehre der Familie überstand Nevzats Familie relativ schmerzlos. Als Nevzats jüngerer Sohn vom Militärdienst zurückkehrte, lief die älteste Tochter von zu Hause weg. Nevzat reiste ins Dorf, wo er seine Waffe hatte, und setzte dann seiner Tochter nach. Er dachte, seine Tochter sei entführt und an eines der Bordelle in Iskenderun, im Viertel der Schande Sogukoluk, verkauft worden, die er während seines Militärdienstes gesehen hatte. Nevzat wusste, dass die Mädchen für einen hohen Preis dorthin verkauft wurden und dass ein geheimes Netzwerk sie zwang, dort als Prostituierte zu arbeiten.

Er wusste, dass die Mädchen fast alle unter achtzehn waren und freiwillig ins Bordell zurückkehrten, wenn man sie freiließ. Vielleicht hatten die Mädchen dann ja keinen anderen Ort mehr, an den sie gehen konnten, doch Nevzat konnte sich nicht einmal ansatzweise vorstellen, dass seine Töchter in den Bordellen arbeiteten.

Glücklicherweise fand er auch seine älteste Tochter nicht im Bordell. Die Familie des Freundes seiner Tochter, die in Istanbul lebte und zu der sie geflohen war, lieferte sie der Polizei aus, weil sie noch nicht volljährig war. Also fuhr Nevzat mit seiner Frau und seiner jüngsten Tochter Yeter nach Istanbul. Wie es üblich war, versuchte die Polizei, zwischen den beiden Familien zu vermitteln, bevor man das minderjährige Mädchen wieder an ihren Vater zurückgab. In diesem Fall funktionierte es. Die beiden Familien kamen überein, dass man die jungen Leute am besten gleich heiraten ließe. Die Polizeibeamten waren darüber ebenso froh wie die jungen Leute.

Yeter sah Aziz zum ersten Mal bei der Hochzeit ihrer Schwester.

Angesichts der schmerzhaften Erfahrung mit seiner ältesten Tochter befahl Nevzat seiner Frau, mit ihren anderen Töchtern zu reden, um herauszufinden, was sie auf dem Herzen hatten. Als seine Frau keinerlei Neigung zeigte, seinem Wunsch nachzukommen, tat Nevzat etwas sehr Ungewöhnliches. Er fragte zwei seiner Töchter, ob sie in jemanden verliebt seien. Eine von ihnen beugte ihr Haupt und nannte den Namen eines Jungen aus ihrem Dorf. Die andere behauptete, sie wolle gar nicht heiraten. Yeter aber war noch so jung, dass Nevzat glaubte, sie nicht fragen zu müssen. Bevor es noch einen weiteren Skandal geben konnte, sorgte Nevzat dafür, dass das eine Mädchen an den Jungen verheiratet wurde, den es mochte, und das Mädchen, das nicht heiraten wollte, nach Istanbul zu ihrer Tante kam, der sie mit Kindern und Haushalt helfen sollte.

Nevzat liebte seine jüngste Tochter abgöttisch. Er wollte sie sogar zur Schule schicken, doch Yeter zeigte hierfür nicht das geringste Interesse. Oft sagte er zu ihr: »Weißt du, ich bin für so viel Gleichbehandlung wie möglich. Für Söhne und Töchter. Wenn du zur Schule gehst, bist du eben der gebildete Teil unserer Familie. Du wirst unser Stolz und unsere Freude sein.« Doch Yeter sagte ihm, sie wolle nicht zur Schule gehen, sondern lieber heiraten. Obwohl sie die Jüngste und noch nicht einmal fünfzehn Jahre alt war, war Yeter bei weitem die attraktivste unter all den Frauen in Nevzats Familie.

Nevzat zwang seiner Tochter die Schule nicht auf. Schließlich wollte er, dass sich im Alter jemand um ihn und seine Frau kümmerte. Dass Yeter aufblühte, wenn die Familie aus Kesanli, ihre Nachbarn, zu Besuch kam, bereitete Nevzat zwar ein wenig Kopfzerbrechen, andererseits aber fand er die Tatsache auch nicht übermäßig beunruhigend.

Als er eines Abends nach Hause kam und wieder einmal diese Familie zum Abendessen antraf, wandte er sich direkt an Aziz und sagte: »Hör mal, ihr könnt ja so oft kommen, wie ihr wollt, doch ich warne dich. Schließlich bist du noch Junggeselle. Ich will nicht, dass du meiner Frau oder meiner Tochter schöne Augen machst.«

Er sagte dies leichten Herzens, doch später dachte er immer, dass Gott selbst ihm diese Worte eingegeben habe. Bedauern lag in seiner Stimme, als er zu mir sagte: »Gott warnte mich in meinem Herzen, doch ich habe nicht auf ihn gehört.«

Nevzat erinnerte sich nicht, den zweiunddreißigjährigen Sohn der Familie bei der Hochzeit seiner ältesten Tochter gesehen zu haben. Doch selbst wenn er sich an ihn erinnert hätte, hätte er wohl keinen Verdacht geschöpft. Schließlich würde man von seinem Nachbarn nicht erwarten, dass sie zu einer Hochzeit in Istanbul kamen.

Aziz hatte Nevzat damals frech geantwortet: »Deine Tochter nennt mich Bruder. Wie kann jemand schlechte Absichten gegenüber einem Menschen hegen, den er als Schwester betrachtet?«

Hätte Nevzat damals gewusst, wie schamlos Aziz ihn anlog, hätte er ihn – den betrügerischen Vergewaltiger, wie er ihn nannte – auf der Stelle erschossen, genau zwischen die Augenbrauen.

Als Nevzat eines Tages unerwartet früh nach Hause kam, hörte er ein Gespräch zwischen Yeter und der Schwiegertochter seines Nachbarn im Unterstock an. Niedergeschlagen sagte diese zu Yeter: »Ich habe geheiratet, als ich vierzehn wurde, Yeter. Bleib bloß, wo du bist, und genieß die Freiheiten im Haus deines Vaters. Wenn nicht, wirst du es bereuen, glaub mir.«

»Nein«, hatte Yeter da geantwortet. »Ich muss heiraten. Ich bin jemandem verpflichtet.«

Wen sie liebte und wem sie »verpflichtet« war, sagte Yeter nicht, doch nach diesem Gespräch passte Nevzat besser auf sie auf. Er fürchtete, sie würde mit jemandem durchgehen, den er nicht kannte. Von nun an machte er es sich zur Gewohnheit, plötzlich nach Hause zu kommen. Er wollte über sie wachen, damit sie nichts Falsches tat. Doch als er entdeckte, dass seine Tochter in Aziz, den Nachbarsjungen, verliebt war, kochte Nevzat vor Wut. Schließlich waren ihm schon Gerüchte zu Ohren gekommen, dass Yeter den ganzen Tag mit Aziz telefonierte.

Ein guter Freund sagte Nevzat, er solle sich wegen der Telefongespräche seiner Tochter mit Aziz keine Sorgen machen, aber aufpassen, was sie tat, wenn sie nach Istanbul fuhr. Diesen Hinweis allerdings überhörte Nevzat. Seine Tochter war ja mit ihrer Mutter zusammen, wenn sie nach Istanbul fuhr.

Erst sehr viel später bemerkte Nevzat, dass er damit den kritischen Teil des Gespräches mit seinem Freund außer Acht gelassen hatte. Denn allmählich begannen diesbezüglich Gerüchte die Runde zu machen. Nevzat schien, der beste Weg, seine Ehre und Würde zu verteidigen, sei, Yeter so schnell als möglich zu verheiraten, ohne lange die Wahrheit hinter dem Gerede ergründen zu wollen. Selbst wenn er hätte beweisen können, dass an dem Klatsch nichts dran war, so waren Gerüchte solcher Art doch kaum noch aus der Welt zu schaffen. Letztlich gab es nur einen Weg, dem Gerede ein Ende zu bereiten: wegzuziehen. Doch dafür war Nevzat zu alt. Wenn er Yeter verheiratete, so dachte er, würde er doch zumindest die Verantwortung für sie los, selbst wenn er sie nicht vor übler Nachrede bewahren konnte. Dann musste ihr Ehemann sich um die Sache kümmern.

Er führte ein langes Gespräch mit seiner Tochter. Er sagte: »Yeter, Liebes, man erzählt, dass du stundenlang mit diesem zweiunddreißigjährigen erwachsenen Mann telefonierst. Wenn das stimmt, Kind, dann sag ihm, er soll kommen und um deine Hand anhalten. Ich wäre kein Mann, wenn ich ihn nicht als Schwiegersohn akzeptieren würde. Doch wenn er nur mit dir flirten und deinen guten Namen beschmutzen will, wenn er dich nicht als Braut haben möchte, dann ist das etwas anderes.«

Yeter, die schon weit früher in die Pubertät gekommen war als erwartet, küsste ihrem Vater dankbar die Hand für so viel Verständnis. Sobald ihr Vater das Haus verlassen hatte, eilte sie zum Telefon und erzählte ihrem Liebhaber, was ihr Vater gesagt hatte. Doch Aziz schien gar nicht zu hören, was Yeter sagte. Die verständnisvolle Haltung ihres Vaters schien ihn gar nicht zu interessieren. Stattdessen sprach er ständig über ihren Körper und versuchte, sie mit seinen Worten in Erregung zu versetzen. Yeter, die ihm stets gerne nachgab und zu anderen Zeiten nur zu gerne in Aziz' Bett geschlüpft war, wurde jetzt wütend.

»Nun, dann komm und bitte meinen Vater um meine Hand«, sagte sie. »Wenn du das tust, können wir Tag und Nacht die Dinge tun, von denen du jetzt redest. Ohne Angst. Ohne uns weiter verstecken zu müssen.« Zornig hängte Yeter ein, ohne auf Aziz' Antwort zu warten. Ihr Gefühl sagte ihr, dass etwas nicht stimmte.

Nevzat aber war immer noch zu Hause. Er hatte sich im Schrank im Schlafzimmer versteckt, weil er herausfinden wollte, was seine Tochter im Sinn hatte. Das Gespräch, das er mit angehört hatte, versprach nichts Gutes.

Genauer gesagt, jagte es ihm Schauer über den Rücken. Das tödliche Schweigen seiner Tochter und ihr sorgenvolles Gesicht sagten ihm, dass Unheil auf ihn zukam. Da Giresun eine kleine Stadt ist, in der jeder alles von seinen Nachbarn weiß, wartete Nevzat auf dem Markt, bis Aziz' Mutter auftauchte.

Er ging zu ihr und sagte: »Das Mädchen ist befleckt. Ihr Sohn hat meine Tochter entehrt. Sie müssen um ihre Hand anhalten. Kommen Sie am Samstagabend, dann können wir sie verloben, dann hat die ganze Sache ein Ende.«

An diesem Punkt seiner Geschichte seufzte Nevzat tief und schwieg eine ganze Weile.

Während er erzählte, hatte er uns nicht angesehen. Jetzt blickte er auch nicht mehr in die Kamera. Als er wieder zu sprechen begann, richteten seine Worte sich gleichsam ins Leere.

»Ich weiß nicht, ob alles anders geworden wäre, wenn die Familie dieses Vergewaltigers an jenem Abend zu uns gekommen wäre. Sie haben mein Kind befleckt, und es war ihnen einfach egal. Später aber habe ich herausgefunden, dass meine Frau sie hat wissen lassen, sie möchten doch zu Hause bleiben. Sie sagte ihnen, ich sei ein nervöser Mensch und neigte zu Gewalttaten. Und so kamen sie nicht.«

Obwohl Aziz' Familie an jenem Abend nicht erschien, um um Yeters Hand anzuhalten, sollte doch Nevzats ganze Familie kommen. Als Nevzat sah, dass seine Frau für die Gäste nichts vorbereitet hatte, sagte er: »Heute kommen alle um Yeters willen zusammen, und du hast nichts gekocht. Wie wird denn das aussehen?«

Fadime, die ihrem Mann nicht in die Augen sehen konnte, sagte: »Die Familie des Jungen hat mich wissen lassen, dass sie nicht erscheinen wird.«

Nevzat kochte vor Zorn. »Wie können sie nicht kommen?«, fragte er. »Es ist doch keineswegs an ihnen, das zu entscheiden. Sie müssen kommen. Sie haben das Mädchen entehrt.«

Dieses Mal sah Fadime ihrem Mann in die Augen. »Vielleicht wollen sie ja nicht kommen. Vielleicht wollen sie keine Verlobung. Vielleicht liegt das daran, dass der Herr in diesem Haus ein hitziges Temperament hat. Man weiß ja nicht, was diese Leute denken.«

Nevzat stand auf und baute sich drohend vor seiner Frau auf. Beschützend umringten die Kinder ihre Mutter. Sie wollten nicht, dass er ihr etwas tat. Doch Nevzat wollte niemanden verletzen. Seine ganze Wut war verraucht. Er wollte nur diese Angelegenheit erledigt sehen. Also wandte er sich seinem Sohn zu und sagte: »Geh und hol die Familie her. Sag ihnen, ich hätte gesagt, sie müssten kommen. Wenn nicht, dann müssen wir dorthin gehen, und das sieht nicht gut aus. Die Leute werden reden. Sag ihnen das.«

Der junge Mann war fort, bevor sein Vater noch ausgeredet hatte. Er wusste, dass etwas Fürchterliches passieren würde, wenn sich die Lage seiner Schwester nicht klären ließe. Doch er kam nicht so schnell zurück, wie er selbst sich das gewünscht hätte, denn er hatte Aziz' Familie nicht überzeugen können. Ihre Absage war endgültig.

Dieses Mal konnte Nevzat seine Wut nicht bezähmen. Er hatte seine Frau wohl schon Tausende Male geschlagen, seit sie geheiratet hatten, doch noch nie war er so zornig gewesen. Er hatte diese zerbrechliche, zarte, nervöse Frau, die mit allen Härten des Lebens fertig wurde und weder Schläge noch harte Arbeit fürchtete, nach seinen Wünschen geformt. Doch er hatte sie nie um der Ehre willen geschlagen. Nun lagen die Dinge anders. Seine Frau hatte seine Ehre verkauft. Und er war unfähig, ihr auch nur den leichtesten Schlag zu versetzen. Er wollte sie auf den Fußboden hinstrecken und auf ihr herumtrampeln. Er wollte etwas tun, damit sie bedauerte, die Familie in diese schreckliche Lage gebracht zu haben. Doch seltsamerweise konnte er sich nicht bewegen. Er schrie sie nur an.

Mit aller Macht brüllte er sie an, und seine Worte waren grausam. In einer Familie, schrie er, ist die Mutter verantwortlich für die Ehre ihrer Tochter, der Vater für den Sohn. Seine Söhne hatten zwar keine Bildung erhalten, doch sie waren Männer geworden, ohne in Schwierigkeiten geraten zu sein. Wenn sie zu trinken, zu stehlen oder zu spielen angefangen hätten oder wenn sie auf andere Weise vom Weg abgekommen wären, dann hätte ein Freund ihn gewarnt, bevor es zu spät gewesen wäre. »Nevzat«, hätte jemand zu ihm gesagt, »letzte Nacht hat man deinen Sohn bei diesem oder jenem gesehen.« Doch Väter hören nicht von den Fehltritten ihrer Töchter. Mütter schon. Er, Nevzat, verlasse das Haus bei Morgengrauen und komme erst spät am Abend wieder. Wie also sollte er wissen, was den ganzen Tag über zu Hause vorging? Fadime aber musste es wissen. Sie wusste es und verheimlichte es ihm.

Nevzat brüllte, ihrer aller Flüstern sage ihm, dass sie alle gewusst hatten, was vorging, und es vor ihm verheimlicht hatten. Dieser Gedanke hatte seinen Zorn noch mehr angefacht.

Die Lügen, die Yeter ihm erzählt hatte, wirbelten in seinem Kopf durcheinander. Wann immer das Telefon läutete, war sie es, die den Hörer abnahm. Und wenn er sie fragte, wer am Apparat gewesen sei, hatte sie stets behauptet, es sei ihre Tante gewesen. Woher hätte er wissen sollen, wer am anderen Ende sprach? Einmal, zweimal, dreimal – immer wieder hatte er sich entschieden, ihr zu glauben, selbst wenn er vermutete, sie lüge. Er hatte ihr einfach glauben wollen.

Entschlossen, alles herauszufinden, was man ihm je verheimlicht hatte, ging Nevzat in die Küche. Er holte die nicht registrierte Pistole aus dem großen Topf, in dem er sie seit dem Ärger mit seiner ältesten Tochter verborgen hatte. Zurück im Wohnzimmer, legte er sie auf das Sofa, wo jeder sie sehen konnte.

Zu seiner Frau sagte er: »Ich werde dich töten, wenn du mir irgendetwas verheimlichst. Mach mich nicht zum Mörder, Frau! Du hast schon meine Ehre vernichtet! Also antworte mir nun: Warum glaubt diese Familie, meine Tochter sei ihres schäbigen Sohnes nicht würdig? Antworte mir! Und wage ja nicht, etwas vor mir zu verbergen. Ich will nicht, dass jeder alles vor mir weiß. Wenn ich irgendwo etwas darüber zu hören bekomme, gibt es für dich kein Entkommen mehr. Ich habe meine Bekannten, ich habe einen Namen. Ich kann nicht zulassen, dass die Leute sagen, Nevzats Tochter rennt mit diesem oder jenem herum und tut dies oder jenes. Ich werde nicht zulassen, dass die Menschen Gerüchte über mich verbreiten. Was, Frau, haben wir in diesem Leben außer unserer Ehre? Sag es mir. Ich will nicht der Letzte sein, der es erfährt.«

Fadime zögerte kurz, doch Nevzat war mittlerweile so zornig, dass sie all ihren Mut zusammennahm und ihm das schreckliche Geheimnis mitteilte, das ihr Todesurteil sein sollte. »Das Kind ist schwanger«, sagte Fadime. »Wer will schon eine Hure mit einem Bastard zur Frau?«

Sie bettelte ihren Mann um Gnade an. »Ich habe dir doch ein ums andere Mal gesagt, du sollst sie nach Istanbul schicken. Du hast ja nicht auf mich gehört. Wenn wir sie jetzt wegschicken, kann sie dort das Kind zur Welt bringen. Dann sehen wir, was wir tun können.«

Nevzat sagte mir, er könne sich nicht daran erinnern, wie er den Abzug betätigt hatte.

Auch später, als er die Ereignisse jenes Abends immer und immer wieder Revue passieren ließ, fehlte ihm jener Moment, in dem er die Pistole vom Sofa nahm und abfeuerte. An dieser Stelle war in seinem Gedächtnis ein schwarzes Loch. Das Letzte, woran er sich erinnerte, war, wie seine Frau ihm sagte, Yeter sei schwanger. Dann der Filmriss. Das Nächste war das Bild seiner Tochter, die sich in die Flugbahn der Kugel warf. Nevzat hörte erst bei der Verhandlung, dass Yeter nur wenige Minuten, nachdem der Schuss sie getroffen hatte, starb.

Nevzat wusste noch, dass sein Sohn sich, nachdem Yeter zusammengebrochen war und eine riesige Blutlache sich schnell ausbreitete, über die Mutter warf, um ihn daran zu hindern, auch diese zu erschießen. Dass er die Pistole immer wieder abgefeuert hatte und wie viele Schüsse er insgesamt abgegeben hatte, daran erinnerte Nevzat sich nicht. Auch nicht daran, wie sein Sohn überlebte.

Dann schlug Nevzat die Hände über dem Kopf zusammen und fiel neben den Leichen seiner Frau und seiner Tochter auf die Knie. Er schrie und brüllte, er wünsche, er hätte nicht getan, was er getan hatte.

Sein Sohn holte schließlich die Polizei. Die Beamten konnten Nevzat keine Handschellen anlegen, weil sein Körper vom Schock vollkommen steif war. Sie mussten warten, bis Nevzat sich wieder ein wenig beruhigt hatte. Doch auch als er seine Hände ausstreckte, um sich die Handschellen anlegen zu lassen, wimmerte er immer noch wie besessen, er würde nicht zulassen, dass die Leute von seiner Tochter sagten, sie gehe mit jedem ins Bett. Und dass er »für seine Ehre« lebe.

Kurz darauf begann in Giresun die Nussernte. Dies war die Zeit der Verlobungen und Hochzeiten, der Feste und Feiern. Doch in Nevzats Haus war man damit beschäftigt, die Scherben aufzuräumen.

Dann schloss man für immer die Tür zu diesem unbekannten Haus am Rande der Stadt.

Bei der Verhandlung hörte Nevzat, dass seine Tochter im vierten Monat schwanger war. Bitter nahm er zur Kenntnis, dass er einfach nicht gemerkt hatte, was vorging. Aziz sah er zum letzten Mal vor Gericht, wo er gegen Nevzat aussagte. Aziz, so Nevzat, verhielt sich schändlich. Er sagte aus: »Das Mädchen, das getötet wurde, war für mich wie eine Schwester. Ich weiß nicht, wer sie geschwängert hat. Ihr Vater verleumdet mich. Fragen Sie, wen Sie wollen, dann werden Sie hören, was ich für ein Mensch bin. Ich würde so etwas nie tun. Man hat mit Drohungen versucht, mich dazu zu bringen, ein schwangeres Mädchen zu heiraten. Ich bin ein ehrenhafter Mensch. Ich will meine Ehre nicht mit so etwas beschmutzen. Würden Sie Ihre Ehre opfern, nur weil Sie eine gute Tat begehen wollen? Hätte ich das schwangere Mädchen aus Gnade geheiratet, hätte ich damit meine eigene Ehre befleckt. Wie hätte ich den Menschen hinterher noch in die Augen sehen können? Wie hätte ich mit erhobenem Haupt durch die Stadt gehen können? Was haben wir denn im Leben außer unserer Ehre?«

Es schmerzte Nevzat, Aziz zuhören zu müssen. Er wünschte, er hätte ihn ebenfalls getötet.

Später im Gefängnis hörte Nevzat, dass Aziz zwar Sex mit Yeter hatte, dass er sie aber auch an jemanden in Istanbul verkauft hatte. Und dass er sie, obwohl er sie ursprünglich gegen ihren Willen genommen hatte, auch weiter an andere verkaufte, so dass er wirklich nicht wusste, wer der Vater des Kindes war. Und was noch schlimmer war: Yeter hatte Aziz damals nicht angezeigt, weil er ihr Geld gegeben hatte. Nur als sie schwanger war, geriet sie in Panik und hatte Angst, dass alles auffliegen könnte.

Dieses Gerücht versetzte Nevzat den letzten und schwersten Schlag, denn er erkannte, dass die üble Nachrede nicht einmal dann ein Ende finden würde, wenn er Hand an sich selbst legte. Die Nachbarn dachten, Nevzat habe vom Treiben seiner Tochter gewusst. Sie hatten ihm nur deshalb keinen Hinweis gegeben, weil sie glaubten, er bekomme von Aziz Geld. Und dass Nevzat die Ehrenmorde begangen habe, weil Aziz nicht mehr bezahlen wollte.

Nevzat hatte zwei Morde begangen, um seine Ehre zu retten. Und nun lag diese Ehre trotzdem in Scherben. Nichts, nicht einmal das Opfer, das er gebracht hatte, konnte dem Klatsch Einhalt gebieten. Ihm wurde klar, dass die Leute weiterhin die Ereignisse, die sein Leben zerstört und ihn dazu veranlasst hatten, Frau und Kind zu töten, breittreten würden, einfach weil dies ihr Zeitvertreib war. Über jede Familie wurde geklatscht, und wenn es nichts zu erzählen gab, dachte man sich etwas aus. Er hatte sich vor etwas gefürchtet, was letztlich nur eine einfache, traditionelle Form der Unterhaltung war. Wie sinnlos! Nur wer wie Nevzat reagiert, nur wer glaubt, die eigene Ehre sei bedroht, weil die Leute nun mal klatschen, der macht aus einer harmlosen Angelegenheit ein alles verschlingendes Ungeheuer.

Nevzat hatte zwei Frauen seiner Familie getötet, um das Getuschel hinter seinem Rücken zum Verstummen zu bringen. Doch nun tuschelte man mehr denn je. So hatte Nevzat durch seine Tat ebendas hervorgerufen, was er am allermeisten fürchtete.

Seinen Glauben an die Justiz verlor Nevzat während der Verhandlung. Von seinen Eltern hatte er gelernt, dass alles Böse am Ende bestraft würde, doch an der Schwelle zu seiner eigenen, höchstpersönlichen Apokalypse musste er mit ansehen, wie die göttliche Gerechtigkeit versagte und die menschliche Gerechtigkeit völlig unabhängig von ihr operierte. Nevzat glaubte ohnehin an beides nicht mehr. Die göttliche Gerechtigkeit hatte nicht verhindert, dass seine Tochter geschwängert wurde, und die menschliche Justiz schickte ihn für dreißig Jahre ins Gefängnis. Damit sein Zweifel an Gott nicht allzu deutlich zutage trat, widmete er sich trotzdem mehr als je zuvor dem Gebet.

Er nahm das Urteil mit gesenktem Haupt entgegen. Er war ein Mörder, der seine Frau und Tochter getötet hatte. Daran ließ sich nichts mehr ändern. Doch bei guter Führung und unter Ausnützung aller möglichen mildernden Umstände, die nur wirklich erfahrene Strafgefangene kennen, würde er im Alter von achtundfünfzig Jahren das Gefängnis verlassen, in das man ihn mit fünfundvierzig eingewiesen hatte. Während der gesamten Verhandlung stellte Nevzat nur einen einzigen Antrag. Er wollte in ein Gefängnis in der Nähe von Giresun verlegt werden. Eigentlich hatte er nicht erwartet, dass man ihm dies zugestehen würde, doch der Staatsanwalt, der Nevzat ganz offensichtlich für ein Ungeheuer hielt, hatte am Ende seinem Antrag stattgegeben.

Auch die Lokalzeitungen bezeichneten Nevzat als Ungeheuer. Sein einziger Trost waren die überregionalen Zeitungen, deren Journalisten das Problem offensichtlich besser verstanden. Sie beschrieben Nevzat als völlig hilflosen Menschen, der seine schwangere Tochter ermordet und seine Frau erschossen hatte, weil sie den schicksalhaften Ereignissen, die schließlich zur Schwangerschaft führten, keinen Einhalt gebot. Die berühmte dritte Seite der überregionalen Medien, die über Morde in der Familie berichtet, brachte Fotos von der Verhandlung, die Nevzat als verzweifelten Menschen zeigten und so seine Unschuld untermauerten. Er war dankbar für dieses unerwartete Verständnis. Die überregionalen Zeitungen waren doch anders als die Blätter in Giresun, die von schlecht ausgebildeten Journalisten herausgegeben wurden. In den überregionalen Medien arbeiteten gebildete Menschen, die die Bedeutung des Wortes Ehre noch begriffen.

Ein Sprichwort besagt, das Haus, durch dessen Tür zuerst der Sarg der Frau und danach der Sarg des Mannes gehe, sei ein unglückliches Haus. In Nevzats Familie war dies der Fall. Nachdem er verhaftet worden war, verstreuten sich die Mitglieder seiner Familie im großen Istanbul. Nevzats letztes noch unverheiratetes Kind, sein Sohn, lief in Istanbul mit einem Mädchen weg, das er dann in aller Eile heiratete. Nevzat war besorgt, als er dies erfuhr, und wünschte, er hätte für seinen Sohn um die Hand des Mädchens anhalten können. Dann hätte er nach der Nussernte eine schöne Hochzeit veranstalten können. Aber natürlich konnte er nichts mehr in dieser Art tun.

Von den wenigen Besuchern, die Nevzat im Untersuchungsgefängnis hatte, hörte er, dass sein ältester Junge einen Sohn bekommen hatte und dass nun seine Brüder die Nüsse ernteten, die früher seine Frau gesammelt hatte. Mit dem Erlös aus der Nussernte hatte Nevzat die Gerichtskosten bezahlt.

Als man ihn nach der Urteilsverkündung in die Abteilung für Langzeitgefangene verlegt hatte, kam die Schwiegertochter, die er nie kennengelernt hatte, mit einem Kind auf dem Arm ins Gefängnis. Nevzats Sohn zögerte. Er schickte zuerst Frau und Kind vor. Doch der Besuch tat Nevzat gut. Er dachte an Yeter und ihr nie geborenes Kind. Als er sein Enkelkind vor sich sah, wurde ihm zum ersten Mal bewusst, dass er eigentlich nicht zwei, sondern drei Menschen getötet hatte. Doch diesen Gedanken schob er weit von sich, weil er fürchtete, sonst den Verstand zu verlieren.

Als ich Nevzat kennenlernte, war sein Haar bereits ergraut. Seine Rückenschmerzen waren schlimmer geworden. Er merkte, dass er alt wurde. Er merkte auch, dass gerade ein alter Mensch die Familie braucht. In einem Ton, als spräche er über die einfachsten Alltagsprobleme und nicht über eine schreckliche Tragödie, sagte er: »Ich wache morgens früh auf. Ich bin schon um fünf Uhr auf den Beinen. Um sieben wird die Zelle aufgesperrt. Und dann gehe ich den ganzen Tag herum. Das Leben neigt sich dem Ende zu. Man wird älter. So viele Menschen in unserem Dorf sind seit meinem Sturz gestorben, ich aber lebe immer noch. Alle, die gestorben sind, haben etwa mein Alter. Ich danke Gott. Ich bin im Gefängnis, aber ich lebe. Ich höre hier den Gebetsruf. Ich verpasse niemals das Morgen- oder Abendgebet.

Ich erkenne alle Geräusche und Stimmen jenseits dieser hohen Mauern. Ich weiß, wann die Straßenverkäufer vorbeikommen, wann die Hunde bellen, wann Autos ins Gefängnis einfahren und wann sie es wieder verlassen. Im Gefängnis wird man wie eine Uhr. Eine Uhr, deren Ticken die Straßengeräusche sind.

Es wird ein paar Jahre dauern, bis ich wieder alles geordnet habe, aber ich finde mich normalerweise schnell zurecht. Ich weiß, dass meine Nüsse immer noch wachsen. Wenn ich herauskomme und Gott mir noch ein paar Jahre schenkt, werde ich für meine Neffen Nüsse pflücken. Das sind drei oder gar fünf Tonnen. Letztes Jahr war die Ernte schlecht, doch in meinem Nusshain gab es immer noch Nüsse für ein oder zwei Milliarden*. Das hat mir mein Bruder erzählt, der erst kürzlich hier war. Was kann ich vom Allmächtigen mehr verlangen?«

Nevzat hatte aufgehört, meine Fragen zu beantworten. Stattdessen klagte er über seine Krankheiten und die Haftbedingungen im Gefängnis. Er meinte, die Zelle sei nie warm genug. Nicht einmal seine drei Decken würden ihn warm halten, wenn die berühmten Winde die Stadt peitschten. Er erzählte mir, dass er und seine Zellengenossen sich früher selbst frische Essenszutaten besorgt und in der Zelle gekocht hatten, was ein schöner Zeitvertreib war. Auf diese Weise sorgten sie selbst für bessere Ernährung. Doch neue Bestimmungen verboten diese Einkäufe nun, und so mussten sie sich jetzt mit dem Gefängnisessen zufriedengeben.

»Es ist nicht mehr wie früher«, sagte Nevzat. »Vorher waren die Zellen viel geräumiger. Man konnte mit den Zellengenossen plaudern. Heute bringt man Leute aus Istanbul zu uns, die wegen Raubes sitzen und nicht wegen Ehrendelikten. Sie haben kein Geld, keine Ehre und sind durch und durch aggressiv. Es ist heute schwieriger, ein

---

*Türkische Lira. Ein oder zwei Milliarden türkische Lira sind etwa fünfhundert bis tausend Euro. Seit der Währungsreform entspricht eine Milliarde alter Lira etwa tausend neuer Lira, doch die meisten Menschen können sich von den großen Zahlen nicht trennen und sprechen immer noch von »Milliarden«.

Häftling zu sein, weil diese sich gegenseitig nicht mehr respektieren. Es gibt keine Freundschaft mehr unter den Gefangenen. Alles ist jetzt anders. Wenn man früher im Gefängnis saß, hieß es, dass man ein Ehrenmann war. Die heutigen Häftlinge haben das nicht mehr.«

Ich sagte ein paar höfliche Worte des Trostes, was seine Haftbedingungen anging. Dann brache ich das Gespräch zurück auf Yeter. Ich wollte wissen, wie Nevzat seine Tochter einschätzte. Was glaubte er zum Beispiel, warum sie so gehandelt hatte, wie sie es getan hatte, obwohl sie doch wusste, dass sie damit ihr Leben riskierte? Sie musste doch gewusst haben, dass ihr Vater sie töten würde, als sie erfuhr, dass sie schwanger war?

Ich war auf einen Wutausbruch gefasst, als ich Nevzat diese Frage stellte, doch er wurde nicht zornig. Ganz ruhig sagte er: »Mädchen denken nicht über Leben und Sterben nach. Sie stürzen sich einfach kopfüber in das, was sie tun. Wenn die Finanzen der Familie stimmen, dann ist das ja auch in Ordnung. Denn wenn sie heiraten, sorgt der Mann dafür, dass immer etwas zu essen da ist, selbst wenn es nicht für sehr viel mehr reicht. Ist der Mann aber einer, der gerne ausgeht, dann wird das unerfahrene Mädchen mit ihm nicht fertig. Ein solcher Mann braucht familiäre Bindungen, damit er sich um seine Familie kümmert. Und das Mädchen braucht jemanden, der das tut.«

Bevor ich ging, wollte ich, dass Nevzat so etwas wie Bedauern äußerte, ja, ich hoffte sogar auf Reue. Irgendetwas in mir sagte mir, dass Yeter und Fadime in Frieden ruhen würden, wenn er diese Worte laut ausspräche.

»Ich hege«, begann ich, »gewisse abergläubische Grundsätze, an denen ich sehr hänge. Ich glaube, dass Ihre Frau und Ihre Tochter in Frieden in ihrem Grab ruhen könnten, wenn ich von Ihnen höre, dass Sie das, was Sie getan haben, wirklich aus tiefstem Herzen bedauern. Empfinden Sie manchmal Reue?«

Doch Nevzat antwortete: »Wissen Sie, wenn ich hier im Gefängnis so denken würde, würden sich meine Freunde in der Zelle mit mir nicht mehr wohl fühlen. Wenn ich zu viel über das nachdenke, was passiert ist, und es zu stark bereue, wird das Leben hier unmöglich. Wenn Sie so denken, werden Sie hier im Gefängnis verrückt. Und ich möchte nicht verrückt werden, weil sich im Gefängnis kein Arzt wirklich um Sie kümmert.«

Verlegen unterbrach ich ihn: »Sagen Sie je zu sich selbst, Sie wünschten, Sie hätten es nicht getan? Sie wünschten, Sie hätten nach anderen Lösungen gesucht? Wenn Sie alleine sind?«

»Natürlich haben wir das Gefühl, dass wir geirrt haben«, sagte er, als spreche er für alle Menschen, die wegen eines Ehrenmordes im Gefängnis saßen. »Wir haben dieses Gefühl, aber wir können dem nicht tagein, tagaus nachgeben. Denken Sie doch einmal nach: Ihr Vater stirbt, Ihre Mutter stirbt. Ihr Bruder stirbt bei einem Autounfall. Und was geschieht? Irgendwann vergessen Sie es. Was können Sie sonst schon tun? Eine Zeitlang besuchen Sie sie auf dem Friedhof. Und dann vergessen Sie sie. Wenn Sie Ihre Toten nicht vergessen, können Sie nicht mehr weiterleben. Sie müssen sie vergessen, um selbst leben zu können.«

Dann stand Nevzat auf: Er wollte das Abendessen nicht verpassen. Als er den Raum verließ, sagte er: »Aksan karavanasini kaçirmamak için bize aceleyle veda etti.« [Töchter sind schwierig. Eine Tochter ist eine Last auf den Schultern ihres Vaters.] Genau das hatte er gesagt, als wir das Interview begonnen hatten.

Wir packten unsere Sachen zusammen, doch weder meinem Kameramann noch mir war nach Sprechen zumute, als wir nach Trabzon zurückkehrten. Das Schicksal des jungen, schwangeren Mädchens, das für so viele andere steht, hatte uns zum Verstummen gebracht. Schließlich fuhr mein Kameramann, der gerade über das Handy mit seiner Frau über ihre neugeborene Tochter gesprochen hatte, an den Straßenrand und sagte: »Möglicherweise besucht kein Mensch je das Grab des Mädchens. Sollen wir?«

Wir riefen den zuständigen Gefängnisbeamten an (und versicherten ihm, dass wir gutes Material über seine Kiwiproduktion aufgenommen hatten). Er sagte uns, dass die Stadtverwaltung Yeter zusammen mit ihrem ungeborenen Kind beigesetzt hatte. Sie und ihre Mutter waren Seite an Seite auf dem Friedhof für Waisen und Obdachlose begraben worden. Die Nummer des Grabes sei unleserlich, aber der Fall sei ja noch allgemein präsent, sicher würde der Friedhofswächter wissen, wo das Grab der beiden Frauen läge. Er würde ihn anrufen und ihn bitten, uns die Stätte zu zeigen.

Wir kauften kleine Blumensträuße und befestigten das Zeitungsfoto daran. Wir fanden einen kleinen Grabstein, auf dem stand: Yeter Ayaz, 1984 bis 1999. Am Grab der jungen Mutter, die so kurz vor Beginn des neuen Jahrtausends getötet worden war, betete ich für all jene Mädchen, die noch nicht um der Ehre willen getötet worden waren.

Ulviye

Unser Fahrer steuerte den Wagen Richtung Schaerbeek, Brüssels Türkenviertel. Auf beiden Seiten der Hauptstraße erstreckten sich türkische Gemüseläden, Halal-Metzger und Kebabrestaurants. Die Einwanderer hier sind weder bei Flamen noch bei Wallonen beliebt, die sich ihrerseits ja auch nicht unbedingt gewogen sind.

Überall erklingen Kinderstimmen. Belgische Kinder aus Emirdagli kennen das Türkisch aus der Gegend um Afyon nicht, das ihre Eltern sprachen. Sie unterhalten sich untereinander in einer Mischung aus Flämisch und Französisch oder Flämisch und einer ihrer Muttersprachen. Hochschwangere Frauen, die illegal aus der Türkei eingewandert sind, um ihre Cousins zu heiraten, klagen sich gegenseitig auf Flämisch ihr Leid, während sie ihren Ehemännern etwas auf Türkisch zurufen. Man hatte mir bereits berichtet, dass es den Bewohnern des Viertels nicht gelungen war, aus ihren albanischen, türkischen oder belgischen Ursprüngen eine neue Identität zu schaffen.

Als wir ausstiegen und uns fragten, wie wir es anstellen sollten, uns nach dem Weg zu erkundigen (da wir weder Französisch noch Flämisch sprachen), rief uns ein kleines Kind entgegen: »Es ist dieses Haus da.«

Wie konnte dieses Kind wissen, was oder wen wir suchten? Und was noch wichtiger war: Woher wusste es, dass wir Türken waren?

Wir zogen die Schuhe aus und läuteten an der Tür. Ein Kind öffnete. Durch den Türrahmen hindurch sahen wir in ein riesiges Wohnzimmer, in dem Männer und Frauen aller Altersgruppen beieinandersaßen. Die Frauen mit bestickten, weißen Kopfschals, die Männer mit Schnurrbart und dunklen Jacken. Sie rauchten stinkende Zigaretten. Eine dichte Rauchwolke hüllte alle ein. Junge Mädchen trugen die unterschiedlichsten Speisen auf: Es ist üblich, dass die Kondolenzgäste etwas zu essen mitbringen. Teegläser, üppiges Gebäck, Trockenfrüchte und Nüsse wurden auf riesigen Tabletts durch den Raum gereicht.

Advil Celili war ein älterer, gebrechlich wirkender Mann, der mit gekreuzten Beinen auf dem großen Sofa saß. Einer seiner Arme schien ein wenig abgewinkelt. Er bewegte sich kein bisschen. Zwar wandte er manchmal das Gesicht in die Richtung, aus der die Gesprächsfetzen drangen, doch sein Blick blieb dabei hoffnungslos leer. Dann senkte er sein Haupt, als wäre das, was er hörte, nicht das, was er eigentlich hatte hören wollen. Mir schoss der Gedanke durch den Kopf, dass er vielleicht auf jemanden wartete, der sagte: »Afrim ist nicht tot.« Auf ein Wunder also. Der Tod seines Sohnes schien ihn in Trance versetzt zu haben.

Alles, was man mir von diesem Mann erzählt hatte, klang, als sei er sehr viel jünger. Doch nun war das Licht aus seinen Augen gewichen, und er sah alt aus. Er zeigte kein Zeichen des Erkennens, als er uns bemerkte, obwohl er wissen musste, wer wir waren und warum wir hier waren. Ich hatte Bedenken, diesen hinfälligen alten Mann, den die Trauer so offenkundig auffraß, weiter zu bedrängen. Eigentlich wollte ich so still als möglich aus dem Haus schlüpfen und die Menschen dort in Frieden trauern lassen. Andererseits war mir bewusst, die Familie würde meinen sofortigen Rückzug als Mangel an Achtung vor dem Toten auffassen. Wir waren ein ziemlich großes Team, das dazu noch mit leeren Händen gekommen war, ohne auch nur eine Schachtel Gebäck oder ein paar *börek*. Ich schämte mich meines Mangels an Taktgefühl. Als ahnte er meine Absicht, wieder zu gehen, klopfte Advil Celili mit seiner gesunden Hand auf den Platz neben ihm auf dem Sofa, und ich setzte mich zu ihm. Mein Kameramann nahm auf einem Sessel gegenüber Platz.

Schließlich fragte der Mann mich: »Trinken Sie immer noch *boza* am Mittwoch?«* Diese Frage überraschte mich, hatte ich doch gerade nach Worten gesucht, um mein Beileid auszudrücken. Ich hatte noch nie *boza* getrunken, doch das konnte ich dem alten Mann aus Albanien nicht sagen. Und so murmelte ich etwas Unverständliches als Antwort.

Plötzlich sagte er: »Es war ein Araber, der meinen Sohn tötete. Das Ungeheuer kam von hinten und schlitzte ihm die Kehle auf. Wir haben von den Arabern mehr Unrecht erlitten als von den Ungläubigen. Vor allem die Türken.« Als er vergeblich auf meine Zustimmung wartete, wandte

---

*Ein warmes winterliches Getränk aus Gerste, das jedoch nur in Istanbul getrunken wird.

er sich an die Umstehenden, die aufmerksam zuhörten. »Die arabischen Zigeuner sind schließlich auch den Ottomanen in den Rücken gefallen. Warum lässt die belgische Regierung sie in dieses Land? Sie bringen nichts Gutes und werden nie etwas Gutes bringen. Sie sind Hunde, die in Zelten leben.« Schlagartig verstummte er.

Menschen, die ich nicht kannte, verfielen in Schmähreden auf die grausamen und barbarischen Araber. Ich sprach dem alten Mann ins Ohr: »Können wir nicht an einen ruhigeren Ort gehen? Dort können wir vielleicht besser reden.«

Er stand auf und sagte: »Tochter, Advil Celilis Leben ist ein Roman. Ich könnte ihn dir nicht in einem Tag, ja nicht einmal in einem Monat erzählen. Wie also soll ich ein ganzes Leben in einer Stunde unterbringen?« Doch seine ihm verbliebenen Kinder hatten schon verstanden, dass ihr Vater sich erregte, weil er meinen Vorschlag längst akzeptiert hatte, und bereiteten einen kleineren Raum für uns vor. Eilig legten sie gestickte Kissen auf das Sofa, stellten Aschenbecher auf und füllten die herumstehenden Tischchen mit Essenstabletts.

Das Interview, das gerade einmal zwei Stunden hätte dauern sollen, dauerte insgesamt fünf Tage. Wir sprachen mit jedem Menschen, der in diesem Haushalt als Teil der Familie lebte.

Wir konnten nicht wissen, dass kurz nachdem wir fort waren, Advil diese Welt ebenfalls verlassen und neben seinen Kindern begraben werden sollte. Es war, als habe er sich leise aus seinem Flüchtlingsdasein davongestohlen, weil es für ihn nichts mehr zu tun gab, nachdem er uns seine Geschichte anvertraut hatte.

Advil Celili war ein albanischer Muslim, geboren im

Kosovo, in den Bergen von Kalista. Er war ein kräftiges Baby und strotzte nur so vor Gesundheit. Solange seine Mutter noch schwanger war, wurde die Großmutter nicht müde zu wiederholen, dass man das Kind, falls es ein Mädchen würde, einer anderen Familie zur Adoption geben würde, wo das Kind dann als Dienerin leben sollte. Werde es hingegen ein Junge, würde man ihn an eine Räuberbande verkaufen. Aber natürlich brachten sie das am Ende doch nicht übers Herz.

Celilis Großvater hatte erzählt, dass die Herrscher in den Kalista-Bergen häufig wechselten. Die Bergkette ging aus der Oberhoheit der Ottomanen in die der Österreicher über, die sie dann wieder an die Italiener verloren. Die Italiener traten sie an die Griechen ab. Seit dem Ersten Weltkrieg war es gar nicht so leicht zu sagen, wem die Kalista-Berge gerade gehörten: den Serben, den Slawen, den Ottomanen oder den Österreichern? Für die Celilis machte das ohnehin keinen Unterschied. In den Bergen wurde Albanisch gesprochen, und das war das Einzige, was zählte. Die Streitigkeiten der Serben mit den Slawen König Alexanders waren weit weg von den Bergen der muslimischen Familie Celili, obwohl Advil seine Kindheit damit zubrachte, in den Erzählungen des serbischen Postbeamten, der einmal pro Woche in ihr Dorf kam, die Toten zu zählen. Doch das war kein Krieg zwischen Muslimen und Ungläubigen. Die Ungläubigen rieben sich vielmehr gegenseitig auf.

Advil wachte über die muslimischen Mädchen, die in den grünen Hügeln lebten, und wunderte sich stets über die Freiheiten, welche die christlichen Mädchen in den Nachbardörfern besaßen. Er war noch ein Junge, als er Kamile zum ersten Mal sah. Die Sachen, die seine Mutter ihm zu tragen gab, waren viel zu kurz für seine langen

Gliedmaßen, so dass die Leute über ihn zu lachen pflegten. Bis Kamiles Blick auf ihn fiel und sie sich in ihn verliebte, hatte er sich gewünscht, er möge doch aufhören zu wachsen, damit er wieder in seine Jungenkleider passe.

Während seiner Jugend erhoben immer mehr ganz unterschiedliche Parteien Anspruch auf die Herrschaft in den Kalista-Bergen. In jedem Dorf hatte jemand anders das Sagen. Jedes Dorf hatte seinen eigenen Briganten. Da Advils Dorf in die Hände der Deutschen gefallen war, begannen die Serben, die mit den Deutschen zusammenarbeiteten, die jungen Männer zum Militärdienst heranzuziehen, der darin bestand, eigene bewaffnete Banden zu bilden. Vor die Wahl gestellt, unter den absolut erbarmungslosen Slawen oder den gemäßigteren Serben zu dienen, entschied sich fast das gesamte Dorf für Letzteres.

Mit achtzehn meldeten sich Advils amouröse Neigungen deutlich zu Wort und damit auch der Wunsch, endlich wie ein Mann behandelt zu werden. Er wollte sich der Liebe Kamiles als würdig erweisen. Also marschierte er ins Dorf auf der anderen Seite seines Hügels und ließ sich dort vom jüdischen Schneider einen Anzug anmessen. Als er den Anzug abholen sollte, stahl er seiner schlafenden Großmutter das nötige Geld aus dem Stoffbeutel, den sie zwischen ihren Brüsten trug. Doch als er im Dorf ankam, gab es den jüdischen Schneider nicht mehr. Die serbischen Dorfbewohner erzählten ihm, er sei ermordet worden, weil er Jude war. Advils Anzug war sorgsam auf einen Haken in der Schneiderei gehängt worden, deren Tür er aufgebrochen hatte. Er konnte dem Schneider das gestohlene Geld nie geben. Andererseits verlor er keinen Gedanken an den ermordeten Juden: In seinen Augen waren Juden noch schlimmere Feinde des Islam als Christen.

Nun besaß er zum ersten Mal in seinem Leben ein Jackett, dessen Ärmel und Hosenbeine lang genug waren. Dazu ein strahlend weißes Hemd ohne Flecken. Wie ein Pfau stolzierte er über die Felder. Irgendwo legte er sich hin, ganz beeindruckt von sich selbst. An ebenjener Stelle kam Tag für Tag Ulviye vorbei, Kamiles Nichte, die die Schüsseln holte, in denen sie den Schäfern ihr Mittagessen brachte.

Ganz wie Advil erwartete, kam die kleine Ulviye auch an diesem Tag etwa um die Zeit, als die Sonne ihm auf den Kopf zu brennen begann. Ihre Brüste hatten gerade erst zu wachsen begonnen und zeichneten sich deutlich unter der enganliegenden Kleidung ab. Der Duft ihrer rosigen Wangen schien ihm zu sagen, dass sie bereit für die Liebe war. »Bald wird auch sie einen Bewunderer haben«, dachte Advil.

»Komm her und setz dich einen Moment zu mir, Ulviye«, rief er. Zuerst zögerte das Mädchen und sah sich nervös um. Dann aber ließ sie alle Vorsicht fahren und lief zu Advil. Schließlich flirtete sie ja nicht mit ihm. Dass ihre Absichten vollkommen ehrenhaft waren, so dachte sie, müsse auch für jeden Außenstehenden sichtbar sein. Und außerdem: Wer wusste nicht, dass Advil bis über beide Ohren in ihre Tante verliebt war? Sie legte die Schüsseln der Schäfer ins Gras und hielt Advil einen Kupfereimer mit püriertem Kompott hin. »Trink das, dann ist dir gleich nicht mehr so heiß«, sagte sie.

Ungeduldig schob Advil den Eimer weg. »Lass mich doch damit in Ruhe. Ich will nur wissen, ob es da jemanden gibt, der Kamile gefällt«, sagte er. Das Mädchen brach in lautes Gelächter aus. Sie wusste natürlich, dass ihre Tante in Advil verliebt war, doch antwortete sie geheimnisvoll:

»Ich weiß nicht. Aber wenn sie dich in diesem Anzug sähe, dann würde sie sich sicher in dich verlieben, selbst wenn ihr jetzt ein anderer gefiele.«

Advil hielt ihr das Geld hin, das er dem Schneider nicht hatte geben können. »Nimm es und gib es Kamile«, sagte er. »Sag ihr, sie soll sich davon etwas Schönes kaufen.« Bei dem Gedanken, Kamile könnte verliebt in ihn sein, war er so glücklich, dass er begann, sich in seinem neuen Anzug im Gras herumzurollen. Seine gute Laune machte ihn taub und blind für alles, was um ihn herum vorging. Den Gewehrschuss nahm er kaum wahr. Er stand auf und klopfte seinen Anzug ab, der nun lauter Grasflecken hatte. Dann sah er Ulviye, die mit dem Gesicht nach unten auf der Erde lag.

Sie war vollkommen still. Ihre Faust hatte sie fest geschlossen, doch das Geld, das sie Kamile hatte bringen sollen, war nicht mehr darin. Die Schüsseln lagen überall verstreut, der Kupfereimer war umgekippt. Das Kompott mischte sich mit Ulviyes Blut und verlieh ihm einen gelblichen Schimmer.

Drei junge Männer standen bedrohlich vor Advil. Ulviyes ältere Brüder. Einer von ihnen hielt ein Gewehr. Sie sagten kein Wort. Advil schoss es durch Kopf, dass ihre Sachen ihnen zu klein waren. Sie sahen noch nicht einmal wie Männer aus. Und doch hatten sie wie Männer ihre kleine Schwester erschossen.

Advil schrie: »Wieso habt ihr sie erschossen? Wieso? Was hat sie euch denn getan?«

Die Stimme von Ulviyes Bruder war eisig, als er antwortete: »Du darfst nicht mit unserer Ehre spielen. Du bist der Grund für ihren Tod!« Er tat gleichgültig, als habe er nur seine Pflicht getan.

»Wie kannst du das sagen?«, wimmerte Advil. »Sie war ein unschuldiges junges Mädchen.«

Ulviyes Bruder schnitt ihm das Wort ab. »Verschwinde von hier. Wir können dich nicht erschießen. Du bist ein Celili. Zwing uns nicht, unsere Familienehre mit dem Blut eines Celili zu beflecken. Zwing einen Muslim nicht, das Blut eines anderen Muslim zu vergießen.«

»War das Mädchen etwa keine Muslimin?«, klagte Advil. Erst da wurde ihm klar, welche Tragweite diese Tragödie für sein Leben haben würde. Er hatte dem Mädchen gegeben, was er dem toten Schneider schuldete. Dieses auf zweifache Weise unrecht erworbene Geld hatte Ulviyes Leben gekostet. Einen Augenblick lang hatte er sich vergessen und sich benommen, als lebe er in einem kroatischen Dorf. Er war vor einer Muslimin auf der Erde herumgerollt, während er sich vorstellte, wie er Kamile im Arm hielt. Natürlich musste ein Zeuge dieser Szene glauben, er habe das unschuldige Mädchen verführt. Woher sollten die Jungen, die da vor ihm standen, wissen, dass das, was die Kleine ihm erzählt hatte, ihn verrückt vor Freude machte? Sie dachten, er habe ihre Ehre verletzt und sie verunglimpft. Deshalb musste er dafür bezahlen.

Niemand würde jedoch glauben, dass Ulviye Selbstmord begangen habe, selbst wenn ihre Brüder dies sagten. Jedermann würde davon ausgehen, dass Ulviyes Bruder sie, wie es sich gehörte, im Angesicht seiner älteren Brüder und ihres Liebhabers getötet habe. Niemand außer Advil würde je die Wahrheit erfahren.

Wer würde sich angesichts der Massaker unter Kroaten, Serben, Juden, Zigeunern und Gegnern des Faschismus um ein vierzehnjähriges Mädchen kümmern, das auf einem Hügel von ihrem Bruder erschossen worden war? Wer würde auch nur einen Gedanken an ein junges Mädchen verschwenden, das um ihrer Ehre willen ermordet worden war, wo doch die kommunistischen Partisanen unter Josip Broz Tito und die serbischen Nationalisten unter Dragoljub Mihailovic den Deutschen bewaffneten Widerstand leisteten? Wo der Kosovo doch unter italienischer Oberhoheit stand und von Enver Hodja, dem albanischen Partisanen, mit seinen Träumen von der Unabhängigkeit benutzt wurde? Wo einer den anderen tötete und sich niemand mehr die Mühe machte, die Leichen einzusammeln?

Doch an jenem schicksalhaften Tag des Jahres 1941 trieb Ulviyes toter Körper, der in den Kalista-Bergen zwischen ihm und den Brüdern des Mädchens lag, einen Keil zwischen Kamile und Advil. Einen Keil, der sich nie mehr beseitigen lassen würde.

An jenem Tag, an dem er erfahren hatte, dass sie ihn liebte, sah Advil Kamile zum letzten Mal. Er stand vor Kamiles Haus, und sie entwischte mit dem Geschick einer verliebten Frau den schamerfüllten Klagen um das tote Mädchen, welches sich über die Gesetze der Ehre hinweggesetzt hatte.

»Du hast das Geld deiner Großmutter gestohlen! Sie hat dich verflucht, nun kann nichts mehr uns retten«, sagte Kamile schnell zu Advil. Klopfenden Herzens schnitt sie eine Locke ihres kastanienbraunen Haares ab und wickelte sie in ein Stück Stoff. Dieses hielt sie dann dem geliebten Mann hin. Über Advils Anzug hingegen verlor sie kein Wort. Advil steckte die Locke in sein Hemd. Er wünschte sich so sehr, dass Kamile seine neuen Kleider bemerkte. Schließlich wollte er, dass sie ihn so gutaussehend in Erinnerung behielt. Kamile streckte die Arme aus und schlang ihm, mit einem Mut, den man von einem muslimischen Mädchen kaum erwartete hätte, die Arme um den Hals.

»Vergiss meinen Duft nicht«, sagte sie zu ihm.

Doch sie wussten beide, dass sie einander nie wiedersehen würden. Unschuldiges Blut war zwischen sie gekommen.

Tote Männer kamen in seltsamen Wagen in ihre Dörfer zurück, wo die Frauen sie schweigend begruben. Advils Vater war in den Krieg gezogen, dabei wusste Advil nicht einmal, in welchen. Jeder Mann in den Kalista-Bergen kämpfte für etwas anderes.

Angesichts des Mordes, den er unabsichtlich verursacht hatte, floh Advil Celili. Obwohl er wusste, dass Ulviyes Familie niemals Hand an ihn legen würde. Auf seiner Flucht verdammte er seine Unvorsichtigkeit, die ihn veranlasst hatte, das Mädchen anzusprechen. Er lief vor sich selbst davon, ohne zu wissen, wohin er sich wenden sollte.

In Drachka lief ihm der langhaarige Hund seines Onkels nach. Der Hund bellte nie, doch er winselte. Das war ein Zeichen. Advil suchte Zuflucht in seines Onkels Haus.

Sein Onkel meinte: »Wieso willst du weglaufen? Du hast dich also in das Mädchen verliebt. Ist es ein Verbrechen, sich zu verlieben? Du brauchst nicht wegzulaufen, du kannst dich hier verstecken.«

Advil glaubte ihm. Doch natürlich war es ein Verbrechen. Zumindest in den Augen seines Onkels, denn der hatte selbst Absichten, was Kamile betraf. Nun sollte Advil zum ersten Mal den Geschmack des Verrates kosten. Er legte sich in der Scheune schlafen, unter den Vorräten für den Winter. Seine Fußsohlen waren geschwollen und voller Blasen. Als er erwachte, hörte er draußen die Geräusche von Soldaten. Sofort war ihm klar, dass sein Onkel diese geholt haben musste.

Die Soldaten entdeckten Kamiles Locke, die Advil an seiner Brust verborgen hatte, und entrissen ihm das Andenken, um es in den Boden zu treten. Advil war am Boden zerstört. Er hatte nicht den Mut, sich loszureißen und die Locke wieder an sich zu nehmen. Dann legten ihm die Soldaten Fußfesseln an und nahmen ihn mit. Im Gefangenenzug litt er unter Hunger und Durst, doch auch der Verrat seines Onkels nagte an ihm.

Advils Vater war bereits im Gefängnis. Man warf ihm vor, sich dem Anschluss Albaniens an Jugoslawien widersetzt zu haben. Doch die Unabhängigkeit des Kosovo war Advil gleichgültig. Alles, was nicht mit Kamile zu tun hatte, schien ihm sinnlos. Sein Vater war als Dissident ins Gefängnis gewandert. Advil hingegen wurde verurteilt, weil er seinen Militärdienst nicht geleistet hatte. Einen Grund, um Menschen einzusperren, gab es immer. Doch genau betrachtet hatten die Häftlinge es gut. Zumindest wurden sie nicht getötet.

Im Gefängnis legte Advil seinen Anzug ab, der mittlerweile voller Grasflecken, Blut und Schmutz war. Er wusch und trocknete ihn. Nachts legte er ihn noch feucht unter die Matratze, um das Gewebe glatt zu bekommen. Am nächsten Tag sandte er seinen reinen, glatt»geschlafenen« *haram**-Anzug in die Zelle seines Vaters. Freilich war Advil groß, während sein Vater eher klein war. Der Anzug, der Advil perfekt gepasst hatte, hing an seinem Vater wie an einem Kleiderständer. Als die Soldaten kamen, um die Häftlinge zu verprügeln, schlugen sie gleich beide: Vater und Sohn. Als sie sahen, dass der Vater einen neuen Anzug trug, dachten sie ohnehin, er sei ein reicher Mann, und schlugen ihn dafür noch mehr. Trotzdem fanden sie kein Geld bei ihm.

---

* Unrechtmäßig erworben.

»Begrab mich in meiner Erde. Dann komm und lass dich neben mir begraben«, sagte der ältere Celili zu seinem Sohn. Mit »meine Erde« meinte er die Türkei. Kurz darauf starb er vor den Augen seines Sohnes. Die Soldaten setzten ihn in einem namenlosen Grab bei.

Die Rache des toten Schneiders und seiner Großmutter schien kein Ende nehmen zu wollen. Advil hatte das Geld, das er gestohlen hatte, auch nicht der Familie des jüdischen Schneiders gegeben. So hatte er *haram* auf *haram* gehäuft. Die Flucht würde sein Schicksal sein.

Im Gefängnis freundete er sich mit Griechen, Bosniern, Makedoniern und Albaniern an. Alle versuchten sie, Advil zu trösten. Sein bosnischer Freund sagte ihm die Zukunft vorher, indem er Bohnen in die Luft warf.

»Morgen wirst du fliehen. Du wirst von trockenen Brotkrusten leben und zuerst nach Albanien, dann in die Türkei gehen«, meinte er. »Du wirst neun Kinder haben. Einige von ihnen werden vor dir sterben. Aber mach dir keine Sorgen: Denen, die am Leben bleiben, wird es wohl ergehen.« Dann blinzelte er ihm zu und lächelte, als habe er nicht gerade etwas sehr Bedeutsames gesagt.

Vom frühen Morgen bis zum späten Abend leisteten die Gefangenen Zwangsarbeit beim Schienenbau. Advil arbeitete am härtesten. Schließlich war er der Jüngste und Kräftigste.

Als sie Steine wegräumten, flüsterte ihm sein bosnischer Freund plötzlich zu: »Jetzt. Lauf.« Advil warf seine Schaufel so weit weg, wie er nur konnte. Dann lief er ihr nach. Die Gewehrkugeln pfiffen um ihn herum. Er spürte einen stechenden Schmerz im linken Arm, doch er lief einfach weiter. Im Weglaufen war Advil der Beste. Monate später würde er in Griechenland entdecken, dass die Kugel, die ihn getroffen hatte, sein Ellbogengelenk zerschmettert hatte. Der Knochen wuchs verdreht zusammen, und Advil konnte seinen Arm nicht mehr gebrauchen. Daher nannte man ihn »Einhand«. Auf diese Weise zeichnete die Vergangenheit seinen Körper.

Der Krieg verwüstete Europa. Auf seiner Flucht hörte Advil in den muslimischen Dörfern, in denen er Zuflucht suchte, im Radio, dass die Christen Juden verbrannten und auf andere Christen schossen. Genau wusste er allerdings nicht, was in Deutschland vorging. In jedem Dorf traf er auf Kommunisten, die von Freiheit, Gleichheit und Unabhängigkeit sprachen. Doch wer wäre in Advils Dorf schon unabhängig? Und was sollte es Advil bringen, wenn es in den Dörfern der Ungläubigen in Serbien und Kroatien Unabhängigkeit gäbe?

Schließlich wurde Tito der Führer Jugoslawiens. Die Kommunisten rissen die einzelnen Provinzen auseinander und schickten die Faschisten ins Exil. Tito versprach den Muslimen, dass er es anders machen würde als die Deutschen. Die Muslime sollten als Muslime leben und die Serben als Serben, in Frieden und Harmonie. Der Kosovo würde sich selbst regieren. Die Italiener auf der Verliererseite übergaben die Muslime den Italienern auf der Gewinnerseite, zur Sicherheit sozusagen. Die Serben begegneten dem Kosovo mit einem Lächeln auf den Lippen. Und Advils Familie ließ ihm eine Nachricht zukommen:

»Komm zurück«, hieß es. »Die Celili-Familie ist wieder wer in den Kalista-Bergen.«

Gerade als Advil beschlossen hatte zurückzukehren, annektierte Tito den Kosovo. Der Premierminister Albaniens, Enver Hodja, verließ die Kalista-Berge, um zu kämpfen, und floh anschließend nach Albanien. Bald war auch

Tito dort. Nebst den russischen Kommunisten. Tito und Enver Hodja schlossen Frieden. Der Islam wurde gesetzlich verboten. Beide glaubten sie blind an Stalin und den Himmel auf Erden, den er ihnen versprach. Advil interessierte sich für all das nicht. In seinem Herzen hatte nur die Sehnsucht nach Kamile Platz.

Wer immer aus dem Kosovo kam, wurde in Griechenland festgehalten, meist ohne Verhör oder Befragung. Advil, der alles verloren hatte, wurde in ein griechisches Flüchtlingslager gesteckt. Kamile und die Unabhängigkeit des Kosovo waren jetzt nur noch Wunschträume. Advil kannte nicht ein einziges Gebet. Seine Mutter hatte stets gesagt: »Je mehr uns die Ungläubigen zu unterdrücken versuchen, desto mehr halten wir an unserem Glauben fest.« Doch weil Advil nur aus schierer Sturheit Muslim geworden war, kannte er die Gebete nicht. Da er nicht beten konnte, weinte er im Stillen.

Seine Großmutter, die gestorben war, ohne ihm vergeben zu haben, pflegte zu sagen: »Tränen sind die Gebete der Reue.«

1950 war Advil immer noch griechischer Flüchtling. Und Jungfrau. Natürlich hätte er ein muslimisches Mädchen finden können, doch er konnte Kamile nicht vergessen.

Schließlich erhielt er die Nachrichten, auf die er gewartet hatte: Er würde von Griechenland aus in die Türkei fliehen. Als er auf seiner Flucht durch das Land durch Dörfer und Städte kam, hatten ihm die Muslime dort erzählt, dass sie alle in die Türkei auswandern wollten. Diese Vorstellung reizte ihn. Unter viel Mühe brachte er die Adressen einiger Albaner dort in Erfahrung, die er um Hilfe bat. Jeder, der nach Istanbul ausgewandert war, schien reich geworden zu sein. Die Geschichten aus der türkischen Hauptstadt schwebten durch das Flüchtlingslager wie bunte Luftballons. Advil brauchte mehrere Monate, um von Korche nach Vidina, von Vidina nach Drama und von Drama an den Meriç-Fluss zu kommen. Auf seinem Weg dorthin lernte er griechische Kommunisten, Faschisten, Emigranten, Muslime kennen. Die griechischen Grenzsoldaten waren volltrunken und außerstande, ihre Pflicht zu tun. Die Türken auf der anderen Seite aber schossen auf alles, was sich im Fluss bewegte. Advil überquerte den Fluss schwimmend bei absoluter Dunkelheit. Und er rief: »Um yam Turko ... um yam Musluman ... mos mevrisni!«*

Wunderbarerweise beschlossen die Soldaten, dass dieser klatschnasse Krüppel mit der einen Hand, der kein Wort Türkisch sprach, ein Türke sei.

Sie brachten Advil nach Istanbul. Dort suchte er im Stadtbezirk Çarsamba Zuflucht, wo die Zuwanderer aus dem Balkan in engen, weißgestrichenen Lehmhäusern lebten. Die alteingesessenen Albaner begrüßten die Neuankömmlinge nicht gerade mit Begeisterung, weil sie Türken sein wollten und keine Albaner. Advil verstand weder die Bosnier noch die Mazedonier. Die einzige Sprache, die er kannte, war Albanisch. Und die sprach außer ihm niemand. Und sogar wenn er jemanden gefunden hätte, der seine Sprache sprach, so hatte er doch keine Lust zu reden. In der Einsamkeit seiner Träume sprach er in seiner Muttersprache nur mit Kamile.

Aber Advil lernte Türkisch. Er zog vom Morgen bis zum Abend mit seinem Eimer durch die Straßen des Fatih-Viertels und rief: »*Boza?* Will jemand *boza?*«

---

* »Ich bin Türke ... ich bin Muslim ... nicht schießen!«

In Çarsamba stand er zur Zeit des Morgengebets auf, marschierte den Vefa hinauf und stellte sich dort für frisches *boza* an. Einige Male versuchte Advil, in seinem Lehmhaus selbst *boza* herzustellen. Seiner Ansicht nach hatte es auch denselben Geschmack, der einem den Mund zusammenzog, doch seine Kunden merkten jedes Mal, dass es nicht das Originalgetränk war.

»Es hat einfach nicht die richtige Beschaffenheit«, sagten sie. Advil fand nie heraus, wie *boza* denn nun eigentlich beschaffen sein sollte. Und so stellte er sich immer wieder in aller Frühe auf dem Hügel um richtiges *boza* an, selbst wenn der Wind noch so sehr an ihm zerrte.

Die Menschen in Çarsamba tranken *boza* an windigen Tagen. Advils Hände wurden vor Kälte steif, wenn er das Getränk verkaufte. Seine Nase lief rot an. Er bekam eine Gänsehaut und sehnte die warmen Sommertage herbei, doch im Sommer konnte er kein *boza* verkaufen. Er brauchte den Wind, damit er nicht Hunger leiden musste, und er sehnte sich nach dem Sommer, um der Kälte zu entgehen. Aber Advil beschwerte sich nicht, denn zumindest hatte er Arbeit.

Wenn er kein *boza* verkaufen konnte, lernte Advil den Hunger kennen. Der Hunger schärfte seine Sinne für den Klang von Löffeln in Suppenschalen. Mit gespitzten Ohren ging er durch die Straßen, denn wo es dieses Klingeln gab, gab es gewöhnlich auch Suppe. Wenn die Nachbarn seinen Schatten im Zwielicht erkannten, luden sie den einarmigen jungen Mann zu sich nach Hause ein. Und so aß er jeden Abend bei einem anderen Nachbarn.

In seinem so dichtbevölkerten Zuwandererviertel gab es ein kahles, ungepflegtes Mädchen namens Gülizar. Ihre Eltern und Geschwister hatte sie bei einem Feuer verloren.

Sie selbst konnte zwar entkommen, doch ihr Haar verbrannte und wuchs nie wieder nach. Sie war zwar Türkin, doch sie war ganz allein auf der Welt. Und so verheiratete die albanische Gemeinde Advil mit Gülizar. Fundament ihrer Ehe war die gemeinsame Verzweiflung: ein Waisenmädchen für den verkrüppelten *boza*-Verkäufer. Hatte in solch einer Verbindung die Liebe überhaupt einen Platz? Die Liebe und das Leben, so entschied Advil, wachsen niemals auf einem Holz.

Ihr erstes Kind Iskender wurde in der Zuwandererunterkunft geboren, das zweite, Hüsniye, in einer gemieteten Hütte. Advil hatte einen Eid geschworen: Er würde seine kahle Frau bitten, ihm für jeden Angehörigen, den er im Kosovo hatte zurücklassen müssen, ein Kind zu schenken. Ein Kind für jeden Menschen, von dem er getrennt worden war ... auch für seinen verräterischen Onkel. Als die Kinder zur Welt kamen, stellte sich der Unterhalt, den er als *boza*-Verkäufer in Çarsamba verdienen konnte, immer mehr als unzureichend heraus. Außerdem wurden die Sommer immer länger und die Winter kürzer. Doch Advil konnte nichts anderes als *boza* verkaufen. Selbst wenn er etwas anderes gelernt hätte, wer würde schon einen Krüppel einstellen? In Çarsamba galten Krüppel als verflucht.

Obwohl Istanbul groß genug für alle war, von den Emigranten aus Weißrussland bis hin zu den Juden, war es doch nicht groß genug für Advil. Die Stadt verursachte ihm Beklemmungen. Da hörte er, dass Belgien seine Grenzen für Einwanderer aus dem Kosovo geöffnet hatte. Advil stellte sich tagelang vor dem Konsulat an, um eines der begehrten Visa zu ergattern.

Man fragte ihn, was sein Beruf war. Denn Advil hatte zwar nur einen Arm, ansonsten aber war er ein kräftiger junger Mann. Da ihm nichts anderes einfiel, gab er an, er sei Schweißer, obwohl gerade diese Arbeit von einem Einarmigen nicht ausgeführt werden konnte. Doch der flämische Beamte, dessen Sprache er nicht sprach, gab Advil ein Visum, obwohl er wissen musste, dass er kein Schweißer sein konnte. Und er gab ihm eine kleine Geldsumme zur Deckung der Reisekosten.

Mit dem Visum in der Tasche und seiner Frau, bei der die Wehen eingesetzt hatten, eilte Advil ins Krankenhaus. Doch es war schon zu spät. Das Kind kam, und so rannten sie in die Toilette einer Moschee, wo Gülizar ein Mädchen zur Welt brachte.

»Lass sie uns Ulviye nennen«, sagte Advil. »Im Kosovo bedeutet das ›gute Frau‹. Hoffen wir, dass das Mädchen sich zu einer guten Frau entwickelt.«

Auf Gülizars Bitten hin betrat Advil die Moschee, um dem Gott der Muslime zu danken. Denn nun hatte er nicht nur seine eigene Ulviye, sondern auch seine Gebete waren erhört worden. Europa bedeutete Reichtum.

In Sirkeci bestiegen sie den Zug. Den Ort, an dem er hungernd zu Fuß angekommen war, würde er nun mit der Bahn verlassen. Sie reisten in einem kleinen, nicht überfüllten Liegewagenabteil, in dem ihnen auch die Mahlzeiten serviert wurden. Eingewickelt in eine schmutzig bunte Decke, schlief Ulviye gleich auf Gülizars Schoß ein. Ihnen gegenüber saß eine andere Familie. Alle waren proper und wohlerzogen, als hätten sie nie nach dem Essen aufgestoßen, als sei ihnen nie die Nase gelaufen, als hätten sie nie in Toiletten Kinder zur Welt gebracht.

Die Frau fragte Gülizar: »Sind Sie Zigeuner?«

»Ja«, sagte Gülizar, deren Ehre gekränkt war. »Ja, sind wir.«

»Der Krieg ist schon so lange vorbei, und immer noch sind Zigeuner in Europa, wusstest du das?«, sagte die Frau darauf zu ihrem Mann.

Advil blieb stumm. Sie waren keine Zigeuner. Sie würden nach Belgien auswandern. Niemand würde sie töten.

Ihr letztes Kind, Selviye, kam 1964 in Brüssel zur Welt, in einer angesehenen flämischen Klinik.

»Jetzt können wir aufhören, Kinder zu bekommen«, meinte Advil zu seiner Frau. »Jetzt haben wir für jeden Menschen, den ich im Kosovo zurücklassen musste, ein Kind.«

Doch Advils Liebling war Ulviye. Jedermann wusste das, und die Familie nahm es hin. Ulviye sprach eine Mischung aus Türkisch, Albanisch und Französisch. In der Schule war sie Französin, zu Hause Türkin und im Herzen ihres Vaters Albanerin. Auf Albanisch sagte Advil zu seiner Tochter: »Du bist meine Braut, die auf einem weißen Pferd dahinfliegt.«

»Was heißt das: ›auf einem weißen Pferd dahinfliegen‹?«, fragte Ulviye auf Albanisch.

»Es bedeutet ›sterben‹«, sagte Advil.

»Was heißt das: ›sterben‹?«, wollte Ulviye wissen.

»Fliegen«, antwortete Advil.

»Ich will auch fliegen«, meinte Ulviye.

»Das geht nicht«, sagte Advil da. »Du bist damit noch nicht an der Reihe. Und du kannst den Platz nicht einfach überspringen. Du musst noch lange, lange leben.«

»Nein«, erwiderte Ulviye. »Ich will jetzt fliegen.«

»Das geht nicht«, gab Advil zurück. »Zuerst wird dein Vater fliegen.«

Immer wenn Advil Ulviye ansah, sah er das hellhäutige

Mädchen mit den rosigen Wangen vor sich, das er in den Kalista-Bergen gekannt hatte. Er hatte für den Mord, für den er zum Anlass geworden war, bezahlt. Er hatte Ulviye unsterblich gemacht. Ganz egal, was aus seinen anderen Töchtern würde, aus Ulviye würde er eine Prinzessin machen. Und damit würde er sich von der Schuld reinigen, die in ihm wucherte wie ein Krebsgeschwür. Er würde dafür sorgen, dass jene Ulviye, die seinen Lenden entsprungen war, das Leben genießen konnte. Dies war sein höchstes Ziel, sein tiefstes Geheimnis.

Die Albaner in Brüssel kamen dahinter, dass Advil, Vater von neun Kindern, Einwanderer in Schaerbeek, niemand anderer war als jener Celili aus den Kalista-Bergen, von dem sie so viel gehört hatten. Die albanische Gemeinde, die bestrebt war, ihre Helden zu ehren, sang sein Loblied.

»Advil, der Unbesiegbare, der den Tod riskierte, um aus dem kroatischen Gefängnis zu fliehen, der in den Bergen jahrelang für die Unabhängigkeit der Muslime gekämpft hat ... der türkische Nationalist, den die Türken nach Istanbul brachten, um ihn vor dem sicheren Tod zu retten.« Die Legenden, die sich um Advil spannen, wurden immer zahlreicher. Wie ein Schneeball, der vom Berg herabrollt und sich zur Lawine entwickelt. Doch gleichzeitig schützten sie Advil, denn wie sehr er sich auch bemühen mochte, den Menschen von seiner erlittenen Unbill zu erzählen, so waren sie doch fest davon überzeugt, er tue dies nur, um irgendeine geheime Mission zu verschleiern. Was er auch tat, er konnte seine Bewunderer nicht davon überzeugen, dass der türkische Staat bei seinem Schicksal keineswegs die Hand im Spiel hatte. Und schließlich hörte er auf, sich dagegen zur Wehr zu setzen. Schließlich tun Legenden ja niemandem weh. Dachte er. Sie setzen nur einem ansonsten eintönigen Leben den ein oder anderen Farbtupfer auf. Und der Mythos, der sich um Advil spann, hüllte seine Familie in eine Aura des Zauberischen wie im Märchen.

Nie wieder litt Advil Hunger. Nie wieder mangelte es ihm an Essen oder an einer Unterkunft: All seine Probleme lösten sich langsam auf. Er eröffnete eine Steinmetzwerkstatt und fertigte Grabsteine für Menschen aller Glaubensrichtungen. Er hatte sogar eigene Angestellte. Er wohnte im Vorderhaus mit einem hübschen Garten, während die Werkstatt nach hinten hinausging. Am bekanntesten machten ihn die Grabsteine im ottomanischen Stil, die er für muslimische Kunden anfertigte. An ihnen konnte man in seiner Gemeine Arm und Reich unterscheiden. Sogar einige Christen kauften sie.

Advil war jetzt Geschäftsmann. Er hatte einen Beruf. Und er war ein geachteter Mittler zwischen Türken und Albanern in Belgien. Beide betrachteten ihn als Weisen. Advils verkrüppelter Arm war für seine Umgebung nicht mehr länger Zeichen von Gottes Zorn, sondern Zeichen der Prüfung, der Gott ihn unterzogen und die er bestanden hatte. Mit fünfundvierzig war Advil Celili geachteter Führer der muslimischen Einwanderer, den jedermann um Rat bat.

Erneut wandte Advil seine Aufmerksamkeit dem Kosovo zu und verfolgte die Ereignisse dort. Tito starb, und Jugoslawien blieb ein Land. Die Mauer fiel, und Jugoslawien blieb ein Land. Der Krieg in Bosnien brach aus, doch Jugoslawien blieb bestehen. Advils Heim wurde zum Treffpunkt der Kosovaren. Ständig waren dort die neuesten Nachrichten zu hören. Einiges ging verloren, anderes wurde auf dem Weg nach Belgien endlos aufgebauscht.

Nach so vielen Jahren, in denen er nichts von zu Hause

gehört hatte, traf eines Tages durch die Vermittlerdienste der Kosovaren ein Brief aus Albanien ein. Der Brief enthielt eine Bitte an Advil: »Nimm mich als zweite Ehefrau in dein Heim auf.« Advil wusste nicht, wo er Kamiles Brief verstecken sollte.

Die Türken in Belgien hatten zwei Arten von Frauen. Da waren zum einen die dunkelhäutigen, plumpen Dorfmädchen mit dem vollkommen verschleierten Kopf, die aus der Türkei kamen. Und dann gab es da noch die plumpen, blonden Dorfmädchen mit unverschleiertem Kopf, die sie in Belgien kennengelernt hatten. Die beiden »Lager« gerieten sich keineswegs in die Haare, sondern kamen sehr gut miteinander zurecht. Und so hatten die Kinder immer zwei Mütter. Die türkischen Mütter brachten die Kinder zur Welt, die belgischen erzogen sie. Diese Kinder, die überall Außenseiter waren – zu Hause Türken, in der Schule Belgier und auf der Straße einfach Einwanderer – wuchsen in einer merkwürdigen Umgebung auf. Ihre belgischen Mütter putzten sie heraus, so dass sie hübsch aussahen, und gingen mit ihnen spazieren. Ihre türkischen Mütter hingegen fütterten und wuschen sie. Daher liebten die türkischen Mädchen ihre belgischen Mütter, die türkischen Jungen hingegen zogen gewöhnlich die türkische Mama vor.

Advil beneidete die Kinder mit ihren zwei Müttern um ihren Reichtum an Zuwendung. Jahrelang hatte er die Erinnerung an Kamile in Gülizars Körper in einen Kokon verwoben wie eine Seidenraupe. Aber er konnte sich einfach nicht wie ein Türke benehmen. Er war Albaner. Allein die Vorstellung, Kamile körperlich zu lieben, ließ ihn zurückschrecken. Schließlich stand der Tod einer Unschuldigen zwischen ihnen. Was ihn anging, so würde eine wie auch immer geartete Vereinigung mit Kamile Gott herausfordern, an den er zu glauben begonnen hatte.

So blieb Advil in seinen Träumen gefangen. Da hielt Kamile ihm eine Locke ihres kastanienbraunen Haares hin und sagte: »Vergiss meinen Duft nicht.« Und er vergaß ihn nicht. Immer wenn er Gülizar liebte, nannte er sie Kamile. Advils Herz war seiner Frau gegenüber, die ihm neun Kinder geboren hatte, verschlossen wie eine Sonnenblume, die ihren Kelch schließt, sobald die Sonne untergeht. Wie ein Hellseher starrte er in die Kristallkugel seines Gedächtnisses und las seine Zukunft aus seiner Vergangenheit. Er würde auf Kamile warten bis zum nächsten Leben. Gülizar fand nie heraus, wer Kamile eigentlich war. Und sie fand es seltsam erregend, wenn ihr Mann sie während ihrer Liebesnächte so nannte. Gülizar kannte im Bett keine Scheu, sie war vielmehr so schamlos wie die Belgierin nebenan, die zweite Frau ihres Nachbarn.

Gülizar sagte: »Ich möchte, dass du eine zweite Frau nimmst. Sie kann den Kindern Französisch und Flämisch beibringen.« Advil war verwirrt. Er hatte den Verdacht, sie habe vielleicht Kamiles Brief gelesen. Doch dann fiel ihm ein, dass Gülizar weder lesen noch schreiben konnte. Und selbst wenn sie das gekonnt hätte, so war der Brief doch in Albanisch geschrieben. Sein Schuldbewusstsein verfolgte ihn. Ob Ulviye etwa den Brief gelesen hatte? Nein, Ulviye würde so etwas nicht tun. Sie war die kleine Prinzessin ihres Vaters, sie würde nichts tun, was ihn verletzen könnte.

»Ich werde an keiner anderen Rose riechen als an dir, Gülizar«, antwortete Advil. »Außerdem können die Mädchen bereits Flämisch und Französisch.«

In dieser Nacht träumte Advil, dass sein Haus in Flammen stehe. Die Albaner glauben, dieser Traum zeige den bevorstehenden Tod eines Familienmitglieds an.

Advil weinte die ganze Nacht. Würde etwa Afrim, sein jüngster und recht schwächlicher Sohn, sterben? Afrim war von sehr schlechter Gesundheit. Als sein bosnischer Freund ihm im Gefängnis die Zukunft vorhergesagt hatte, hatte er da nicht gesagt: »Einige deiner Kinder werden sterben.«? Iskender konnte es nicht sein. Er war gutaussehend, dunkel und stark wie ein Löwe.

Wenn Afrim stürbe, würde Gülizar mit ihm gehen. Gülizar liebte Afrim auf dieselbe Weise wie Advil Ulviye. Ulviye war die einzige seiner fünf Töchter, die sich als echte Albanerin herausstellte. Die ganze Familie wusste und akzeptierte das. Ulviye sprach nicht einmal richtig Türkisch. Doch ihr Albanisch war vollkommen fehlerfrei. Als wäre sie in den Kalista-Bergen zur Welt gekommen und aufgewachsen.

Afrim hingegen, der einen albanischen Namen trug, war der einzige von Advils vier Söhnen, der durch und durch Türke war. Gülizar hatte ihn so erzogen. Er war Gülizars heimlicher Gefährte. Auch dies wusste und akzeptierte die Familie. Afrim sprach nicht einmal richtig Albanisch. Doch sein Türkisch war vollkommen fehlerfrei. Ganz so, als wäre er in Çarsamba aufgewachsen. Gülizar würde es nicht ertragen, wenn Afrim etwas geschähe. Advil und Gülizar hatten es hingenommen, als ihre anderen Kinder die lockeren belgischen Sitten annahmen, doch diese beiden behandelten sie anders.

Am nächsten Morgen war Advil fest davon überzeugt, dass sein Traum ein schlechtes Omen war. Gülizar verfiel in Panik und ließ den Traumdeuter holen. Die Frau kam, weil sie wusste, dass sie ein großzügiges Geschenk erhalten würde. Außerdem war es eine Ehre, von Advil gerufen zu werden.

Eine seiner Töchter, Hüsniye, brachte ihr auf einem Tablett Kaffee und eine Schale Wasser. Die Frau ließ sich Zeit. Sie wusste, dass Advil in der Nachbarschaft hohes Ansehen genoss, doch seine Töchter zerrten die Ehre des Vaters und der älteren Brüder in den Schmutz. Sie waren hübsche, kokette Mädchen, die sich von der gesamten Nachbarschaft den Hof machen ließen. Sie liefen in winzigen Miniröcken herum und zeigten ihre Beine. Sie trugen tiefe Ausschnitte, die das Dekolleté sehen ließen. Und nur Gott mochte wissen, was sie mit den Söhnen der Ungläubigen anstellten.

Es war an der Zeit, dass jemand den Vater von diesem Treiben in Kenntnis setzte.

Schließlich waren die Jungen in der Nachbarschaft wie brünstige Eber. Und die flatterhaften Mädchen mit ihren dunklen, langen Haaren und dem provozierenden Make-up waren zwar Albanerinnen, wurden aber allgemein als Türkinnen betrachtet. Sie schadeten dem Ansehen der türkischen Nation. Die Jungen in der Nachbarschaft konnten Advil ja kaum die Stirn bieten, doch die Traumdeuterin suchte nach einer Möglichkeit, zwischen den sexbesessenen jungen Männern der Nachbarschaft und den Albanerinnen zu vermitteln. Gülizars Bitte um Hilfe war gerade zur rechten Zeit gekommen.

Die Frau schlürfte also ihren Kaffee und warf bunte Knöpfe, Kichererbsen und Steine ins Wasser. Schweigend hörte sie zu, als Advil seinen Traum erzählte. Sein Herz zog sich zusammen, war er doch sicher, dass die Traumdeuterin ihm sagen würde, im Kosovo gebe es schlimme Neuigkeiten. Denn seit sein Zellengenosse ihm vorhergesagt hatte, er würde fliehen und neun Kinder haben, glaubte Advil fest an Wahrsager.

Gülizar aber ahnte, was passieren würde, und suchte daher nach einer Ausrede, um die Frau wieder loszuwerden. Da war es schon zu spät.

Die Traumdeuterin begann zu sprechen. »Eure Tochter hat mit diesem Mann geschlafen«, behauptete sie und deutete auf einen bunten Knopf im Wasser. »Seht, das ist der Mann.« Advil beugte sich über das Glas, konnte aber keine männliche Form ausmachen. Natürlich konnte er auch nicht so tun, als habe sie nichts gesagt. Wenn er dies täte, wäre sein Ruf von diesem Tag an ruiniert. In Schaerbeek ist Prestige eine komplizierte, höchst zerbrechliche Sache. Advils Augen verdüsterten sich. »Welche meiner Töchter?«, wollte er wissen. »Hüsniye, Emriye, Filiz, Selviye? Welche?«

Ihm fiel gar nicht auf, dass er einen Namen weggelassen hatte. Doch selbst wenn er es gemerkt hätte, war Ulviye doch nicht die Art von Mädchen, die in solche Dinge verwickelt war. Sie war ein Glückskind. Und die Traumdeuterin wusste sehr wohl, dass Ulviye die hübscheste unter Advils Töchtern war, doch dass ihr Vater ihr kein Wort glauben würde, sollte sie jetzt den Namen des Mädchens nennen.

Ebenso wusste sie, dass Muslime das Schweigen schätzen. Und so schwieg sie sehr lange. Dann antwortete sie: »Ich kann es nicht genau sagen. Ich sehe nur den ersten Buchstaben ... es ist entweder ein U oder ein G ... Gott betrachtet den Buchstaben als Glückszeichen.«

Dann hielt sie inne. Sie strich mit der Hand über das Wasser und zeichnete die arabischen Buchstaben für »U« und »G« nach. Mehr brauchte sie nicht zu sagen.

Advil stand auf. Er zog seine Stiefel an. In einen steckte er ein Messer. Leise stand auch Iskender auf. Er zog das Messer aus dem Stiefel seines Vaters.

»Vater, dies ist meine Angelegenheit. Setz du dich auf das Sofa und trink deinen Kaffee«, sagte er.

Wortlos setzte Advil sich wieder. Damit hatte er Iskender seine Zustimmung erteilt. Iskender aber war nicht sicher, welche seiner Schwestern mit einem Mann das unreine Bett geteilt hatte. Er sah seine Mutter an, doch Gülizar hatte die weiße Spitze ihres Kopfschals in den Mund gesteckt und zu weinen begonnen.

Hüsniye erstarrte. Sie wusste, was nun geschehen würde. Sie wollte ihre Schwester warnen, war jedoch dazu nicht in der Lage. Sie würde das Restaurant, in dem Emriye arbeitete, auf keinen Fall vor Iskender erreichen. Wie hatte die Traumdeuterin das nur herausgefunden? Hüsniye wusste nicht, was so geklatscht wurde. Sie dachte wirklich, die Traumdeuterin habe das zweite Gesicht. Und sie war sicher, dass die Frau Emriye meinte, denn Emriye war keine Jungfrau mehr.

Sie selbst konnte das Weib ja nicht gemeint haben, denn sie war mit einem höchst ehrenwerten Drechsler aus Emirdag verheiratet, der dann einen Supermarkt eröffnete. Sie war also vollkommen rechtmäßig zur Frau gemacht worden. Und ihre Schwestern alberten zwar herum, doch sie waren noch Jungfrauen. Hüsniye wusste das, weil die Mädchen einander jeden Abend alles erzählten.

Und sie wusste auch, wie Emriye ihre Jungfräulichkeit verloren hatte. Hüsniyes eigener Ehemann hatte sie missbraucht. Emriye war so hübsch und anziehend. Ihr Ehemann dachte einfach, alle hübschen und anziehenden Mädchen seien Huren wie die Belgierinnen. Er glaubte auch, dass Frauen, die Make-up, Miniröcke und einen tiefen Ausschnitt trugen, vergewaltigt werden wollten. Emriye hatte vor, sich das Hymen von einem französischen Arzt künstlich wieder einsetzen zu lassen, sobald sich ein Verehrer zeigte. So würde sie als Jungfrau ins Haus ihres Mannes gehen. Doch bislang hatten sich noch keine Verehrer gezeigt.

Hüsniye wusste nicht, was sie tun sollte. Sie konnte Emriye nicht vor Iskender erreichen und hatte Angst, er würde Emriye töten, und diese würde ihm in letzter Sekunde alles gestehen. Sobald er aber die Wahrheit kannte, würde er auch Hüsniyes Ehemann töten, denn die Wahrheit war, dass Hüsniye ihre Schwester und ihren Mann Hakan nackt in ihrem eigenen Bett entdeckt hatte. Doch sie hatte ihrem Mann vergeben und auch die Bande zu ihrer Schwester aufrechterhalten. Hätte sie dies nicht getan, dann hätte Hakan sie und Emriye bis zur Bewusstlosigkeit verprügelt, dessen war Hüsniye gewiss. Und sie wollte weder geschlagen werden noch als Witwe enden. Solange das Geheimnis eines blieb, wäre ihrer aller Leben in Sicherheit.

Wäre es nach Hakan gegangen, hätte er ohnehin mit beiden Schwestern gleichzeitig geschlafen, doch auf diesen Vorschlag hin hatte Hüsniye gesagt: »Nur über meine Leiche. Du kannst machen, was du willst, aber erwarte nicht, dass ich mich in dein beflecktes Bett lege. Ich will keine Scheidung, doch ansonsten kannst du deiner Wege gehen.«

Emriyes Problem war, dass niemand ihr glauben würde, dass sie nur gegen ihren Willen mit ihrem Schwager geschlafen hatte. Die Menschen in Schaerbeek und Emirdag glaubten, dass niemand sich je einem anständigen Mädchen nähern würde. Wenn ein Mädchen ihre Unschuld verlor, so hieß es, habe sie sie auch verlieren wollen. Hätte sie Hakans Annäherungsversuche abgewehrt, so hätte er doch überall herumerzählt, dass sie eine Hure war. Ihre Schwester Hüsniye konnte ihren Ehemann in die Schranken weisen, doch Emriyes Stellung war deutlich schwächer. Um die Ehe ihrer Schwester sowie das Ansehen ihrer Familie zu retten, um zu vermeiden, dass man mit dem Finger auf sie deutete, hatte Emriye den Missbrauch stillschweigend hingenommen. Dies hatte sie ihrer Schwester tausendmal unter Tränen erklärt.

Emriye würde sterben, der Vergewaltiger Hakan würde sterben, Iskender würde ins Gefängnis wandern, und Hüsniye wäre Witwe. In Brüssel war es selbst für ein junges Mädchen aus Schaerbeek nahezu unmöglich, einen Ehemann zu finden. Für eine Witwe stand dies außer Frage. Die Belgier wollten sie nicht heiraten, weil sie als Türkinnen galten, und die Türken aus der Türkei hielten sie für »belgische Schlampen«.

Alle Türken, die in Belgien lebten, sparten und sandten am Ende einen Heiratsvermittler in die Türkei. Mit der Videokamera in der Hand wanderte dieser dann von Dorf zu Dorf. Die Mädchen im heiratsfähigen Alter zogen ihre besten Kleider an, putzen sich heraus und blickten möglichst verführerisch in die Kamera. Wenn irgendjemand aus Brüssel sie heiraten würde, so wäre dies die Antwort auf all ihre Gebete. Sie würden als Braut nach Europa gehen. Dort, wo Freiheit, Geld und eine andere Gesellschaft auf sie warteten. Sie übten sogar, damit sie weder zu offenherzig noch zu prüde wirkten. Wer die Aufnahmen sah, sollte nicht denken: »Sie sieht aus wie ein lockerer Vogel.« Aber natürlich sollte man sie auch nicht für prüde halten. Und so mussten sie genau die Mitte zwischen kokettem und sittenstrengem Verhalten finden.

Die Rückkehr des Heiratsvermittlers nach Schaerbeek löste einen wahren Wirbel an Einladungen und Vorbereitungen aus. Die älteren Mitglieder der Familie durften die Videos zuerst ansehen. Den ungläubigen Mädchen aus Brüssel zum Trotz, die ihre Jungfräulichkeit in Nächten der Trunkenheit verschenkten, wählten sie für ihre Söhne unbefleckte Bräute. Die jungen Männer kamen heimlich zusammen, um unter rauhem Gelächter und groben Bemerkungen die Mädchen zu begutachten. Doch es war die Familie, nicht die jungen Männer, die letztendlich das Sagen hatte. Niemand musste lange auf ein Visum warten. Die Familie übergab dem Netzwerk einen Monatslohn, und man sorgte dafür, dass das Mädchen nach Belgien kam. Meist vergingen nicht einmal drei Monate, bis die Braut auf ihrer eigenen Hochzeit, die mit *davul* und *zurna** in Schaerbeeks größtem Festsaal gefeiert wurde, den Gästen Kuchen und Limonade servierte.

Hüsniye hatte sich nie als Türkin betrachtet. Auch die Bauern aus Schaerbeek sahen sie nicht als solche an. Statt ihren Ehemann aus den Videos des Heiratsvermittlers zu wählen, suchte sie sich einen eigenen, einen jungen Mann aus Afyon, der jedoch in Brüssel geboren war. Bevor sie heirateten, tat Hakans Familie alles nur Mögliche, um Hüsniye das Leben schwer zu machen. Hätte diese Albanerin ihn nämlich nicht fest in den Klauen gehabt, hätten sie ihn gerne an seine Cousine verheiratet. Obwohl sie nicht versuchten, die Heirat zu verhindern, so taten sie doch hinterher alles, um das Paar den Tag bedauern zu lassen, an dem sie sich kennengelernt hatten. So erhielt Hakan keinen Zugang mehr zu seinen Ersparnissen, aber auch das Geld,

*Trommeln und Hörner, die bei traditionellen Hochzeiten gespielt werden.

das die Familie aus Sozialleistungen auf die Seite gelegt hatte, stand ihm nun nicht mehr zur Verfügung. Darüber hinaus verkaufte die Familie das Kebabrestaurant, das sie für ihn eröffnet hatte. Hüsniye wurde nie in die Familie aufgenommen, und sie bereute es bitterlich, Hakan geheiratet zu haben. Ab einem bestimmten Punkt jedoch war es ihr egal, und sie führte einfach ihr Leben weiter.

Und doch erschauerte sie bei der Vorstellung, welches Ende diese Ehe, die sie bereits so viel gekostet hatte, aufgrund der Einmischung der Wahrsagerin nehmen könnte. Sie wollte nicht ihr restliches Leben als Witwe unter diesen klatschsüchtigen Bauern fristen müssen.

Eines Nachts hatte Emriye ihrer Schwester vom ersten Mal erzählt, als Hakan sie missbraucht hatte. Sein Supermarkt lag nur zwei Blocks vom Haus entfernt. Tagsüber, wenn Advils Söhne zur Arbeit und er selbst zur Moschee gegangen waren, wenn Gülizar das *dhikir* rezitierte, half Emriye ihrem Schwager im Laden. Angefangen hatte es, indem er scheinbar versehentlich mit der Hand über ihre Brüste und Schenkel streifte. Anfangs hatte es Emriye auch noch gefallen. Schließlich war die Wahrscheinlichkeit, dass Hakan weiter gehen würde, ziemlich gering. Plötzlich aber schloss er den Markt wegen einer angeblichen Inventur. Hinter geschlossenen Türen vergewaltigte er Emriye immer und immer wieder.

»Welcher von euren schwulen Unbeschnittenen kriegt denn schon jede Stunde einen hoch?«, brüstete er sich.

Hakan war zwar in Brüssel geboren, doch im Grunde seines Herzens war er ein Bauer aus Emirdag. Für ihn war es eine ausgemachte Sache, dass keine Frau einem Mann widerstehen könne. Und er hatte recht. Denn auch wenn Emriye sich anfangs noch zur Wehr setzte, so wurde Hakan doch ein untrennbarer Teil ihres Lebens. Natürlich hörte sie auf, im Supermarkt zu arbeiten, und fand einen Job in einem Restaurant. Doch Hakan belästigte sie trotzdem bei jeder sich bietenden Gelegenheit. Und Emirye fand nicht die Kraft, dem ein Ende zu setzen.

Hakans Drohung, allen Einwohnern von Schaerbeek zu erzählen, sie habe freiwillig das Bett mit ihm geteilt, sorgte schon dafür, dass sie sich fügte. Hakan tat, was ihm gefiel, und Emriye ließ alles über sich ergehen, was er mit ihr tat.

Seine Grobheit, das Vergnügen, das es ihm machte, sie während des Aktes zu demütigen, die Art, wie er sie schlug, die feine Linie zwischen Sex und Schmerz, die er zog, waren ein Teil der ihr aufgezwungenen Weiblichkeit geworden. Da ihre Schwester sich nicht gegen die Situation zur Wehr setzte, lebten die beiden schließlich wie Haupt- und Nebenfrau zusammen und teilten ihre Bürde.

Und doch wünschte Hüsniye ihrem Mann keineswegs den Tod.

»Lieber Gott«, betete sie. »Bitte errette Emriye vor Iskender. Auf diese Weise bleibt auch mein Mann am Leben.«

Doch Gott war taub für Hüsniyes Bitten, denn eben kam Iskender nach Hause. Seine Brüder Enver, Afrim und Mithat folgten ihm auf dem Fuß. Er stieß Emriye vor sich her, die er aus dem Restaurant geholt hatte. Die Brüder hatten Emriye geschlagen und wollten sie nun im Haus töten. Ihr Kleid hing in Fetzen herab, und sie hatte zwei blau geschlagene Augen. Das Blut aus ihrer Nase war ihr auf der Oberlippe eingetrocknet.

Iskender zwang Emriye vor ihrem Vater in die Knie. Er selbst war immer mit gesenktem Kopf durch Schaerbeek gelaufen, hatte er doch von jeher den Verdacht, dass seine Schwestern nicht waren wie ordentliche türkische Mädchen, was ihm stets die Schamesröte ins Gesicht trieb. Auf das, was nun geschah, war er schon seit längerem vorbereitet.

Iskender sagte: »Wir gehen sofort zum Arzt. Er soll uns sagen, ob sie noch Jungfrau ist. Wenn nicht, töte ich sie.«

»Ich bin Jungfrau, Vater«, wimmerte Emriye. »Hör nicht auf die Wahrsagerin. Iskender weigert sich, doch du, du wirst mir Glauben schenken.«

Advil spürte, wie sich sein Herz zusammenzog. Vergäbe er seiner Tochter, würde sein Sohn sich gegen ihn auflehnen. Täte er es aber nicht, würde er sich von dem Schlag nie wieder erholen. Ein Bild erschien vor seinem inneren Auge. Ein unsterbliches Mädchen, das zu ihm sagte: »Trink etwas, das wird dich abkühlen.«

Doch Advil glaubte der Wahrsagerin nun einmal. Jede Einzelheit seines jetzigen Lebens war Advil vorhergesagt worden. Und so kämpften in seinem Herzen die Liebe zu seiner Tochter und die Treue zu seiner Tradition. Er wusste, dass das, was er jetzt tun würde, seinen Träumen ein Ende setzen und ihn gleichzeitig langsam umbringen würde.

Leise sagte er: »Wahrsager lügen nicht. Aber Emriyes Name beginnt nicht mit einem G. Lass also meine Tochter gehen, Iskender.« Mit einem schweren Plumps fiel Emriye auf den Teppich wie ein Sack.

Emiryes Hand wanderte zu ihrem Hals. Noch Jahre später würde sie erschauern, sobald jemand ein Messer zur Hand nahm. Sie selbst würde nie wieder eines halten. Um ihren Verstand nicht zu verlieren, würde sie sämtliche Messer aus dem Haus verbannen.

»Du hast keine Tochter, deren Name mit »G« beginnt. Aber du hast eine, deren Name mit einem »U« anfängt«, schrie Iskender. »Wenn du dieser Schlampe glaubst, dann solltest du nach jener sehen.«

»Es stimmt!«, jammerte Emriye. »Ulviye ist es!« So sicher war sie, dass Ulviye noch Jungfrau war und so ihren Häschern auf diese Weise entkommen würde.

Das Licht in Advils Augen erlosch. Die Katastrophe forderte also doch ihr Opfer.

»Bringt sie her!«, sagte er.

Iskender holte Ulviye.

Hüsniye fürchtete, in Ohnmacht zu fallen. Emriye war gerettet, auch ihr Mann war in Sicherheit, aber wer würde nun Ulviye retten?

Hüsnyie verbarg sich in der Toilette und rief ihren Mann an. Hastig flüsternd erzählte sie ihm, dass er gerade dem Tod entronnen war.

»Versprich mir, Emriye nie wieder anzurühren«, sagte sie. »Gott hat dich verschont. Nun musst du etwas Gutes tun, um es dir zu verdienen. Fast wäre alles ans Licht gekommen.«

Hakan knallte den Hörer auf die Gabel. Er hatte die hässlichste der fünf Töchter abbekommen und sich darüber lange Zeit geärgert. Hüsniye hatte ihn eingefangen. Die anderen aber hatte er in der Hand. Er würde sich alle zu Diensten machen, eine nach der anderen. Längst hatte er seine Augen auch auf Ulviye gerichtet, doch er traute sich nicht, Advils Augapfel auch nur anzufassen. Also hatte er sie erst einmal gestrichen und sich stattdessen mit Selviye, der Jüngsten, beschäftigt. Er wusste, dass er nur Geduld haben musste. Er war bislang der einzige Schwiegersohn der Familie, das Mädchen hatte gegen ihn nicht die geringste Chance. Früher oder später würde sie ihre Jungfräulichkeit sowieso in einem Nachtlokal an irgendeinen Franzosen verlieren. Diese eigensinnigen Mädchen dachten ja gar nicht daran, ihren Vater zu respektieren oder der Familie keine Schande zu bereiten.

Nach Hüsniyes Anruf aber rannte Hakan, so schnell er konnte, nach Hause. Er wusste, dass er die Situation unter Kontrolle bringen musste, bevor die Mädchen anfingen zu reden.

Während Hakan noch auf dem Heimweg war, flüsterte Advil seiner Tochter Ulviye freundlich zu: »Komm. Wir müssen zum Arzt. Wenn er sagt, dass du noch Jungfrau bist, hast du nichts zu befürchten.«

»Ich bin Jungfrau, Vater«, stammelte Ulviye, doch ihre Stimme zitterte hoffnungslos.

Gülizar sah dem Geschehen in tödlichem Schweigen zu. Sie hatte das Gefühl, ihre Töchter, die sie doch selbst zur Welt gebracht hatte, nicht mehr zu kennen. Hatte sie nicht versucht, ihnen Anstand und Moral beizubringen? Aber was sollte sie zu Iskender sagen, wenn sich tatsächlich herausstellte, dass sie ihre Jungfräulichkeit verschenkt hatten? Gülizar hatte das Gefühl, ihre Töchter schon verloren zu haben. Nun wollte sie nur noch, dass Afrim der unmittelbar bevorstehenden Katastrophe fernblieb.

Advil öffnete die schwere Vordertür. Ulviye ging vor ihm hinaus. Als er sich hinabbeugte, um seine Schuhe unter all den anderen zu finden, beugte sich auch Ulviye über die Schuhe. Dann fiel sie zu Boden. Advil dachte, sie sei gestolpert, und beugte sich zu ihr hinüber.

Doch dann sah er den dünnen Streifen Blut zwischen den Frauenschuhen. Es war Ulviyes Blut. Sie lag reglos auf dem Boden, während das Blut immer weiter floss. Es wurde mehr und mehr und färbte die abgenutzten Schuhe der Einwanderer rot.

Advil hob den Kopf. Sein Schwiegersohn Hakan stand mit einem Gewehr in der Hand vor ihm. Advil brachte kein Wort heraus. Hakan hatte seine Tochter erschossen. Advil hatte den Schuss nicht einmal gehört.

Iskender stieß seinen Vater zur Seite und holte Hakan ins Haus.

»Hüsniye hat mir gesagt, sie habe sich befleckt«, rechtfertigte sich Hakan. »Sie habe ihr Jungfräulichkeit verloren.«

»Kein Wort«, meinte Iskender. »Du hast unsere Ehre wiederhergestellt. Hättest du es nicht getan, hätte ich sie erschossen.«

Liebevoll nahm Iskender Hakan das Gewehr aus der Hand und schob ihn zum Sofa, wo Gülizar, in ihren Träumen versunken, den Schuss nicht gehört hatte und nicht wusste, dass ihre Tochter tot war. Sie hatte sich vollkommen von der Welt abgeschottet.

Iskender übernahm die Verantwortung für die Tat. Freiwillig stellte er sich der Polizei in Schaerbeek. Die türkischen Journalisten nahmen Iskenders Fotografie und schickten sie nach Istanbul. Dort wurde sie unter folgender Schlagzeile veröffentlicht: »Unser Beileid zu Ihrem Unglück!«

Iskender musste ins Gefängnis. Die gerichtsmedizinische Untersuchung ergab, dass Ulviye noch Jungfrau gewesen war. Ihr Mörder aber lebte frei in Advils Heim. In diesem Haus wurden Geheimnisse bewahrt. Ulviyes Schwestern wussten, dass sie zu Unrecht beschuldigt worden war. Hüsniye wusste, dass Hakan stattdessen Emriye ihrer Jungfräulichkeit beraubt hatte. Die Türken wussten, dass Hakan den Mord begangen hatte. Und Hakan wusste, warum er es getan hatte. Die belgische Polizei hingegen verstand nicht, weshalb Iskender seine Schwester getötet hatte. Und Gülizar wusste genau, dass Ulviye noch nie mit einem Mann geschlafen hatte.

Das Thema »Missbrauch« war ein Tabu in der Familie und in der Nachbarschaft. Als hätte jedermann einen Eid geschworen, für immer zu schweigen. Außerdem stand es außer Frage, dass nur Emriye die Leidtragende gewesen wäre. Jedermann in der Familie und in der Nachbarschaft war der festen Überzeugung, dass kein Mann je eine Frau anrühren würde, die ihn nicht entsprechend ermutigt hatte. Würde jemand die Dinge beim Namen nennen, gäbe es nur einen weiteren Mord: Advils Söhne wären gezwungen, auch Emriye zu töten. Wortlos kam man also überein, dass ein Opfer genug war. Man tat also, als hätte es den Missbrauch nie gegeben. Und doch wusste jedermann Bescheid.

Emriye und Filiz wurden schleunigst verheiratet, als hätte man sie auf einer Auktion versteigert. Emriye hatte nicht einmal Gelegenheit, ihr Hymen wiederherstellen zu lassen. Advil ließ die Türken von Schaerbeek wissen, dass er seine Töchter an Männer mit belgischem Pass verheiraten wolle. Doch bevor sich der Abend neigte, war Advils Haus voller Bewerber. Sie alle hatten Neffen und Brüder zu Hause, die nichts lieber wollten, als nach Europa zu kommen. Advils Töchter waren von aufreizender Schönheit. Außerdem hatten sie die belgische Staatsbürgerschaft. Wer würde sich nicht um sie bemühen? Eine solche Heirat wäre wie ein Gewinn im Lotto.

Advil suchte nach dem Zufallsprinzip zwei Ehemänner aus. Einer seiner künftigen Schwiegersöhne war durch Kinderlähmung verkrüppelt, illegal nach Belgien gekommen und besaß keine Aufenthaltsgenehmigung. Emriye fühlte sich von seinen entfärbten Zähnen abgestoßen und ließ ihn nicht in ihre Nähe. Auch Hakan durfte sie nicht mehr anfassen, seit er Ulviye getötet hatte. Sie verachtete alle Männer um sich herum. Ihren Ehemann, der nicht Französisch sprach und sich daher in Brüssel nicht zurechtfand, ließ sie in den Kebabrestaurants der Place de la Reine arbeiten, während sie ihre Tage beim Einkaufen auf der Grande Place zubrachte.

Gülizar mischte sich nicht ein, doch der gesamte Haushalt der Celilis trauerte. Advils Ansehen erhob sich in schwindelnde Höhen. Wenn es ums Prestige ging, war Trauer ebenso wirkungsvoll wie Schweigen. Nun hielt man Advil für eine Mischung zwischen Weisem und *mehdi**. Er hörte nicht mehr auf zu trauern, doch in seiner Trauer fand er Frieden.

Ulviyes Körper wurde ins Kosovo überführt, damit sie in der Erde beigesetzt werden konnte, die sie niemals mit eigenen Augen gesehen hatte. Advil überwachte selbst die Herstellung ihres Grabsteins. In Albanisch ließ er darauf einmeißeln: »Hier ruhen zwei Mädchen namens Ulviye, vereint in einem Körper«. Da Gülizar nicht Albanisch verstand, hielt sie die Buchstaben für ein albanisches Gebet.

Advil gab seinen Söhnen genaue Anweisungen. Sie sollten Ulviye in Drachka beerdigen, auf den Hügeln der Kalista-Berge, neben ihrem Großvater, den sie nie gesehen hatte. Doch Enver rief aus dem Kosovo an und berichtete, dass es dort keine Berge dieses Namens gebe, auch kein Dorf und kein Grab.

Advil sah während des Telefonats von seinem Fenster aus auf die Place de la Reine und seufzte. Selbst wenn Tito das Grab seines Vaters und das Dorf zerstört hatte, wie

---

*Im Islam ist dies der letzte Prophet, der auf Erden herabsteigen wird.

hätte er solch große Berge abtragen können? War die Bergkette, die sich ihm für immer ins Gedächtnis eingegraben hatte, nichts weiter als Phantasie gewesen?

Er sagte Enver nicht, was er dachte, sondern gab ihm nur die Adresse einer älteren Frau namens Kamile. Nun gab es keinen Grund mehr, die Existenz Kamiles geheimzuhalten.

Sobald seine Söhne Kamile gefunden hatten, fanden sie auch nach Drachka. Der Onkel, der Advil verraten hatte, hatte mittlerweile den Verstand verloren. Er schrie in einem fort: »Advil wird kommen und mich töten.« Als er den stämmigen Enver auf sich zukommen sah, hielt er ihn für Advil und starb auf der Stelle vor Angst. Enver bat Kamile, ein Gebet gegen den bösen Blick zu sprechen, denn es seien »schwarze Wolken über ihren Köpfen«.

Da Kamile nie geheiratet hatte, betrachtete man sie in Drachka als Heilige. Nie hatte Kamile aufgehört zu trauern, doch auch sie hatte in der Trauer ihren Frieden gefunden. Auch sie ordnete man irgendwo zwischen weiblicher Heiliger und männlichem *medhi* ein. Ihr Gebet schützte vor jeder Verwünschung, ein Atemhauch von ihr, und der böse Blick verlor seine Macht.

Wieder rief Enver seinen Vater an. »Mein Beileid, Vater, du hast deinen Onkel verloren.« Ulviye und ihr Onkel wurden am selben Tag und im selben Grab beigesetzt. Advils Söhne kehrten nach Belgien zurück, wo ihr Vater Enver über Drachka und Kamile ausfragte. Während er lauschte, hing sein lahmer Arm leblos herab.

Advil war nun sehr dünn geworden. Gülizar wusste, dass ihr Mann alle Kraft verloren hatte. Daher sprach sie stets Gebete für ihn. Die wahrsagende Nachbarin wurde nie wieder ins Haus gelassen. Wie ihr Schwiegersohn Hakan. Im Gegenzug verbot Hakan Advil und seiner Familie das Einkaufen in seinem Supermarkt. Niemand sprach diese Verbote tatsächlich aus. Sie ergaben sich einfach von selbst. Als wäre das Schicksal am Werk.

Nur Afrim und Mithat blieben zu Hause wohnen. Iskender war im Gefängnis, und Enver hatte geheiratet. Hüsniye bekam ein Kind. Filiz würde bald niederkommen, Enriye aber war eine Hure geworden. Selviye war nach Lyon gegangen, wo sie mit einem Franzosen in Sünde lebte.

Gülizar sprach immer noch kein Wort. Afrim allerdings erfüllte sie mit Stolz. Er war so hübsch wie Advil Celili in jungen Jahren. Ihre Töchter hatten ihr keinerlei Freude geschenkt, doch Afrim würde sie nicht enttäuschen. Afrims Dasein gab Gülizar die Kraft zum Überleben, nach all diesen Jahren, in denen sie als Türkin das Dasein einer Albanerin geführt hatte. Da sie ihn als Türken erzogen hatte, so dachte Gülizar, könne ihr Leben nicht vergeblich gewesen sein. Die Türken nannten zwar die Albaner ebenfalls Türken, doch Gülizar wusste, dass das nicht so war. Auch wenn Hunderte von Jahren vergingen, würden Albaner nie Türken sein. Doch wenigstens einen echten Türken hatte sie zur Welt gebracht, selbst wenn der Vater Albaner war.

Afrim hatte Arbeit im Marokkanerviertel gefunden und verdiente dabei gut. Allerdings kam er jeden Tag ein wenig später nach Hause. Gülizar freute sich darüber. Er war so ein guter Sohn, den Älteren gegenüber verhielt er sich so respektvoll wie ein echter Türke. Außerdem kümmerte er sich um Iskender. Gülizar war zu arm gewesen, um mit Schleier und silbernem Faden zu heiraten. Ihre Töchter hatte sie verheiraten müssen, als seien sie Witwen. Doch so Gott wollte, würde sie für Afrim ein reines, unbeflecktes Mädchen aus der Türkei finden und ihm eine wunderbare Hochzeit ausrichten.

Advil hatte in letzter Zeit Schlafstörungen entwickelt. Gülizar wünschte sich, ihr Mann fände seine Träume von einst wieder, jene, die er so lange Jahre vor ihr verborgen hatte. Doch ihr Stolz verbot ihr, ihm dies zu sagen.

Eines Nachts hörte Advil etwas und stand auf, um nachzusehen. Gülizar hörte ihn sagen: »Möge Gutes auf uns zukommen, Inschallah, doch was macht der Polizeiwagen vor unserem Haus?«

Gülizar setzte den Kopfschal auf. Nicht einmal ihre Söhne hatten je ihren kahlen Kopf gesehen. Dann lief sie hinunter und öffnete die Tür, bevor Advil ihr nachkam. Die blonden flämischen Polizeibeamten sahen aus, als kämen sie direkt vom Drehort eines Films. Einer von ihnen sagte etwas auf Französisch zu ihr, doch Gülizar verstand kein Französisch. Mithat kam und schloss sich, sich die Augen reibend, den Versammelten an.

»Liebes, es ist die Polizei. Was wollen sie denn von uns?«, fragte Gülizar.

Niemand hatte sie je so viele Worte hintereinander sagen hören.

Einer der Polizisten händigte Gülizar Afrims Brieftasche aus. Mithrat war noch nicht ausgeschlafen, doch er übersetzte für seine Mutter. Während er noch sprach, brach er in Tränen aus.

Ein marokkanischer Gangster hatte Afrim im Kampf die Kehle durchgeschnitten. Der Marokkaner hatte seine Schwester in einer Bar in Afrims Armen gesehen. Der Polizei zufolge hatte Afrim nicht einmal die Zeit, sich zu erheben.

Advil schrie auf: »Die Araber sind den Ottomanen von jeher in den Rücken gefallen. Und nun haben sie meinen Sohn erstochen. Ein Jahrhundert später haben diese zeltbewohnenden arabischen Hunde einen weiteren Ottomanen auf dem Gewissen. Werden sie denn nie Ruhe geben?«

In den Häusern der Nachbarn gingen der Reihe nach die Lichter an. Schweigende Männer und jammernde Frauen schoben die Polizisten zur Seite und füllten das Haus. Das Wehklagen wurde immer lauter, Advil und Gülizar aber hatten keine Tränen mehr.

Das Fenster über dem verbotenen Supermarkt öffnete sich. Hüsniye und ihre beiden Kinder weinten laut, dann kamen sie gelaufen, Hüsniye als Erste, Hakan als Letzter, die Kinder zwischen sich. Auch Enver war schon da. Die Polizei wollte, dass ein Familienmitglied sie an den Tatort begleite.

In der Küche wurde der Ofen angeheizt. »Mach Suppe«, sagte Advil. »Verteil sie an die Armen.«

»In Belgien gibt es keine Armen, Vater«, meinte Filiz. Advil wusste nicht, wann sie angekommen war.

»Verteil Suppe«, sagte Advil mit eisiger Stimme. Auf allen Herdplatten wurde Suppe gekocht. Und so verteilte man bei Tagesanbruch statt Halva, der Süßigkeit, die in den Häusern der Toten gereicht wurde, warme Suppe in Porzellanschüsseln vor Advils Haus.

Die Traumdeuterin ließ eine Kugel in einer Schöpfkelle schmelzen. Das Metall würde sie in eine Kupferschale voll kaltem Wasser gießen. Je nachdem, welche Form es annahm, würde es das Unglück aus dem Haus treiben. Sie hatte eine große Schale mitgebracht, um in jeder Ecke des Hauses die bösen Geister zu bannen. Dabei öffnete sie die Fenster, damit all das Unglück, das sie ausgetrieben hatte, auch ordnungsgemäß abziehen konnte.

Advil träumte von Ulviye und Afrim. Afrim flog auf einem weißen Pferd dahin. Ulviye fragte: »Was bedeutet es, wenn man auf einem weißen Pferd dahinfliegt?«

»Es bedeutet ›sterben‹«, sagte Advil.

»Was ist das: ›sterben‹?«, wollte Ulviye wissen.

»Fliegen«, antwortete Advil. »Aber du bist noch nicht an der Reihe«, sagte Advil in seinem Traum. »Zuerst wird Advil Celili fliegen.«

Papatya

Von all den Häftlingen, die ich kennengelernt habe, war er zweifellos der gepflegteste. Er war etwa vierzig Jahre alt und hatte hellbraunes Haar. Ich dachte zuerst, er komme aus dem Süden, doch seine Aussprache ließ schnell erkennen, dass er aus dem Osten des Landes stammte. Vielleicht gehörte seine Familie zu der Masse jener, die sich hier niederließen, um in der Textilindustrie zu arbeiten.

Er behandelte mich mit ausgesuchter Höflichkeit, schien aber keineswegs eingeschüchtert wie die anderen Häftlinge. In seinen Augen war so viel Mitgefühl zu lesen, dass ich, hätte ich ihn anderswo kennengelernt, ihn nie für einen Mörder gehalten hätte. Bei einigen der anderen Häftlinge hatte ich gegen meinen Wunsch ankämpfen müssen, das Interview so kurz wie möglich zu halten. Der Mann vor mir aber machte mir eher den Eindruck von jemandem, der einen Mörder gestellt hat, nicht wie jemand, der selbst einen Mord begangen hat. Ich merkte bald, dass dieser

Eindruck richtig war: Meinem Gegenüber war es gelungen, den Mörder in sich selbst dingfest zu machen.

Vor unserem ersten Treffen ließ er mir ein sagenhaftes Cukurova-Frühstück mit frischem Brot und frischem Tee auftragen. Sehr viel später erfuhr ich, dass er selbst dafür aufgekommen war. Nur ein Häftling, der hinter den Gefängnismauern sehr viel Einfluss besaß, konnte seine Gäste so großzügig bewirten.

Der Gefängniswärter, der uns das Frühstück servierte, teilte uns mit, unter welchen Bedingungen der Häftling mit uns sprechen würde. Sein Bild und seine Identität mussten geheim bleiben, dann würde er uns das Recht einräumen, seine Geschichte zu veröffentlichen. Ich war einverstanden.

Mit seiner Zustimmung gab ich ihm den Namen Battal. Innerhalb weniger Minuten kam die unterzeichnete Einverständniserklärung zurück.

Die Strafanstalt Ceyhan lag in der fruchtbaren Ebene von Cukurova. Die Strafanstalt besitzt ein eigenes landwirtschaftliches Gut, wo die Häftlinge sich ein wenig Geld verdienen können. Statt ihre Zeit in Gefängniszellen totzuschlagen, soll die Landarbeit sich heilsam auf ihre Seele auswirken. Mir kam es so vor, als würden sie die Geschichten der ermordeten Mädchen und Frauen in der Erde bestatten.

Auf dem weitläufigen Gelände der Strafanstalt saßen wir unter knospenden Bäumen im feuchten Gras. Ich dankte Battal für sein Geschenk. Unsere Dankbarkeit machte ihn verlegen. Fast sah es aus, als seien wir Freunde, die gemeinsam den nahenden Frühling begrüßten, und nicht ein Journalistenteam, das einen Strafgefangenen interviewte. Doch als wir miteinander zu sprechen begannen, wich der Geist der freundschaftlichen Begegnung langsam einer steifen Brise.

Er hatte seine fünfzehn Jahre jüngere Schwester getötet, weil sie mit einem verheirateten Fremden durchgegangen war. Wäre sie mit einem Mann weggelaufen, mit dem sie »eine Familie hätten gründen« können, hätte er ihr vielleicht vergeben, doch dem war nicht so, und so konnte er ihr auch nicht verzeihen. Der Abschaum, mit dem sie sich eingelassen hatte, hatte sich nicht die geringste Mühe gegeben, ihre Ehre zu schützen.

Natürlich empfand er keine Reue. Wenn man ihn freiließe und er käme noch einmal in diese Situation, würde er, ohne zu zögern, wieder genauso handeln. Er bedauerte nur, dass er den Abschaum, der sie zu ihrem Fehltritt verleitet hatte, am Leben gelassen hatte.

Jedes Mal, wenn er im Gefängnis an seine Schwester dachte, flammte in ihm der Zorn über sich selbst auf, und er schlug mit dem Kopf gegen die Wand, wobei er auch davor nicht zurückschreckte, sich selbst zu verletzen. Erst allmählich beruhigte sich dieser Drang zur Selbstkasteiung, doch der Zorn loderte weiter in seinem Herzen.

Gelegentlich hielt er inne und beobachtete mich, um festzustellen, wie ich auf seine Geschichte reagierte. Nur wenn er mit meinen Äußerungen zufrieden war, erzählte er weiter. Er hoffte, ich würde ihn verstehen, ihm stillschweigend die Absolution erteilen. Dann vielleicht würde die Last von seinem Herzen abfallen. Trug nicht das Schicksal letztlich an allem die Schuld? Obwohl er von der Richtigkeit seines Tuns vollkommen überzeugt war, konnte er keinen Frieden finden. Er schien regelrecht darum zu betteln, dass ein Mensch, dem er vertrauen konnte, zu ihm sagte: »Sie haben recht. Sie mussten sie töten.«

Mädchen gegenüber, die von zu Hause, von der Familie wegliefen, weil sie sich einbildeten, verliebt zu sein, empfand er tiefen Zorn.

»Die Kinder reden nicht mit uns, weil sie Angst haben. Wenn sie keine Angst vor uns hätten und mit uns reden würden, würden wir eine Lösung finden. Man muss mit ihnen reden wie mit einem Freund, nicht wie mit Sohn, Tochter oder Schwester. Man muss mit ihnen über Liebe, Ehe, Hausstand und Ehre reden!

Aber die Mädchen verlieben sich und reden nicht mehr. Sie denken: ›Wenn ich meinem Bruder oder meinem Vater etwas sage, dann verbieten sie es mir, also laufe ich besser weg.‹ Sechs Monate später tut es ihnen leid, doch dann ist es zu spät. Wie sollte man so etwas vergeben können? Sie treten deinen Stolz, deine Ehre, deine Würde in den Schmutz.

Wenn das Mädchen, das ich getötet habe, zu mir gekommen wäre und gesagt hätte: ›Ich liebe diesen Mann‹, dann hätte ich ihr davon abgeraten. Ich hätte sie jedenfalls nicht töten müssen.« Er sprach von seiner Schwester als »Mädchen, das ich getötet habe«. »Ich hätte ihr erklärt, dass sie ihr Herz dem Falschen geschenkt habe, dass sie ihr Leben nicht mit ihm würde teilen können, dass er sie in wenigen Monaten auf die Straße setzen würde, dass unsere Familienehre davon in Mitleidenschaft gezogen würde. Ich hätte sie bestimmt überzeugen können. Aber sie hat mir nichts gesagt. Sie hütete ihr Geheimnis!«

Es war, als wolle er seiner toten Schwester, nicht mir, seine Beweggründe erklären. Plötzlich verstummte er. Sein Mund war trocken, seine Stimme tiefer geworden. Abwesend starrte er in die Luft. An welchen Moment seines Lebens mochte er sich wohl erinnern? Dann fing er wieder zu sprechen an.

»Plötzlich steht man vor der Wahl: deine Ehre oder deine Schwester. Und muss sich entscheiden. Entweder du gibst deine Ehre auf oder du tötest deine Schwester. Wenn du dich nicht für Letzteres entscheidest, kannst du als Mann dein Haupt in der Gemeinschaft nicht mehr erheben. Und wofür leben wir dann? Wofür, wenn nicht dafür, ein richtiger Mann zu sein?«

Papatya, was so viel bedeutet wie »Gänseblümchen«, war das jüngste Mädchen im Haus. Sie hatte ihren Vater nie kennengelernt. Er war vor ihrer Geburt gestorben. Alles, was sie von ihm kannte, war das Foto, das über der *çeyiz*-Truhe* ihrer Mutter hing. Doch das Leben hatte ihr einen neuen Vater gegeben, ihren älteren Bruder. Sie lebten in getrennten Häusern, ihr Bruder hatte selbst zwei Töchter, die älter waren als sie, und zwei Söhne, die jünger waren als Papatya, die sich mehr als deren Freundin denn als ihre Tante fühlte.

Ihre Schwägerin, die gleichzeitig ihre Cousine war, war der gütigste Mensch, den sie kannte. Den ganzen Tag über arbeitete sie hart und kochte für die Familie, erlaubte Papatya aber nicht, ihr zu helfen, so dass diese sich ganz auf ihre Schularbeiten konzentrieren konnte. Papatya aber entwickelte keine Leidenschaft fürs Lernen. Die Schule war langweilig und außerdem harte Arbeit. Doch die Familie ließ nicht locker. Da hieß es immer: »Lern etwas, damit du ein goldenes Armband bekommst.« Doch das einzige goldene Armband, von dem Papatya träumte, war das, das sie an ihrem Hochzeitstag erhalten würde.

---

* In Anatolien bereiten sich die Mädchen schon von Kindesbeinen an auf die Ehe vor. Mit *çeyiz* ist die Aussteuer gemeint, die die Mädchen sammeln, um sie am Tag der Hochzeit mit in den Haushalt des Ehemannes zu nehmen.

Sie wollte es ihrem großen Bruder sagen, traute sich aber nicht so recht. Ihr Bruder war ein bekannter und beliebter Arbeiter in der Baumwollfabrik. Die anderen bezeugten ihm so viel Respekt, dass ihn beinahe die Aura eines Heiligen umgab.

Papatya vermied es daher, ihm Fragen zu stellen oder ihm gar zu erzählen, was sie beschäftigte. Sie brachte es nicht einmal über sich, ihn zu fragen, ob sie kochen oder sein Handtuch halten sollte oder ob er etwa heißes Wasser für die Füße brauchte.

Und doch war er sehr verständnisvoll. Als seine älteste Tochter ihm sagte, dass sie nicht mehr länger zur Schule gehen wollte, nahm er sie ohne viel Aufhebens heraus. Papatya allerdings musste weiterhin zur Schule gehen. Dabei fand sie, dass Frauen sich nicht in Männerangelegenheiten mischen sollten, und die Schule war ganz sicher eine Männerangelegenheit!

Nur ihren Namen hasste sie noch mehr als die Schule. Er brachte sie einfach in Verlegenheit. Andere Mädchen hatten vertraute Namen wie Ayse, Fatma, Elif und Zeynep. Dabei war sie das letzte Mädchen auf der Welt, auf das der Name »Papatya« passte, denn sie war viel dunkler als die schneeweißen Blumen, nach denen sie benannt worden war. Die kleinen Kinder in der Nachbarschaft liefen ständig hinter ihr her und frotzelten sie mit einem Reim, den sie gemacht hatten: »Papatya, Papatya, bist du ein Insekt oder eine Blume gar?«

Ihre Mutter erzählte, ihr Vater, dessen Gesicht Papatya nie gesehen hatte, habe diesen Namen geliebt. Es war der Name der Tochter seines Kommandaten, als er seinen Militärdienst ableistete. Ihre Mutter hatte all ihren Schwestern muslimische Namen gegeben, die Kleinste aber, die ein paar Tage nach seinem Tod zur Welt kam, hatte sie Papatya genannt.

Da sie die Schule hasste, passte sie nie auf. Stattdessen dachte sie stundenlang darüber nach, welche Namen sie ihren Kindern geben würde. Sie gelobte sich selbst, ihnen die am häufigsten vorkommenden Namen der Gegend zu geben: Mehmet für einen Jungen, Ayse für ein Mädchen. Sie würde ohnehin sofort Kinder bekommen, sobald sie verheiratet war.

Die große Liebe ihres Lebens hatte sie nämlich schon gefunden. Aber außer ihr wusste dies nur ihre beste Freundin Elif. Er war der schönste Mann der Welt. Ohnehin traf sie ihn längst heimlich, wenn die anderen glaubten, sie ginge zur Schule.

Sie hatte ihn kennengelernt, als ihre Mutter sie mit Lebensmitteln für die Lehrer in die Schule schickte. Die unverheirateten Lehrer lebten nämlich in den Schlafsälen der Schule. Ihre Mutter wollte nicht, dass sie während *eid,* des Opferfestes, nichts zu essen hatten, und schickte ihnen ein großes Tablett voll *baklava* und ein großes Stück Schafkeule. Die Lehrer hingegen glaubten, dass sie das tue, um sie für sich zu gewinnen, denn die alte Dame schickte Lebensmittel und Süßigkeiten, wann immer sie konnte.

Sie wünschte sich von Herzen, dass ihre Tochter Lehrerin würde, war sie doch der Ansicht, dass Mädchen, die keinen Beruf haben, Sklaven des männlichen Geldbeutels waren. Und so wiederholte sie täglich, manchmal auch mehrmals, gebetsmühlenartig, wie gut es doch Lehrer hätten. Papatya verstand nicht, wieso ihre Mutter, die nicht einmal lesen und schreiben konnte, wollte, dass ihre Töchter arbeiteten.

Papatya also lieferte ihr Tablett ab und ging zum Schultor hinaus. Dabei erhaschte sie einen Blick auf den Mann, der gerade hereinkam. Er war groß und gutaussehend. Ihre Augen trafen sich, und Papatya wandte sich sofort ab. Sie wollte nicht, dass der schöne Mann dachte, sie sei ein »leichtes Mädchen«*. Schon bei dem Gedanken daran wurde sie rot vor Scham.

Sofort rannte sie zu dem Haus, in dem Elif wohnte. Sie musste es einfach jemandem erzählen. Die Begegnung mit dem jungen Mann, dessen Augen sich einen kurzen Moment lang mit ihren getroffen hatten, hatte sie innerlich aufgewühlt. Elif war in den Sohn ihrer Tante verliebt. Doch die beiden hatten es leicht. Sie waren verwandt, sie konnten sich gegenseitig besuchen, ohne dass jemand Verdacht schöpfte. Selbst wenn jemand dahintergekommen wäre, so wäre doch weiter nichts dabei gewesen, sich in einen Cousin zu verlieben. Bei einem Mann zweifelhafter Herkunft war das schon etwas anderes, dachte Papatya mit einem leisen Anflug von Neid.

Schon mit einem Mann oder einem Jungen in der Stadt gesehen zu werden gab Anlass für wilde Gerüchte. Und sobald diese erst einmal in Umlauf waren, war das Leben des betroffenen Mädchens verwirkt. »Ihr Tod ist besser als ein beschmutzter Name«, hatte jemand in ihrer Familie einmal gesagt. Allen drohenden Gefahren zum Trotz hatten dennoch alle ihre Freundinnen einen Freund. Und verbargen diese Tatsache mit einem unglaublichen Geschick vor den wachsamen Augen der anderen.

Obwohl sie gute Freunde waren, waren Elif und Papatya sehr verschieden. Elif hatte geschworen, nicht zu heiraten, bevor sie die Schule abgeschlossen hatte. Sie wollte

---

*Ein Ausdruck, der auch im Türkischen »promisk« bedeutet.

Lehrerin werden und die Stadt verlassen, um mit ihrem Cousin irgendwo anders ein neues Leben zu beginnen.

Sie setzten sich in den vorderen Garten. Da *eid* war, hatten alle ihre besten Kleider angezogen und machten Besuche bei Nachbarn, Freunden und Verwandten. Während Papatya ihrer Freundin in aufgeregtem Geflüster von ihrer »Begegnung« mit dem jungen Mann erzählte, bemerkte sie plötzlich, dass er auf der anderen Straßenseite stand und sie beobachtete. Ihr blieb beinahe das Herz stehen. Er war ihr also gefolgt. Sie stieß Elif an und zeigte ihr glücklich, was passiert war.

Elif aber bekam Angst. Sie lief weg und zog Papatya hinter sich her. Wenn irgendjemand bemerkte, dass ein Fremder vor ihrem Haus stand und die Mädchen beobachtete, konnte das Blutvergießen nach sich ziehen. Erst letztes Jahr war ein unglückliches Mädchen aus der Nachbarschaft ums Leben gekommen, weil ein junger Mann ihr bei helllichtem Tag auf der Straße gefolgt war.

Als Papatya träumend nach Hause ging, wusste sie, dass er ihr folgte. Zu Hause sah sie, dass die jüngeren Familienmitglieder zusammengekommen waren, um die Hand der älteren zu küssen. Ihr Mutter fragte: »Hast du deinen Lehrern das geopferte Schaf gegeben?« Papatya bejahte, während sie hinter dem Vorhang hervor auf die Straße spähte, wo der junge Mann stand. Er war ihr durch die ganze Straße gefolgt. Auch der Fremde wusste, dass er beobachtet wurde, und starrte auf die Fenster. Papatya war vom Sturm der Liebe erfasst worden.

Der Mann folgte Papatya Tag für Tag von der Schule nach Hause. Sie hatten noch nie miteinander gesprochen, ja sie kannten nicht einmal ihre Namen. Papatya hatte Angst, dass man sie erwischen würde. Sie wollte ihm sagen, er solle ihr nicht folgen. Denn selbst wenn ihre Mutter nichts bemerken sollte, so war es doch höchst wahrscheinlich, dass die ewig klatschenden Nachbarn etwas mitbekämen, die jede Geschichte immer noch ein wenig auszuschmücken wussten, bevor sie sie erzählten.

Drei Wochen später hatten sie zum ersten Mal Gelegenheit, miteinander zu sprechen. Eines Tages nämlich drehte sie sich einfach zu ihm um und sagte: »Hören Sie auf, mich zu verfolgen. Wenn mein Bruder uns sieht, wird er uns beide töten.« Daraufhin sagte der junge Mann: »Dann sagen Sie mir doch, wo wir uns treffen können.« Papatya schlug die Bäckerei vor, weil ihr auf die Schnelle nichts Besseres einfiel.

Der Besitzer der Bäckerei hatte ihm Oberstock eine Art »Familiengaststube« eingerichtet, wo sich alle Schüler trafen, die etwas vor ihrer Familie zu verbergen hatten. Nur Männer in weiblicher Begleitung durften die »Gaststube« betreten, und ein Kellner hielt stets Ausschau nach Lehrern, die etwa kontrollieren wollten, ob einer ihrer Schüler rauchte oder sich auf andere Weise unmoralisch benahm.

Die Schüler, die mit ihren Freundinnen dort waren, wechselten mit atemberaubender Geschwindigkeit die Plätze, sobald sie den Kellner sagen hörten: »Unsere Familien-Gaststube ist im ersten Stock. Bitte hier entlang, mein Herr.« Dann saßen Jungen bei Jungen und Mädchen bei Mädchen. Daher war dieser Ort der sicherste, was die Gefahr des Entdecktwerdens anging. Elif war dort ein paar Mal mit ihrem Freund gewesen.

So hatte sie ihm also eine Verabredung gewährt, dies aber gleich darauf bereut. Sie würde sich mit jemandem treffen, dessen Namen sie nicht einmal kannte. Sicher würde er nun schlecht von ihr denken. Die Nacht kam, und die Alpträume folgten, als sie darüber nachdachte, wie sehr sie sich doch selbst entwürdigt hatte.

Am Morgen aber wich ihr Bedauern einer Art ungeduldiger Erregung. Sie fälschte eine Entschuldigung für die Schule und unterschrieb sie im Namen ihrer des Lesens und Schreibens unkundigen Mutter. Dann lief sie zu Elifs Haus und bat diese, doch auch die Schule zu schwänzen. Nach schwachem Protest gab ihre Freundin nach. Schließlich wollte sie wissen, wie Papatyas Verehrer aussah.

Als die beiden Mädchen in der Bäckerei ankamen, war er noch nicht da. Papatya rauchte zwar nicht, doch um unter den erfahrenen Gaststuben-Besuchern nicht wie eine völlige Anfängerin zu wirken, zündete sie sich eine Zigarette an. Als ihr Verehrer endlich kam, waren ihre Augen vom Rauch gerötet.

Sie begannen zu reden, als würden sie einander schon ewig kennen. Sein Name war Emin. Papatya fand ihn mindestens ebenso schrecklich wie ihren eigenen. Doch er sah so gut aus, dass Papatya ihm seinen vulgären Namen und sein rüdes Verhalten vergab. Denn schon nach wenigen Minuten hatte er angefangen, sie unter dem Tisch zu streicheln. Papatya erschauderte vor Vergnügen. Endlich hatte sie den Mann ihres Lebens gefunden.

Die Schule gab sie mehr oder weniger auf. Dafür trat Emin in ihr Leben. Statt in den Unterricht ging sie in die Bäckerei und gab sich Träumen darüber hin, wie es sein würde, wenn sie sich zum ersten Mal liebten. Da Emin kein Geld hatte, zahlte Papatya alles, was sie konsumierten – mit dem großzügig bemessenen Taschengeld, das sie von ihrem Bruder erhielt. Das Wechselgeld ließ sie regelmäßig in die Tasche ihres Freundes gleiten.

Als sie zum ersten Mal Händchen hielten und sich danach küssten, riss ein Feuersturm der Leidenschaft Papatya mit sich fort. Von diesem Augenblick an sehnte sie sich ständig nach diesem Vergnügen. Wenn die Bäckerei nicht ganz so voll war, küssten sie sich dort voll jugendlichen Ungestüms.

Als sie eines Tages zur Schule gerufen wurde, bekam sie ungeheure Angst. Doch die Direktion informierte sie nur, dass sie wegen ihres häufigen Fehlens von der Schule verwiesen wurde. Papatya war überglücklich. Endlich hatte sie ihrer Mutter gegenüber eine Entschuldigung: Sie hatte ja zur Schule gehen wollen, doch die Schule wollte sie nicht mehr haben.

Ihre Mutter sah schrecklich aus, als Papatya nach Hause kam. Offensichtlich hatte sie geweint. Unter Tränen sagte die alte Frau zu ihr: »Dein Bruder hat gesagt, wir sollen dich nicht zur Schule zwingen, sondern lieber verheiraten. Aber du wirst es noch bereuen, die Schule nicht abgeschlossen zu haben.«

Papatya bekam einen Wutanfall, den man ihr nur durchgehen ließ, weil sie die Jüngste war. Sie wollte nicht verheiratet werden. Genauer gesagt wollte sie schon heiraten, aber nicht den Mann, den ihr Bruder für sie aussuchte. Nur konnte sie das ihrer Mutter nicht sagen. Ihre Mutter allerdings erriet, dass Papatya verliebt war. Sie sagte: »Mit wem du dich auch treffen magst, sag ihm, er soll hierherkommen und um deine Hand anhalten. Du solltest dieses Haus im Ehrengewand der Braut verlassen, bevor dein Bruder davon erfährt.« Verzweifelt fügte sie hinzu: »Hättest du fleißig gelernt, dann wärst du jetzt frei. Mädchen, die einen Schulabschluss haben, können heiraten, wen sie wollen, aber das hast du ja nie begriffen.«

Ihre Stimme war so leise, dass Papatya Mühe hatte, sie zu verstehen.

Doch sie war ohnehin damit beschäftigt, über das nachzudenken, was ihre Mutter gesagt hatte. Bei nächster Gelegenheit sagte sie Emin Bescheid. In höchstens ein paar Monaten wäre sie Braut und würde das Haus mit ihrer Aussteuer verlassen.

Emin aber war erstarrt. Offensichtlich hatte er damit nicht gerechnet. Er fand keine Antwort für das Mädchen, das so aufgeregt war, dass es die Worte durcheinanderbrachte. Schließlich merkte Papatya, dass etwas nicht stimmte, und bat ihn: »Ich habe meiner Mutter gegenüber Andeutungen gemacht. Wenn du jetzt nicht um meine Hand anhältst, ist es aus mit mir.« Emin antwortete mit schwacher Stimme: »Lass uns doch weglaufen. Dann machen wir es so.« Allmählich wurde Papatya wütend: »Warum machst du denn so einen Zirkus? Sag deiner Mutter, sie soll in unser Haus kommen und um meine Hand anhalten. Meine Familie wird zusagen.« Emin schwieg eine ganze Weile. Schließlich küsste er sie auf die Wange und ging.

Plötzlich wurde ihr bewusst, dass sie gar nichts über Emin wusste. Wo er lebte, wer sein Vater war, was er tat. All diese Fragen gingen ihr nun durch den Kopf. Sie machte sich Sorgen. Ihr Mangel an Voraussicht beunruhigte sie in gewisser Weise, doch nun war es zu spät.

Von diesem Tag an kam es nur noch zu Treffen, wenn Papatya ihn darum bat. Emin wollte sich nicht mehr mit ihr treffen. Und er schickte auch seine Mutter nicht, damit sie um Papatyas Hand anhielt. Zu ihrem letzten Treffen brachte Papatya ein paar ihrer Habseligkeiten mit. Nun gab es kein Zurück mehr. Der Ladenbesitzer, der Metzger, der Gemüsehändler – alle in der Stadt außer ihrer Familie – wussten

Bescheid. Ihr Bruder hatte nach Männern Umschau gehalten, die einen ordentlichen Beruf hatten und Papatya in allen Ehren heiraten konnten, bevor es zu Gerüchten kam.

Mit ihren wenigen Sachen bat sie Emin, sie zu entführen. Er antwortete nicht. Er wusste, wenn er sie jetzt zurückschickte, würde er Ärger bekommen. Wenn sie aber freiwillig mit ihm kam, wäre er aus dem Schneider. Also ging er vor ihr her. Papatya ging ihm nach, ahnungslos, welches Ende er ihr damit bereitete.

Auf dem ganzen Weg sagte Emin kein Wort zu ihr. Papatya dachte, dass er sich die Heirat vielleicht nicht leisten könne und das Thema ihm deshalb unangenehm war. Um ihn aufzuheitern, meinte sie, ihr Bruder würde ihr sicher bald verzeihen und für die Kosten der Hochzeit aufkommen. Was Emin jedoch nicht zu besserer Laune anregte. Eine Stunde lang marschierten sie schweigend von einem Ende der Stadt zum anderen. Mittlerweile war es schon seit geraumer Zeit dunkel. Papatya war schockiert, als ein unangenehm stechender Geruch von Essen und Müll ihr in die Nase drang. Sie hatte immer gewusst, dass Emin arm war, doch nichts hatte sie auf den Ort vorbereitet, der sie jetzt erwartete. Emin klopfte an die Tür des verfallensten Hauses in der ganzen Straße, das in Papatyas Augen wie ein Schweinestall aussah. Eine junge Frau mit eng gewickeltem Kopfschal und einer offen liegenden Brust öffnete die Tür. Sie sah aus, als hätte sie gerade ein Kind gestillt.

Ein heftiger Gestank drang heraus. Drei kleine Kinder in schmutzigen Kleidern und rotzverschmierten Gesichtern hielten sich in dem Raum auf. Eines nagte an einem Stück Brot, ein anderes kroch auf dem mit Stroh bestreuten Boden herum. Das dritte lag noch in den Windeln. Papatya wurde blass. Gleich würde sie in Ohnmacht fallen.

Natürlich begriff sie alles, doch mit der Kraft der Verzweiflung wünschte sie sich, Emin würde sich umdrehen und ihr versichern, dass sie sich täusche. Aber Emin sah sie nicht einmal an. Er benahm sich, als sei Papatya gar nicht da. Er nahm eines der Kinder auf den Arm und sagte seiner Frau, sie solle das Abendessen fertig machen. Papatya stand wie erstarrt da. Die Frau mit dem Kopfschal goß Tee ein und machte das Abendessen, ohne auch nur ein Wort zu sagen. Sie breitete ein Tuch auf dem Boden aus und stellte ein Messingtablett darauf. Dann holte sie den Tee und setzte Papatya neben das Tablett.

Jedes Mal, wenn ihr Blick auf die Frau fiel, die mit nahezu spiritueller Gelassenheit allen Mitgliedern des Haushalts zu essen servierte, fing Papatya an zu weinen. Die Frau schien frei von jeder Art von Weiblichkeit. Papatya war nun plötzlich in einem Haushalt mit drei Kindern die *kuma**. Trotz ihres ungeheuren Schmerzes legte sie sich in dieser Nacht zu Emin. Ihre erste sexuelle Erfahrung, von der sie seit Monaten träumte, wurde ein Trauerspiel. Emin tat ihr weh, und nachdem er ihre Jungfräulichkeit genommen hatte, verfiel er sogleich in tiefen Schlaf.

Papatya lag wach, starrte zur Decke und dachte über den schwerwiegenden Fehler nach, den sie – wie sie sehr wohl wusste – aus eigenem Antrieb begangen hatte. Schließlich erklang das Morgengebet. Als sich in der Nachbarschaft die ersten Geräusche regten, fiel sie schluchzend in Schlaf.

Als sie gegen Mittag erwachte, war Emin wieder zu Hause. Seine Frau fütterte die Kinder. Sie behandelte Papatya, als gehöre sie zum Haushalt und als ginge weiter nichts Seltsames vor sich.

---

*Konkubine.

Papatya, die immer noch schluchzte, stieß unter großen Schwierigkeiten einige Worte hervor. »Er hat mir nicht gesagt, dass er verheiratet ist.« Die Frau antwortete: »Kein Grund zu weinen. Wir werden alle zusammenleben. Allah wird uns alles schenken, was wir brauchen.« Plötzlich brach sich in Papatyas Herz ein Hoffnungsschimmer Bahn: »Seid ihr denn verheiratet?« Zum ersten Mal, seit sie das Haus betreten hatte, behandelte die Frau sie nun von oben herab: »Wir wurden sowohl vom Imam als auch von der Stadtverwaltung getraut.« Auf diese Weise machte sie deutlich, dass sie die Hausfrau war, die ein Anrecht auf den Ehemann hatte. Einen kurzen Augenblick lang hatte Papatya zu Allah gebetet, Emin möge doch nicht zivilrechtlich getraut sein.

Hätten sie nur vor dem Imam geheiratet, dann hätte Papatya ihre Familie täuschen können. Sie hätte versucht, Frau und Kinder vor ihnen zu verbergen und selbst zivilrechtlich zu heiraten. Doch nun war auch diese Hoffnung zunichte. Papatya dachte an ihre Familie, obwohl ihr diese Gedanken Angst einjagten. Sie hatte keine Wahl mehr. Sie musste in diesem Haus bleiben. Es gab keinen Weg zurück in ihr altes Leben.

In dieser Nacht kam Emin nicht nach Hause. Beide Frauen warteten ohne Grund. Auch in der folgenden Nacht ließ er sich nicht blicken. Papatya brachte nicht den Mut auf, seine Frau zu fragen, wo er denn sein könne. Diese schien sich ohnehin über gar nichts zu wundern, geschweige denn Fragen zu stellen. Papatya hätte nicht einmal gewusst, wo sie ihn suchen sollte, wenn er mit einem Mal nicht mehr nach Hause gekommen wäre.

Die beiden Frauen, die ein Schicksal miteinander teilten, wurden bald Freundinnen. Papatya half, die Kinder zu versorgen und das Haus sauber zu halten. Sie besuchten sogar zusammen die Nachbarn. Die Frau versuchte erst gar nicht zu verbergen, wer Papatya war. Keiner der Nachbarn schien überrascht. Die Einzige, die ihr neues Leben wirklich erstaunte, war Papatya selbst. Jeder in der Nachbarschaft schien eine *kuma* zu haben. Doch die Nachbarn meinten, sie sei anders als die teuflischen *kumas,* die man sonst so kannte. Sie sei ein guter Mensch. Sie tue die harte Arbeit selbst.

Während die folgenden Tage sich in beruhigender Eintönigkeit aneinanderreihten, kehrte Emin nach Hause zurück. Er war nach Mersin geflohen, weil er fürchtete, Papatyas ältere Brüder könnten ihn finden. Papatya ließ sich nicht anmerken, wie verletzt sie war. Emin ging mit beiden Frauen ins Schlafzimmer, wo er sie nacheinander nahm. Dann ließ er sich von ihnen Schultern und Füße massieren und teilte ihnen mit, bis die Situation geklärt sei, würde er nur unregelmäßig nach Hause kommen. Er wollte nicht zur Zielscheibe werden, falls Papatyas Brüder sich doch einmal entschlossen, sie zu suchen. Keine der beiden Frauen widersprach oder äußerte auch nur ein Wort. Von einer merkwürdigen Eingebung geleitet, tat Papatya es ihrer Genossin nach. Emin gefiel es, dass die beiden so gut miteinander auskamen. Um ihnen seine Zufriedenheit zu beweisen, gab er beiden ein kleines Taschengeld. Zum ersten Mal sah Papatya Emin mit Geld. Sie war überrascht, dachte aber nicht weiter darüber nach, hatten diese Kleinigkeiten doch für sie jede Bedeutung verloren.

Die letzte Nacht war sehr ruhig, wie immer, bevor ein Sturm losbricht. Die Frauen hatten die Kinder gemeinsam zu Bett gebracht und sahen sich im Fernsehen einen Film an. Der Empfang war schlecht wie gewohnt. Als es an die

Tür klopfte, sah Emins Frau aus dem Fenster. Draußen standen zwei Fremde, die höchst erregt zu sein schienen. Hastig bedeutete sie Papatya, sich zu verstecken.

Während Papatya sich noch fragte, wo sie sich in dem Haus mit nur einem Raum verstecken sollte, traten zwei ihrer Brüder herein. Einer trug ein Gewehr in der Hand. Wie zwei Statuen blieben sie in der Mitte des Raumes stehen. Furchterregend und völlig ungerührt starrten sie Papatya an.

Nach einer Weile fragte Battal mit seiner tiefen, traurigen Stimme seine kleine, erschrockene Schwester: »Du bist mit ihm ins Bett gegangen, obwohl du gewusst hast, dass er verheiratet war?« Papatya antwortete: »Ich schwöre auf den Koran, dass ich es nicht wusste«, und fing an zu weinen. Doch ihre Brüder schenkten ihren Worten keine Aufmerksamkeit. Sie sahen sich nach Emin um, konnten ihn aber nicht finden. Die drei schlafenden Kinder schienen sie irgendwie zu stören. Also nahmen sie Papatya mit nach draußen.

»Du hast unsere Ehre zerstört«, sagte Battal. »Ich war wie ein Vater zu dir, und du hast mich dem Gespött preisgegeben. Lege nun Zeugnis ab vor Allah, bevor ich dich töte.« Papatya warf sich ihrem Bruder zu Füßen. Sie wollte nicht sterben. Sie war doch noch nicht einmal sechzehn. »Ich bin noch so jung. Ich war dumm. Man hat mich betrogen«, bat sie.

Battal senkte sein Gewehr. Er umarmte seine Schwester, die er vielleicht sogar mehr liebte als seine eigenen Kinder, seine Schwester, die in seine Hände geboren worden war. Dann umarmte der andere Bruder Battal, der nun in die andere Richtung blickte. Fassungslos über ihr schreckliches Schicksal weinten die drei Geschwister.

Emins Frau, die bislang an der Tür gestanden hatte wie ein Geist, schoss plötzlich los. Sie stieß Papatya zur Seite und legte das Baby in ihrem Arm zu Battals Füßen. Sie klagte: »Mein Ehemann wollte sie nicht. Ihre Schwester ist aus eigenem Antrieb weggelaufen und in unser Haus gekommen! Wenn ein Mädchen nicht mit dem Hintern wackelt, wie können einem Mann dann bestimmte Gelüste kommen?« Sie zeigte mit dem Finger auf Papatya und schrie: »Mein Mann hat sie nicht angefasst. Er sagte ihr, sie solle wieder nach Hause gehen, aber sie weigerte sich.«

Papatya konnte nicht glauben, wie sie nun von der Frau verraten wurde, mit der sie bis vor wenigen Minuten noch friedlich zusammengelebt hatte. Doch Sekunden später wich die Ungläubigkeit der Angst.

Tränen schossen ihr in die Augen. Überrascht sah sie die Frau an, die sich auf die Erde geworfen hatte. Sie konnte einfach nicht fassen, dass die Frau, die ihr bis jetzt wie ein Engel vorgekommen war, sie nun so schmählich verriet.

Battal hob das Baby vom Boden auf und legte es auf ein Strohbündel. Ohne der Frau auch nur einen Blick zu schenken, stützte er seine schwankende Schwester.

Dann drehte er sich zu dem Gespenst um, das auf dem mit Stroh bestreuten Boden lag, und sagte: »Weine nicht, *bacim**. Sag deinem Mann nur, er soll nie wieder unsere Wege kreuzen, nie mehr an unserer Tür vorübergehen.«

Papatya glaubte schon, nun sei der Alptraum vorüber. Sie kannte diesen liebevollen Ton ihres älteren Bruders. Sie war in Sicherheit, sie würde mit ihm nach Hause kommen.

Dankbar drehte sie sich um, um ihn zu umarmen. Da

---

*Ältere Schwester.

spürte sie plötzlich ein scharfes Brennen irgendwo in ihrem Körper. Sie fiel zu Boden. Ihr Blick streifte neugierige Schatten hinter dunklen Fenstern und Türen, die nur gerade einen Spalt offen standen. Alles schien abzulaufen wie im Film. Enttäuschung war alles, was sie von dieser Welt mitnahm. Unter ihr bildete sich eine Blutlache.

Battal und sein Bruder gingen mit stolzen, aber schweren Schritten davon. Als sie weg waren, wurden Türen und Fenster aufgerissen. Die Schatten umringten den Leichnam des toten Mädchens, um das niemand trauerte.

An einem verlassenen Ort, weit, weit weg, lagen zwei Brüder einander in den Armen und weinten. Die Kugel hatte ihnen ihre Ehre wiedergegeben. »Der Preis für die wiedergewonnene Ehre ist zu hoch«, seufzte Battal. »Ein ehrenvoller Mann weint nicht.«

Battal wollte die Hand seiner Mutter küssen und sich dann den Behörden stellen. Doch die alte Frau hatte geschworen, nie wieder ein Wort mit ihren Söhnen zu sprechen. Sie hielt ihr Gelöbnis. Für ihr Herz war all der Schmerz zu viel, und so ließ es sie während der Verhandlung im Stich.

Die Neuigkeit verbreitete sich zuerst in der Nachbarschaft, dann in der ganzen Stadt. Wem immer die Geschichte zu Ohren kam, schmückte sie noch ein klein bisschen stärker aus. Die beliebteste Version war, dass Papatya in einem Bordell in Adana gearbeitet habe. Ihr Bruder Battal sei einfach hineingegangen und habe sie auf der Stelle erschossen.

Battal stellte sich der Polizei. Da die Familie nichts mit ihr zu tun haben wollte, wurde Papatya auf dem Waisenfriedhof beigesetzt. Die Bäckerei, wo die Schüler und Schülerinnen ihre Liebschaften pflegten, wurde wegen ihres unmoralischen Einflusses auf junge Mädchen geschlossen. Elif, der man ebenso einen unheilvollen Einfluss auf Papatya zuschrieb, wurde von ihrer Familie von der Schule genommen. Man verheiratete sie nicht an ihren »Freund«, sondern an einen zwanzig Jahre älteren Witwer. Natürlich war auch das Brautgeld niedriger als üblich. Schließlich war ihr Name befleckt.

Die Familie konnte mit all den Gerüchten, die sich in nichts mit dem deckten, was die polizeilichen Ermittlungen ergeben hatten, nicht leben. In den überregionalen Zeitungen erschien die traurige Geschichte von Battal, der keine andere Wahl hatte, als seine Schwester zu töten, um seine Ehre wiederherzustellen. Niemand aber machte sich die Mühe, mit ihm zu sprechen. Jede Zeile war eine dreiste Lüge.

Denn Battal war am Boden zerstört. In diesem Land war die Familienehre eine gigantische Falle. Und jede Familie, die eine Tochter hatte, tappte in diese Falle hinein.

Vor Gericht sagte Emins Frau aus, Papatya sei aus freiem Willen in ihr Haus gekommen. Sie habe darauf bestanden, dort zu bleiben, obwohl ihr Mann sie gar nicht hatte ins Haus lassen wollen, da sie ja nicht zu ihrer Familie zurückkönne. Als er gesehen habe, dass er das Mädchen nicht loswerden würde, habe er gar das Haus verlassen.

Die Zeitungen schrieben über Emin, der die Schlampe zurückgewiesen hatte, die ihre Familie verlassen hatte und ihm nachgelaufen war. Er sei ein ehrenvoller Mann, hieß es.

Battal würde stets bedauern, dass er ihn nicht getötet hatte.

Nach der Verhandlung wurde er zum Tode verurteilt. Doch das Todesurteil wurde nachträglich in eine lebenslange Gefängnisstrafe umgewandelt. Schließlich kam er noch in den Genuss einer Begnadigung durch die Regierung. Sein Strafmaß wurde dadurch drastisch reduziert. Noch sechs Jahre im Gefängnis, und er wäre ein freier Mensch.

Battal beendete seine Geschichte mit einer abschließenden Bemerkung: »Das ahnungslose Kind ist vollkommen verängstigt ins Jenseits gegangen. Sie hatte erfahren, dass Männer von der Muttermilch, die sie trinken, grausam werden.« Er schien unendlich traurig bei diesen Worten.

Während all unserer Treffen ließ er uns weiterhin Geschenke überreichen. Mit seiner großzügigen Gastfreundschaft versuchte er, den inneren Schmerz zu überdecken. Dass seine Gefühle umso offensichtlicher wurden, je mehr er versuchte, sie zu verstecken, war ihm nicht klar. Seine Reue war greifbar.

Wir trennten uns, ohne uns voneinander zu verabschieden, so unnötig und unpassend wäre in dieser Situation jedes Wort gewesen. Als wir den langen Weg durch den Garten zum Gefängnistor gingen, sahen wir, dass der Weg von Gänseblümchen gesäumt war. Ihre weißen Blütenblätter öffneten sich wie zarte Schirmchen.

Der Beamte, der uns begleitete, meinte: »Vorher durfte man im Gefängnis keine Blumen pflanzen. Battal *agha** hat sie gepflanzt.«

Als wir durch das Tor schritten, bewegten sich die Blüten im Wind. Zumindest glaubte ich das. Es gefällt mir, mir vorzustellen, dass ich – zumindest einen Augenblick lang – mit Papatya in Verbindung stand. Vielleicht dachte Battal ja dasselbe, als er sie pflanzte.

---

*Älterer Bruder.

Als das Eisentor sich mit lautem Geräusch hinter uns schloss, flüsterte mein Kameramann: »Ich weiß jetzt, wer hier der eigentliche Mörder ist.«

»Wer?«, fragte ich.

»Die Ehre.«

Nachwort

Der vierzehnjährige Mehmet Tamer hat seiner sechzehn Jahre alten Cousine Sevda Gok in Urfa am helllichten Tag den Hals aufgeschlitzt, weil sie »in Cafés ging«. Als Journalisten ihn fragten, ob er denn seine Tat bereue, antwortete Tamer: »Wieso sollte ich etwas bereuen? Ich habe meine Ehre, meine Würde wiederhergestellt.« Die Autopsie bestätigte, dass Sevda als Jungfrau starb. Ihr Mörder, der zu zehn Jahren Gefängnis verurteilt wurde, wurde nach nur zwei Jahren und zehn Monaten begnadigt.

Zwischen 2000 und 2005 wurden 1806 Frauen Opfer von Ehrenmorden. Weitere 5375 begingen auf Druck der Familie Selbstmord. Obwohl Frauen, die unter verdächtigen Umständen starben, erst gar keine Aufnahme in die Statistik fanden, bedeutet dies, dass Tag für Tag ein Ehrenmord geschieht.

Der türkische Staat weigerte sich, die Rechte dieser angeblichen »Handvoll« Frauen zu verteidigen. Jahrelang hielt das Gesetz den Ehrenmördern Tür und Tor offen. Erst im Jahr 2006 wurden die Gesetze diesbezüglich verschärft. Doch in einer Gesellschaft, deren Werte sich nicht mit dem Gesetz decken, erzielt eine strengere Gesetzgebung nicht unbedingt den gewünschten Effekt.

Bis die Generalsekretärin von Amnesty International, Irene Khan, das Thema öffentlich ansprach, kehrte die türkische Presse es weitgehend unter den Teppich. Die Berichte auf »Seite drei«, die in den türkischen Zeitschriften fast immer für Kriminalfälle reserviert ist, fielen meist so aus, dass der Ehrenmord als entschuldbares Delikt erschien. In einem diesbezüglichen Bericht hieß es beispielsweise: »Geschichten von Helden, die ihre Schwester töteten, weil sie vom rechten Weg abgekommen waren, und so ihre Ehre wiederherstellten.«

Eine im Jahr 2007 durchgeführte Studie ergab, dass 67 Prozent der Türken jede Sünde auch als Verbrechen betrachten, das gesühnt werden muss. Die Regeln der Religion stehen also letztlich über dem Gesetz.

Es scheint schwierig, für das Problem der Ehrenmorde in islamischen Gesellschaften eine Lösung zu finden. Die Gesetzgebung allein wird sicher nicht in der Lage sein, die Morde an Frauen im Nahen Osten und den angrenzenden Gebieten zu unterbinden.

Die Religion wäre dazu durchaus in der Lage. Leider nutzen die religiösen Führer ihren Einfluss nicht zu diesem Zweck. Keine der Autoritäten widerspricht, wenn die Religion als Rechtfertigung für diese Morde ins Feld geführt wird. Das allgemeine Schweigen wird letztlich als Billigung der Morde an »unmoralischen« Frauen ausgelegt. Ich merkte bald, dass die Religion dadurch, dass sie sich nicht deutlich gegen die Morde ausspricht, zu dieser Praxis beiträgt.

Jeder, der angesichts dieser grausamen Taten schweigt, wird zum Mittäter. Ich aber wollte nicht untätig bleiben. Der Gedanke, Männer zu interviewen, die ihre Tochter, Schwester oder Mutter getötet hatten, kam allen so absurd vor, dass allein die Genehmigung zu erhalten zum Hindernislauf wurde. So wartete ich beispielsweise fast eineinhalb Jahre auf die Genehmigung des Justizministeriums. Letztlich waren es einflussreiche Freunde, die dafür sorgten, dass ich sie doch noch bekam.

Auch die Chefs des Fernsehsenders, für den ich arbeite, verstanden nicht, weshalb es wichtig sein sollte zu erfahren, was diese Männer zu sagen hatten. Sie glaubten, es würde ihre Zuschauer nicht interessieren. Also kam ich auf die Idee, meinem Interview mit dem Gefangenen in jeder Stadt einen aktuellen Fall vorzuschalten.

Meine Hauptquellen waren die Häftlinge. Ein Jahr lang besuchte ich zehn Gefängnisse, um Häftlinge zu interviewen, die für den Mord an ihren Müttern, Schwestern oder Frauen verurteilt worden waren. Ich habe mit diesen Männern gesprochen, weil ich das Phänomen Ehrenmord von einer ganz anderen Seite beleuchten und der öffentlichen Diskussion eine neue Richtung geben wollte. Außerdem ging es mir darum, die Gründe für das Handeln dieser Männer zu verstehen. Mit sechzehn Gefangenen machte ich Filminterviews, mit weiteren vierzehn sprach ich ohne laufende Kamera. Zehn dieser sechzehn Interviews habe ich für dieses Buch verwendet. Einige Männer konnten nicht einmal ansatzweise sagen, was sie dazu bewogen hatte, weil es ihnen an sprachlichen Ausdrucksmöglichkeiten fehlte. Man hatte ihnen den Mord befohlen, und sie hatten den Befehl, ohne zu fragen, ausgeführt.

Besonders berührt haben mich Gespräche mit Murat,

der seine Mutter umgebracht hat, und Battal, der seine Schwester tötete. Der Schmerz und die Reue, die sie zeigten, und vor allem ihr Mut, ihre Geschichten zu erzählen, um so vielleicht die nachfolgende Generation davor zu bewahren, einen ähnlichen Weg einzuschlagen, gingen mir sehr nahe. Natürlich gab es aber auch andere, die weder Scham noch Reue empfanden und stolz auf ihre Tat waren.

Ich besuchte außerdem Familien in Batman und Gebze, Orte, die wegen ihrer hohen Selbstmordrate unter jungen Mädchen bekannt sind. Ich erhielt darüber hinaus Einblick in alle Gerichtsakten, in denen ich viele Briefe, Erinnerungsstücke und Fotos fand.

Nachdem ich mit den Häftlingen gesprochen hatte, fuhr ich in ihre Heimatstädte und -dörfer, um dort zu recherchieren, wie es zu den Morden gekommen war und was danach geschah. Ich sprach mit den betroffenen Familien und mit den engsten Freunden der ermordeten Mädchen. Ich las ihre Akten und ihre Tagebücher, die so unterschiedlich waren wie die Mädchen selbst. Und ich machte mir Kopien davon.

Die Interviews mit den Häftlingen waren zunächst die Grundlage eines Dokumentarfilms, der im Rahmen meiner Sendung im türkischen Fernsehen ausgestrahlt wurde.

Als der Film zum ersten Mal gezeigt wurde, gab es erstaunliche Reaktionen, und mir wurde klar, dass das Thema beim Publikum sehr wohl auf großes Interesse stieß. Aufgrund der enormen Resonanz wurde die Sendung in den folgenden Monaten dreimal wiederholt.

Mai Ghoussoub, die Gründerin meines britischen Verlags Saqi Books, die mittlerweile nicht mehr unter uns ist und der ich dieses Buch gewidmet habe, hat meinen Dokumentationsfilm gesehen*. Sie bat mich, ein Buch über Ehrenmorde zu schreiben, und zwar in Form einer Reportage. Daraus ergaben sich für mich jedoch mehrere Schwierigkeiten: In einer Reportage hätte ich weder die gesellschaftlichen Hintergründe der betroffenen Gemeinden darstellen können noch die unfassbare Tragik, die sich hinter den einzelnen Geschichten verbirgt. Außerdem hätte ich die Identität derjenigen, die namentlich nicht genannt werden wollten, nicht verschleiern können.

Daher entschied ich mich gegen die Reportageform und schrieb die Geschehnisse in Form von Geschichten auf. Die Begebenheiten sind wahr, die Namen und Orte jedoch zum Teil verändert. So fanden beispielsweise die Morde von Batman in Wahrheit an einem anderen Ort statt. Der echte Schauplatz befindet sich in der Gegend mit der höchsten Selbstmordrate unter jungen Frauen in der ganzen Türkei. Doch um die Identität der Mädchen geheim zu halten, wählte ich als Schauplatz die Stadt Batman, die eine ähnlich hohe Selbstmordrate hat.

An den Geschichten derjenigen, die nichts dagegen hatten, dass ich ihre wirkliche Namen nannte, habe ich überhaupt nichts verändert.

Ehrenmorde sind ein Problem, das nicht nur die Türkei, sondern ganz Europa betrifft. Bei »Ehrenmorden« geht es jedoch weniger um »Ehre«, als vielmehr um *iffet*. *Iffet* ist ein arabischer Begriff, den man mit »sexuelle Moral der Frauen« übersetzen kann. Wir sprechen nur deshalb von

---

*Die Schriftstellerin und Menschenrechtsaktivistin Mai Ghoussoub starb am 17. Februar 2007 in London.

»Ehrenmorden«, weil der europäische Ehrenbegriff der Vorstellung des *iffet* am nächsten kommt. Trotzdem sind »Ehre« und *iffet* sehr verschieden.
Eine Frau kann zum Beispiel lügen, stehlen oder Steuern hinterziehen und handelt dadurch trotzdem nicht unmoralisch – oder unehrenhaft. Doch alles, was ihre Sexualität betrifft, und sei es nur, dass sie einen kurzen Rock trägt, fällt unter den Begriff *iffet*.

Indem ich aus der Perspektive der Verurteilten schrieb, versuchte ich, ihr Schicksal und ihre Sichtweise als einen Teil der ganzen Geschichte begreifbar zu machen. Ich wollte, dass ihre Geschichten Teil der türkischen Geschichte werden – um an all jene Frauen zu erinnern, die diesen Männern zum Opfer fielen und nicht mehr unter uns sind.

Als die Arbeit an dem Dokumentarfilm beendet war, hatte sich auch meine Ansicht grundlegend geändert. Ich glaube nun, dass die Verurteilten nie wieder Frieden finden werden. Einer von ihnen, der seine Tochter getötet hat, sagte: »Ich denke nie über meine Tat nach. Täte ich es, würde ich den Verstand verlieren. Ich versuche einfach, in Ruhe weiterzuleben.«

Trotzdem glauben diese Männer nicht, dass sie für das, was sie getan haben, in die Hölle kommen werden. Die meisten von ihnen sind sogar überzeugt, in den Himmel zu kommen, denn die »Ehre der Frau« ist einer der Grundpfeiler ihrer Religion.

Unsere Kultur ordnet Frauen Tugenden zu wie Würde und Sittsamkeit und hält die Männer an, deren Einhaltung zu überwachen. Wenn sie beschließen, dass eine Frau die hehren Ideale nicht erfüllt, ist ihr Tod unvermeidlich. Ein

Mann, der sich diesem Diktat nicht beugt, kann nicht hoffen, unter seinen Nachbarn ein normales Leben zu führen. Man würde ihn verachten und demütigen. Die Männer töteten die hier vorgestellten Frauen, um »von Nachbarn, Freunden und Verwandten als Männer geachtet zu werden«. Daher ist es irreführend, wenn man Ehrenmorde unter die Rubrik »häusliche Gewalt« einordnet. Hier geht es vielmehr um soziale Gewalt, die der Gesellschaft eigen ist und weit über die Grenzen der Familie hinausreicht.

Es ist falsch zu sagen, dass eine Familie oder ein Mann durch die Tötung an Ansehen oder Ehre gewinnt. Vielmehr verliert die Familie ihr gesamtes Ansehen, wenn die in den Augen der Umwelt »schuldig« gewordene Frau nicht getötet wird.

Es ist ebenso falsch zu behaupten, dass Häftlinge, die wegen eines Ehrenmordes im Gefängnis sitzen, von ihren Zellengenossen besonders geachtet werden. Der Druck der Familie und der Nachbarn setzt ihnen so sehr zu, dass sie irgendwann den Mord begehen. Danach aber wartet auf sie eine Welt voll freudloser Einsamkeit. So erweisen sich Ehrenmorde gleich in zweifacher Hinsicht als Tragödie für die Familie. Die Mädchen landen auf dem Friedhof, die Männer im Gefängnis. Das Schicksal Hacis, der von seiner jüngeren Schwester, die er getötet hat, immer ein Foto bei sich trägt und weint, wenn er es ansieht, ist nicht weniger tragisch als das des ermordeten Mädchens.

Ehrenmorde kommen vor allem in armen Familien häufiger vor. Eine reiche Familie kann sich ihre Ehre erkaufen. Wenn ein Mädchen ausreißt und bei einer wohlhabenden Familie landet, dann bleibt es am Leben.

Doch selbst wenn es die lebensbedrohliche Situation übersteht, wird sein Leben nie mehr dasselbe sein. Die

Mädchen, die um der Freiheit und nicht um der Liebe willen ausreißen, stellen meist zu spät fest, dass sie der einen Hölle entronnen sind, nur um in der nächsten zu landen. Denn ein Mädchen, das mit dem Mann, den es liebt, wegläuft, gilt der gesamten Gemeinde als sündig – ihrer Familie ebenso wie der neuen Familie, letztlich sogar ihrem Ehemann.

In stark traditionell geprägten und wenig aufgeschlossenen Gesellschaften sind die Gesetze Gottes und die Vorurteile der Menschen häufig identisch. Die Vorurteile der Menschen bestimmen nämlich, was als Verbrechen gegen Gott gilt. Die Menschen erheben ihre eigenen Glaubensgrundsätze zu einem Gesetz Gottes, so dass sich letztendlich jeder ihren Vorstellungen beugen muss.

Den Menschen muss klar werden, dass Gottes Wille kein Gesetz ist, sondern Ausdruck einer Kultur. Die für alle gültigen Gesetze werden vom Staat gemacht, und nur ihnen gilt es zu folgen. Die Menschen davon zu überzeugen ist die einzige Möglichkeit, das Problem der Ehrenmorde langfristig zu lösen.

Meine liebe Freundin Mai Ghoussoub ermutigte mich, über diese ohnmächtigen jungen Frauen zu schreiben, deren Schicksal vom Gerede der Nachbarn besiegelt wurde. »Wenn du aus der Perspektive dieser Männer schreibst, die getötet haben, um als Männer gelten zu können, können wir ihnen vielleicht helfen, andere Wege zu diesem Ziel zu finden.« Sie hat mich unterstützt, inspiriert und begleitet. Ich wünschte, ich könnte dieses Buch mit ihr teilen.

Ayse Önal

Halima Bashir/Damien Lewis

Halima

Mein Weg aus der Hölle von Darfur

Darfur. Ein Wort, das mit Blut und Leiden getränkt ist. Ein Begriff, der schrecklichste Bilder heraufbeschwört, Schmerzen und Grauen, die in der zivilisierten Welt unvorstellbar wären. Aber für mich ist Darfur auch noch etwas anderes: Es ist meine Heimat.«

Im Jahr 2005 gelingt der jungen Ärztin Halima Bashir die Flucht aus dem Sudan. In einem der grausamsten Kriege unserer Zeit erlebte sie Leiden und Tod unzähliger Menschen, wurde Zeugin und schließlich auch Opfer von Folter und brutalem Missbrauch – denn sie hat es gewagt, sich aufzulehnen gegen den Terror.

Nun erzählt sie ihre Geschichte.

»Dies ist ein mutiges und wichtiges Buch. Halimas Schicksal muss bekanntwerden, denn immer noch stellt sich die Welt taub gegenüber den Hilfeschreien aus Darfur. Dennoch lässt uns Halima voller Hoffnung zurück und voller Ehrfurcht angesichts ihrer Tapferkeit.«

Mia Farrow

DROEMER